غریبهٔ آشنا

روایت زندگی و خدمت کشیش تت استیوارت
در میان ایرانیان

تت استیوارت

انتشارات جهان ادبیات مسیحی

انتشارات جام
جهان ادبیات مسیحی

سرشناسه: تت استیوارت، اشتون
نام اثر: غریبهٔ آِشنا، روایت زندگی و خدمت کشیش تت استیوارت در میان ایرانیان
مترجم: سارا آزاد
ناشر: انتشارات جهان ادبیات مسیحی
چاپ: اول، ۲۰۲۴

هرگونه نسخه‌برداری، چاپ، توزیع و دخل و تصرف در این اثر بدون اجازهٔ ناشر مطابق قانون حق مولف ممنوع و منوط به کسب اجازهٔ رسمی از ناشر است. ارجاعات کتاب‌مقدسی از ترجمهٔ قدیم و هزارهٔ نو (انتشارات ایلام) است. حق چاپ برای انتشارات مذکور محفوظ است.

جهت تهیهٔ این کتاب و یا دسترسی به سایر ادبیات مسیحی چاپ انتشارات جهان ادبیات مسیحی، با رایانامهٔ زیر به فارسی یا انگلیسی تماس بگیرید.

order@judeproject.org

فهرست فصول

مقدمه	۷
فصل اول / باید بروی	۱۵
فصل دوم / تاثیرات اولیه	۲۷
فصل سوم / مشهد	۴۱
فصل چهارم / زندگی در تهران	۵۳
فصل پنجم / هویت من	۶۵
فصل ششم / دانشکدهٔ الاهیات	۷۷
فصل هفتم / عزیمت به ایران	۸۷
فصل هشت / خدمت به کلیسا در بحران	۹۷
فصل نه / نسل بعدی	۱۱۱
فصل ده / برو خانه!	۱۲۷
فصل یازده / حالا چه؟	۱۳۹
فصل دوازده / تولد یک کلیسای ایرانی	۱۴۷
فصل سیزده / ایرانیان پراکنده در جهان	۱۶۷
فصل چهارده / رشد انفجاری مسیحیت	۱۸۷
فصل پانزده / چالش‌های بیداری بزرگ	۱۹۷
فصل شانزدهم / آینده‌ای برای جلال او	۲۰۷

مقدمه

بعد از اولین دیدار با تت استیوارت ، نمی‌توانستم حرف بزنم. آیا خجالت کشیده بودم؟ آیا به دلیل جذابیت بی‌نظیر او بود؟ یا شاید هم به این دلیل بود که من فقط دو هفته بود که به دنیا آمده بودم و هنوز نمی‌توانستم حرف بزنم - در آن زمان گریه تنها راه برقراری ارتباط برای من بود. یادم نمی‌آید که وقتی او را دیدم گریه کرده باشم. در واقع، هیچ چیزی یادم نمی‌آید. او با اینکه دو سال بزرگتر و عاقل‌تر بود اما مثل من چیزی از آن لحظه را به یاد نمی‌آورد. شاید اینطور بهتر باشد چون من کاملا کچل بودم.

مادران ما، نانسی مورای و ناتالی استیوارت، سال ۱۹۴۸ در تهران در کنفرانس

مخصوص مبشرین که برای بار اول به ایران آمده بودند، یکدیگر را ملاقات کردند. آنها زود با هم دوست شدند و مادرم پرسید: «می‌خواهی بچه‌ام که تازه به دنیا آمده است را ببینی؟» جواب این سوال چیزی به جز بله، البته‌ای مودبانه نمی‌توانست باشد. تت هم آمد چون در آغوش مادرش بود، و نمی‌توانست حرفی در این مورد داشته باشد. داستان ما مثل داستان‌های عاشقانهٔ ملاقات پسران با دختران نیست.

دفعهٔ بعد تت را در شهرم مشهد دیدم. او یک پسر دوازده سالهٔ قد بلند بود و با چشمان قهوه‌ای تیره و پر احساس به من خیره شده بود؛ و مثل مجسمه ایستاده بود؛ من ده ساله بودم و تحت تاثیر او قرار نگرفتم. تت بعدا اعتراف کرد که ترسیده بود؛ من یک دختر بودم و او آشنایی زیادی با دختران نداشت. من رفتم تا پسران ایرانی که همه با هم در محوطهٔ سازمان خدمتی زندگی می‌کردیم، دوچرخه سواری کنم. واضح بود که او با من سنخیتی نداشت.

ما دوباره زمانی که به مدرسهٔ شبانه روزی در تهران رفتیم تا آنجا در ساختمان نوسازی زندگی کنیم که برای فرزندان مبشرین ساخته بودند، یکدیگر را ملاقات کردیم. این مدرسه در محوطهٔ وسیع یک بیمارستان مسیحی سابق قرار داشت که در آن زمان به عنوان مدرسه‌ای با بیش از دویست دانش آموز از سی ملیت فعالیت می‌کرد. ما بچه‌های مبشیرین که سیزده نفر بودیم در پانسیون زندگی می‌کردیم که پارک و آلیس جانسون بر آن نظارت داشتند، دو روح شجاع که مایل به انجام وظیفهٔ پر اضطراب نظارت، غذا دادن و برقراری انضباط چنین گروه متنوعی از کلاس پنجم تا دوازدهم بودند.

دخترها در طبقهٔ دوم و پسرها در طبقهٔ اول بودند، و همین باعث می‌شد تا شب‌ها بتوانند از پنجره‌های اتاق‌شان که در امتداد «سالن مطالعه» بود بدون اینکه کسی متوجه شود بیرون بروند و از فروشگاهی که در آن نزدیکی بود تنقلات بخرند و به خوابگاه برگردند. ما دخترها هم برای اینکه از آنها عقب نیفتیم، به یک سطل فلزی طناب بستیم، لیست

خوراکی‌هایی که می‌خواستیم را در آن می‌گذاشتیم و از طریق پنجره به طبقهٔ پایین می‌فرستادیم. بعد از اینکه پسرها برمی‌گشتند طناب را تکان می‌دادند و این نشانه‌ای بود که باید سطل را که حالا پر از چیپس و نوشابه و آبنبات بود، بالا می‌کشیدیم. حتما با خودتان می‌گویید چه پسرهای مهربانی! اما آنها می‌دانستند که اگر ما یک کلمه به «خاله آلیس» چیزی می‌گفتیم دیگر نمی‌توانستند شب‌ها تنقلات بخرند، به همین دلیل سخاوت آنها حق سکوت کوچکی بود که به ما می‌پرداختند. کم‌کم تت شروع به نشستن در کنار من در ساعت‌های غذا کرد - دو میز بزرگ که با رومیزی‌های سفید پوشیده شده بودند، بیشتر فضای اتاق غذاخوری بزرگ را اشغال کرده بودند. توجه گرم او مرا هیجان‌زده کرده بود. اما خیلی زود دلیل توجهش را متوجه شدم، من آرام غذا می‌خوردم و او با اشتهای زیاد چشمش به غذای من بود (تت همیشه گرسنه و درمانده بود) - و این سوال‌ها را از من می‌پرسید، «سیب‌زمینی‌هایت را می‌خوری؟» «دسرت را می‌خواهی؟» از آنجایی که خیلی به او علاقه پیدا کرده بودم، و معتقدم که «راه نفوذ به قلب مردها از طریق غذاست» با خوشحالی غذاهایی که نمی‌خوردم را به او می‌دادم. تت سال‌ها بعد به من گفت که این همان چیزی بود که او را برای اولین بار جذب من کرد. اما من فکر می‌کردم که او جذب شخصیت بامزه و زیبایی‌ام شده است.

در سال ۱۹۶۴، زمانی که شانزده ساله بودم، به همراه خانوادهٔ شش نفره‌ام (سه خواهر و برادر کوچک‌تر داشتم) به آمریکا برگشتیم. پدرم می‌خواست در رشتهٔ روانشناسی تحصیل کند؛ سالیان زیاد عمل جراحی و پزشکی عمومی در مشهد و رشت او را به چالش کشیده بود تا تجربیات خود را بیشتر کند. ما به شهر دنور در کلورادو رفتیم. تت هم که هجده ساله بود، همان سال با خانواده‌اش از ایران به لمبرتویل در نیوجرسی رفتند. حالا ما ۲۵۰۰ کیلومتر فاصله داشتیم و ارتباطمان قطع شد.

در تابستان سال ۱۹۶۵، دکتر گلن کنخت که دوست عزیز و مشترک ما و

مبشر سابق در ایران بود، به دنور آمد و از من و مادرم خواست که برای دیدنش به فرودگاه برویم. دوست پسر من در آن زمان ما را همراهی کرد. یادم آمد که گلن در آکسفورد پنسیلوانیا، کشیش تت بود، معصومانه از او پرسیدم «تت چطور است؟» خجالت می‌کشم که اعتراف کنم، اما خیلی زود جواب او را فراموش کردم.

وقتی دکتر کنخت به پنسیلوانیا برگشته بود، بدون اطلاع من به تت گفته بود، «پتی هنوز به دنبال برقراری ارتباط با توست!» این فکر که ممکن است هنوز او را دوست داشته باشم در تت شعله‌ور شد. بعد از مدت کوتاهی، نامه‌ای از تت رسید که خلاصه‌ای از دو سالی که همدیگر را ندیده بودیم نوشته بود. او نامه را اینطور تمام کرده بود که کریسمس آن سال برایش خیلی سخت خواهد بود، چون پدر و مادرش به ایران برگشته بودند و او باید کریسمس را در خوابگاه خالی می‌گذراند. بعد از اینکه آن را برای مادرم خواندم با اشتیاق گفت: «اوه، بیا او را به اینجا دعوت کنیم!» من شوکه شده بودم. من حتی دیگر تت را خوب نمی‌شناختم. اما مادرم هیچ اعتراضی را قبول نمی‌کرد. و اینطور شد که شب کریسمس پدرم، خواهرم شارون و من برای استقبال از او به فرودگاه استپلتون در دنور رفتیم. خیلی عجیب بود. با هم دست دادیم. با خودم فکر کردم ما دو هفته در یک خانه چه کارهایی قرار است با هم انجام دهیم؟ او طوری رفتار کرد که انگار بیست سال از من بزرگتر است؛ علاوه بر این به نظر می‌رسید از من ترسیده است. به تدریج یخ بین ما آب شد و دوستان خوبی شدیم. او از کلورادوی برفی و خانوادهٔ ما خوشش آمد، و همچنین عاشق من شد. این یک احساس مشترک بود. ما کریسمس فوق‌العاده‌ای را با هم گذراندیم. با تمام شدن دو هفته، آنچه باید اتفاق می‌افتاد اتفاق افتاد، حالا ما که عاشق هم شده بودیم چطور می‌توانستیم از هم جدا شویم؟ همدیگر را بغل کردیم و نمی‌دانستیم سرانجام رابطه‌مان چه خواهد بود.

بعد از اینکه او به پنسیلوانیا برگشت شروع به نامه‌نگاری کردیم. تماس

تلفنی بسیار گران بود، به همین دلیل فقط در زمان‌های خاص با هم تماس می‌گرفتیم. او روزی حداقل یک بار و گاهی دو بار نامه می‌نوشت، و دربارهٔ یک روز خسته‌کننده در کلاس را طوری می‌نوشت که مثل یک نامهٔ عاشقانه بود. تعداد نامه‌ها زیاد می‌شد؛ او هر روز به صندوق پست سر می‌زد تا نامه‌های من را که به اندازهٔ نامه‌های او نبودند بردارد - درس‌ها و کلاس‌های رشتهٔ پرستاری مرا مشغول کرده بود.
در سال اول دانشکده، نامه‌ای از تت به دستم رسید که تا مغز استخوانم را لرزاند. او اینطور نوشته بود: «پتی عزیزم، فکر می‌کنم که خدا مرا به خدمت خوانده است.» نه من نمی‌توانم همسر یک خدمت‌گزار شوم. تو باید شخص دیگری را انتخاب کنی! من دوستت دارم اما نمی‌توانم این کار را انجام دهم. من خیلی خجالتی هستم و با همسر یک کشیش شدن هیچ سنخیتی ندارم! لطفا نه! من فکر کردم که تو می‌خواهی سفیر شوی و سفر کنی، اینطور نیست؟ دوم اینکه، من به اندازهٔ کافی روحانی نیستم! ممکن است تصور من از همسر یک خدمت‌گزار کمی افراطی باشد، اما دلیلش این است که همسر شخصی که در کلیسای من در دنور خدمت می‌کرد، بی نقص بود. او هر یکشنبه تعداد زیادی نان کروسان و غذاهای خوشمزه درست می‌کرد و برای خانواده‌های مختلف، از جمله خانوادهٔ ما می‌فرستاد. او با هر کسی که می‌خواست با او صحبت کند با محبت و خونگرمی برخورد می‌کرد. او بی عیب و نقص لباس می‌پوشید، و هرگز هیچ پارگی‌ای در جوراب شلواری‌اش نمی‌دیدی! او جلسات مطالعهٔ کتاب‌مقدس را اداره می‌کرد و پیانو می‌نواخت. من هرگز نمی‌توانم مثل او باشم! این‌ها تمام چیزهایی بود که از ذهنم گذشت اما این افکار هرگز در قالب یک نامه برای تت فرستاده نشد. شاید بهتر بود رابطه‌مان را تمام کنیم و هرکدام از ما به راه خودش ادامه دهد. او راهش را انتخاب کرده بود و این مرا ترسانده بود.
با این حال، بدون اینکه متوجه باشم، خدا از مدت‌ها پیش مرا انتخاب کرده بود تا همسر یک خدمت‌گزار شوم. او مرا در برای نقشی که

خودش در نظر داشت شکل می‌داد، و من لازم نبود برای این نقش پیانو بنوازم.
ما تاریخ ۳ آگوست ۱۹۶۹ را برای مراسم ازدواج‌مان انتخاب کردیم؛ درحالیکه من سال اول دانشگاه را در کلورادو تمام می‌کردم او قرار بود در شهر پرینستون نیوجرسی به دانشکدهٔ الهیات برود. بله، ما باید بیشتر سال را از هم دور می‌ماندیم، اما می‌دانستیم که کار درست برای ما همین است. و بعد نوبت به دانشکدهٔ الاهیات رسید، بعد از آن نوبت به اولین کلیسای‌مان، اولین فرزندمان تیمی و بعد از او دخترمان امیلی رسید. در این مدت دوست عزیز ما دکتر ویلیام میلر از ما می‌خواست تا به برگشتن به ایران فکر کنیم؛ او نیاز مبرم ایرانیان به شنیدن انجیل را به ما یادآوری می‌کرد. گوش‌های من کاملا به روی شنیدن این موضوع بسته شده بود. آیا من خانواده‌ام را در کلورادو ترک نکرده بودم تا در نیوجرسی که کلیسای جدیدمان آنجا بود، زندگی کنم؟ این برای خداوند کافی نبود؟ و حالا نوبت این بود که با دو بچهٔ نوپا برای سال‌های زیادی به ایران بروم؟ این بار من راه دیگری را انتخاب می‌کردم.
تابستان آن سال تت اردوی بچه‌های دبیرستانی را مدیریت می‌کرد و من با تیمی ۳ ساله و امیلی ۱۸ ماهه در خانه بودم. یک نامهٔ دیگر رسید. در نامه اینطور نوشته شده بود: «تت عزیز، ما از شما دعوت می‌کنیم تا کشیش کلیسای کریستوفر مقدس در آبادان، ایران شوید...» در دوران نوجوانی به آبادان رفته بودم و میادین نفت با بوی تند و دمای بیش از حد بالا و محیط بیابانی را به خوبی به یاد آوردم. از فکر به این موضوع به خود لرزیدم.
با این حال، درست در همان لحظه، روح‌القدس قلب مرا کاملا تغییر داد. و گفتم: «بله خداوند، می‌روم.» با هیجان با تت تماس گرفتم و از او پرسیدم: «آیا دوست داری به آبادان بروی و کشیش کلیسای کریستوفر مقدس شوی؟» سکوت سنگینی برقرار شد و بعد تت گفت: «پتی؟ خودت هستی؟» گفتم: «بله عزیزم، و آماده‌ام که برویم!» می‌دانستم

که این خواست خدا بود. تت هرگز اینقدر خوشحال نبود. من او را برای مدت زیادی از کاری که خدا او را خوانده بود تا انجام دهد دور نگاه داشته بودم اما حالا هر موافق بودیم و این هیجان برانگیز بود.

برای اینکه بدانید بعدا چه اتفاقی افتاد و همینطور برای دانستن سرگذشت زندگی مشترک ما باید این کتاب را بخوانید.

ابتدا، می‌خواهم که شما این مرد را که من تقریبا ۷۵ سال است می‌شناسم، بشناسید. ممکن است از قبل این امتیاز را داشتید که او را بشناسید. به عنوان همسر تت، می‌توانم فقط بخشی از زندگی او را به شما نشان دهم که عاشقانه با من داشته است و پنج ویژگی او را انتخاب کردم تا برای شما بگویم:

* اشتیاق او برای خداوندمان، کار برای ملکوت او، خانواده و دوستانش.

* تعهد خستگی‌ناپذیر او. تت با اشتیاق و به صورت مداوم موعظه‌های جدید، درس‌های کتاب‌مقدس، برنامه‌های آموزشی آنلاین، کتابچه‌هایی دربارهٔ موضوعات بسیار ضروری مثل قدرت بخشش، خانوادهٔ مسیحی، امور مالی و موضوعات بسیار دیگری را ارائه می‌کند.

* جدیت او. برای او سخت بود تا به خانوادهٔ فعال ما که دوست داشتند شوخی کنند، جوک بگویند و بخندد برای او چالش‌برانگیز بود. جدیت همراه با آرامش او مکمل خوبی بود و اغلب در مواقع آشفتگی به من کمک می‌کرد، چون او معمولا با منطق و خرد واکنش نشان می‌دهد. منظورم را اشتباه متوجه نشوید؛ او اگرچه یک حس شوخ طبعی عالی دارد اما چگونه جدی بودن را هم خوب می‌داند. و من به چنین تعادلی احتیاج دارم.

* حکمت عمیق او. از آنجایی که تت تحت تاثیر احساسات و موقعیت‌های اطراف قرار نمی‌گیرد، بهتر می‌تواند ببیند که چه کاری لازم است انجام شود یا چه چیزی باید گفته شود، این می‌تواند دربارهٔ یک جلسه در کلیسا، یک جلسهٔ مشاوره، یا در مورد ماشین ظرفشویی خراب باشد، و من به این نتیجه رسیده‌ام که باید به نظرات او اعتماد کنم.

❋ قلب خدمتگزار او. بزرگ‌ترین لذت برای او کمک به مردم و مشارکت در زندگی آنهاست. او از الگوی عیسی که پای شاگردان خود را شست پیروی می‌کند. او زود به کلیسا می‌آید تا میز و صندلی‌ها را بچیند، یا راه خود را دور می‌کند تا دیگران را به مقصدشان که دور است برساند، برای غذا خرید می‌کند، یا زمانی که من خسته یا مریض هستم برایم غذای خوشمزه درست می‌کند.

تت عزیزم، تو در این سال‌ها به من این امتیازی را دادی که خودت و زندگی‌ات را با من شریک شوی. در تمام اوقاتی که با هم دعا می‌کنیم، می‌خندیم، گریه می‌کنیم، درد و غم و اندوه داریم و در عین حال یاد می‌گیریم که خدا همیشه بر همه چیز تسلط دارد، تو را بیشتر از همیشه دوست دارم. کتابت را دوست دارم و به تو و داستانت افتخار می‌کنم.

پتی استیوارت

فصل اول

باید بروی

«چشمان تو جنین مرا دیده است و در دفتر تو همهٔ اعضای من نوشته شده،
در روزهایی که ساخته می‌شد، وقتی که یکی از آنها وجود نداشت.»
(مزمور ۱۳۹: ۱۶)

در خیابان‌های تهران بی سر و صدا از محله‌هایی گذشتیم که ساکنان آن در خواب بودند؛ اما این خیابان‌ها برای پتی و من با خاطرات واضح زندگی چند ماه اخیر در ایرانِ قبل از انقلاب، زنده بودند. صدای بوق ماشین‌ها، جمعیت خشمگین، و فریاد بلند «مرگ بر آمریکا» همانطور که در سکوت رانندگی می‌کردیم در ذهن ما طنین می‌انداخت.

در حالی که که ساختمان‌های سوخته و دیوارهای شعارنویسی شده از جلوی چشمان خسته‌ام می‌گذشتند، فکر کردم که آنها چطور به مورخین وقایع انقلاب اسلامی تبدیل شده‌اند. شعارها با رنگ‌های روشن نوشته شده بودند، و پیروزمندانه چنین جمله‌هایی را بیان می‌کردند: «اسلام

نظـام جدیـد امـروز اسـت» و «ایـران از بـه زانـو درآوردن شـیطان بـزرگ مسـرور اسـت، در حالـی کـه ۵۲ نفـر از آمریکایی‌هـا همچنـان گـروگان هسـتند، و بـه نظـر می‌رسـد رئیس‌جمهـور جیمـی کارتـر از نجـات آنهـا عاجـز اسـت.» می‌دانسـتم کـه ماه‌هـای گذشـته کـه بـا پتـی و دو فرزنـدم در ایـران زندگـی کـرده‌ام، مطمئنـا نـه تنهـا فراموش‌نشـدنی خواهنـد بـود، بلکـه زندگی‌مـان را هـم متحـول خواهنـد کـرد.

خیابان‌هـای تهـران بـه صحنـه‌ای بـرای بـازی سیاسـت یـک ملـت تبدیـل شـده بـود، و مـا بـا تغییـر بازیگـران، تغییـر صحنـه و برانگیختـه شـدن احساسـات دنیـا کـه بـه تماشـا نشسـته بـود، غریبـه نبودیـم. زندگـی در تهـران در سـال گذشـته مـا را در درک حـال و هـوای شـهر اطراف‌مـان کامـلا ماهـر کـرده بـود. بیشـتر از یـک بـار، شـاهد بودیـم یـک خیابـان عـادی توسـط جمعیـت خشـمگینی از ایرانیـان کـه شـعارهای ضـد آمریکایـی می‌دادنـد، دگرگـون شـده بـود. در ایـن مواقـع مـن یـاد گرفتـم کـه سـریع بـه سـوی خـدا بـروم و دعـا کنـم و راه دیگـری بـرای رسـیدن بـه مقصـدم پیـدا کنـم.

امـا حـالا ایـن خیابان‌هـا خسـته‌تر و ضعیف‌تـر از آن بـه نظـر می‌رسـند کـه تهدیـدی بـرای آرامـش مـن باشـند. بـا رفتـن بـه سـمت فـرودگاه مهرآبـاد ترسـی کـه اغلـب در دلـم داشـتم از بیـن رفـت. ایـن آرامـش کـه می‌دانسـتم در حـال خـروج از ایـران هسـتیم، آرام آرام جـای خـود را بـه ترس‌هـای جدیـدی در مـورد چالش‌هایـی داد کـه ممکـن بـود در فـرودگاه بـا آنهـا روبـرو شـویم. مقـالات روزنامه‌هـای فارسـی از افشـای آمریکایی‌هـای دیگـر بـه عنـوان جاسـوس خبـر می‌دادنـد، و مـن فکـر می‌کـردم کـه آیـا ممکـن اسـت مـا مجـرم شـناخته شـده و احتمـالا بـه دلیـل برخـی اتهامات سـاختگی بازداشـت شـویم؟ در بهتریـن حالـت، ممکـن بـود مجبـور شـویم بیشـتر منتظـر بمانیـم، کـه همیـن مـا را در معـرض خطـر بیشـتری قـرار مـی‌داد. مـن در سـکوت دعـا کـردم و از خـدا خواسـتم کـه کمـک کنـد تـا همـهٔ مـا در امنیـت از ایـران خـارج شـویم.

سـال ۱۹۴۷ قـرار بـود زندگـی مـن بـرای همیشـه تغییـر کنـد. در یـک روز سـرد و طوفانـی در مـاه دسـامبر پـدر و مـادرم سـفر بشـارتی خـود بـه ایـران را شـروع کردنـد و مـن فقـط هجـده مـاه داشـتم.

پـدر و مـادرم از فیلادلفیـا بـه اسـکلهٔ شـهر نیویـورک رفتنـد و از آنجـا سـوار یـک نـاو نظامـی جنـگ جهانـی دوم بـه نـام «*The Marine Carp*» شـدند و بـه بیـروت، در

لبنان رفتند و ویزای ایران را گرفتند. از آنجایی که این ناو در واقع برای سربازان طراحی شده بود، یک اتاق با چهار تخت دو طبقۀ بزرگ به من و مادرم اختصاص داده شد، که در آن با خانم داتی فریم و دو فرزندش هم‌اتاق بودیم. مادرم از زمانی که برادرم لنی را باردار بود حال خوبی نداشت. من هم مریض بودم و تب بالایی داشتم و این موضوع شرایط را برای مادرم سخت‌تر می‌کرد، و به نظر می‌رسید همه درگیر دریازدگی بودند. دکتر جان فریم، که یک مبشر پزشک بود و همراه خانواده‌اش به ایران برمی‌گشتند و جزو معدود افرادی بود که از دریازدگی در امان مانده بودند، مرا درمان کرد. او تب مرا پایین آورد، و در واقع زندگی مرا نجات داد. بعدتر زمانی که بزرگ شدم توانستم او را ببینم و برای مراقبت ویژه‌اش از من در اولین سفرم به ایران از او تشکر کنم.

وقتی به بیروت رسیدند، با اتوبوس به بغداد در عراق رفتند. و از آنجا یک ماشین با راننده اجاره کردند، که آنها را از میان کوه‌های ناهموار به سلامت به همدان رساند. ما مدتی در بیمارستان مسیحی همدان ماندیم که در آنجا مبشرین کلیسای مشایخی، نسل جدیدی از ایرانیان را برای پیوستن به گروه‌شان تعلیم می‌دادند. همکاران به گرمی از ما استقبال کردند و چند روز در آنجا استراحت کردیم.

بعد از یک رانندگی خسته‌کننده و طولانی، به حوالی تبریز رسیدیم و در آنجا بارش آرام برف که دیوارهای کاه‌گلی دلگیر این شهر باستانی را پوشانده بود، از ما استقبال کرد؛ شهری که زمانی میزبان مارکوپولو و دیگر کاشفان بزرگی بود که در پی رسیدن به چین بودند. اما تنها چیزی که فکر پدر و مادرم را مشغول کرده بود این بود که چطور زندگی‌ای در انتظار آنهاست. از آنجایی که نزدیک غروب بود، تاریکی بر محل عجیب و غریبی که قرار بود خانۀ آنها شود سایه انداخت. در حالی که در خیابان‌های شهر می‌گشتند متوجه شدند که نمی‌دانند چطور به مقصدشان یعنی بیمارستان مسیحی تبریز بروند. راننده نزدیک به بازار سرپوشیده شخصی را پیدا کرد که عربی بلد باشد و او گفت

که بیمارستان در میدان شهناز است. طولی نکشید که آنها به دروازه‌های چوبی بیمارستان رسیدند و نگهبان از آنها استقبال کرد و به گروه مبشرین خبر داد که خانوادهٔ استیوارت رسیده است.

پدر و مادرم شش ماه اول را با یک خانوادهٔ مبشر دیگر زندگی کردند؛ یعنی خانم و آقای بنتلی که زمانی طولانی در تبریز بودند. در این مدت، پدر و مادر زبان آذری را یاد گرفتند. آنها همچنین متوجه چالش‌های فراوان نگهداری از یک خانواده در کشور جدید شدند. آب باید قبل از نوشیدن جوشانده می‌شد، و آشپز باید هر روز گوشت و مواد غذایی تازه می‌خرید. وقتی آشپز هر روز از بازار بر می‌گشت، همهٔ ما مشتاقانه به استقبال او می‌رفتیم، چون او با نان «بربری» می‌آمد که جزء اصلی خانوادهٔ استیوارت شده بود.

با شنیدن صحبت‌های مادرم دربارهٔ آن روزهای اول، متوجه شدم طولی نکشید که آنها زبان را یاد گرفتند و زود با چالش‌های زندگی جدید کنار آمدند. بعدتر، خانواده‌ام آپارتمانی را نزدیک بیمارستان از خانوادهٔ میوایان که بعدها مثل خانوادهٔ خودشان شد اجاره کردند. اولین خاطرات من مربوط به زمانی است که در آپارتمان میوایان زندگی می‌کردیم. حتی در سن چهار سالگی می‌توانستم به خانهٔ میوایان بروم، و ساعت رفتنم را طوری تنظیم می‌کردم که موقع ناهار آنها باشد. مطمئنم که علاقه‌ام به غذای ایرانی از آن سن شروع شد. به عنوان بچه‌ای که در تبریز بزرگ می‌شد، زبان‌های زیادی اطرافم وجود داشت. انگلیسی را در خانه، آذری را از بیشتر کارمندان بیمارستان، آشوری را از صاحب‌خانه‌مان می‌شنیدم، و دوستان ارمنی زیادی هم داشتم. و بیشتر این زبان‌ها را به خوبی یاد گرفتم.

سال‌ها بعد که به بزرگ شدنم در ایران فکر می‌کردم، برایم این سوال پیش آمد که چرا پدر و مادرم زندگی راحت و حرفهٔ پر درآمد پزشکی در آمریکا را ترک کردند تا در تبریز زندگی کنند، و در میان مردمی که بسیار از نظر فرهنگی متفاوت بودند با درآمد بسیار کمتری کار کنند. این سوال با رسیدن به سن نوجوانی پررنگ‌تر شد. یادم می‌آید که در آشپزخانهٔ خانهٔ مبشرین که توسط کلیسای First Presbyterian در لمبرتویل، نیوجرسی به ما داده شده بود، نشسته بودم. پدر و مادرم در مرخصی بودند و من در نهایت جرئت پیدا کردم

سوال آزاردهنده‌ای که تمام مدت در سرم می‌چرخید را از مادرم بپرسم. او با داستان تولد پدرم جوابم را داد.

سه نسل از خانوادهٔ پدرم در آکسفورد، یک روستای نزدیک ساحل که صنعت ماهیگیری در آن رواج دارد واقع در شهر تالبرت در ایالت مریلند، زندگی کرده بودند. تا امروز هم خیابانی به نام خیابان استیوارت و یک خانهٔ تاریخی مریلند به نام خانهٔ استیوارت درست در کنار اسکله‌ای که کشتی ترِد-آوُن آکسفورد-بلویو (*Tred-Avon Oxford-Bellevue*) در آن پهلو می‌گیرد، وجود دارد. پدر پدربزرگم دفتردار شهر بود، و اسم او هنوز هم بر سنگ بنای دادگاه در شهر ایستون ایالت مریلند هست. عمهٔ پدرم اولین معلم مدرسه در آن شهر بود.

تولد پدرم پرماجرا بود. او دوقلو بود، و نوزاد اول نارس و مرده به دنیا آمد. وقتی پدرم متولد شد، همه نگران بودند که مبادا زنده نماند. در آن زمان دستگاهی که نوزادان نارس در آن نگه‌داری می‌شوند وجود نداشت، به همین دلیل خانوادهٔ پدرم با یکی از اعضای فامیل (که اسم او را هرگز به من نگفتند) که ایمانی قوی داشت و زندگی‌اش را وقف دعا کرده بود، تماس گرفتند. او به بیمارستان آمد و برای پدرم دعا کرد: «خدای عزیز، اگر این بچه را نجات بدهی، ما او را به افغانستان تقدیم می‌کنیم.» چیزی که دربارهٔ این دعا عجیب به نظر می‌رسد این است اکثر افرادی که این دعا را شنیدند حتی نمی‌دانستند که افغانستان کجاست! همینطور برایم عجیب است که او چرا احساس کرد باید اینطور دعا کند، مگر اینکه روح‌القدس او را هدایت کرده باشد. اما یک چیز مشخص بود: خدا آن دعا را شنید و پدر من رشد کرد و یک مرد بسیار سالم شد.

ظاهراً، والدین پدرم تصمیم گرفتند که چیزی دربارهٔ دعای زمان تولد به او نگویند. احتمالا آنها می‌ترسیدند احساس طرد شدن به او دست بدهد، و فکر کند والدینش او را فقط برای فرستادن به کشوری دور تربیت می‌کنند. یا شاید فکر می‌کردند اگر این موضوع را فراموش کنند، خدا

هم فراموش می‌کند و آنها پسرشان را در خدمت از دست نمی‌دهند. اما خدا فراموش نکرد. پدر من در سن بسیار پایین، علاقه‌ای غیرعادی به افغانستان و مردمش نشان داد. وقتی من کلاس هفتم بودم، خانواده‌ام در مرخصی بودند و از ایران به آمریکا آمدیم و در خانه‌ای که پدرم آنجا بزرگ شده بود با پدربزرگم ماندیم. یادم می‌آید که یک دفترچه با بریده‌های روزنامه و مجله دربارهٔ افغانستان که متعلق به پدرم بود را دیدم. همینطور می‌دانم من زمانی به دنیا آمدم که پدرم در خدمت سربازی در آلمان بود، و زمانی که به آمریکا برگشت با مادرم تصمیم گرفتند که برای خدمت به هیئت خدمت در خارج کلیسای مشایخی درخواست بدهند. او درخواست داد که به افغانستان برود و زمانی که متوجه شد افغانستان مبشرین مسیحی را نمی‌پذیرد عمیقا ناامید شد. اما به او گفتند که در ایران نیاز مبرم به پزشک دارند، و بنابراین او تصمیم گرفت که برود و گفت، «حداقل ایران همسایهٔ افغانستان است.»

فکر می‌کنم قابل توجه است، که پدر و مادرم در سال‌هایی که دکتر دانلد گِری بارن‌هوس کشیش ارشد کلیسای مشایخی تنت (*Tenth Presbyterian Church*) بود به آن کلیسا می‌رفتند. زمانی که پدرم در دانشگاه پنسیلوانیا درس می‌خواند مادرم دانشجوی پرستاری در دانشکدهٔ علوم پزشکی هانِمن بود. قرار ملاقات آنها شرکت در جلسهٔ عصر کلیسای مشایخی تنت بود تا به دکتر بارن‌هوس گوش کنند. وقتی پدرم موضوع ازدواج را پیش کشید، دغدغهٔ مادرم این بود که آیا خودش هم به خدمت خوانده شده یا نه؟ و این ملاک تصمیم او برای ازدواج با پدرم بود. حس خواندگی مادرم بسیار قوی بود. آنها در سال ۱۹۴۵ با هم ازدواج کردند؛ من در سال ۱۹۴۶ زمانی که پدرم در آلمان بود به دنیا آمدم و آنها سال ۱۹۴۷ به ایران رفتند.

بعد از صحبت صمیمانه با مادرم در آن روز دور در لمبرت‌ویلِ نیوجرسی، حالا می‌دانستم چرا پدر و مادرم به ایران رفته بودند. خدا قلب آنها را با اشتیاق برای جهان اسلام پر کرده بود. دعوت اولیهٔ پدرم به افغانستان در نهایت در سال‌های آخر عمرش برآورده شد، زیرا او توانست به عنوان متخصص فیزیوتراپ خدمت و پزشکان افغان را برای معالجهٔ بیماران معلول با ساختن پروتز از مواد

موجود در بازار محلی تجهیز کند. مادرم یک مسافرخانهٔ مبشری برای مبشرینی که در سفر بودند را اداره می‌کرد و مکانی تمیز با قیمت پایین در اختیار آنها قرار می‌داد. او همچنین در کافه‌ای به نام «دل‌آرام» که خدمتی در کابل بود خدمت می‌کرد؛ این کافه برای توجه به هیپی‌های اروپایی و آمریکایی که برای پیدا کردن «معلمین مذهبی خود» در راه هند بودند، تاسیس شده بود. جامعهٔ خارجی مسیحی، تحت راهبری کشیش کریستی ویلسون، وجود این کافه را یک فرصت دید تا محبت مسیح را با هیپی‌هایی که اغلب گرسنه، بی‌پول و مریض بودند، در میان بگذارند. دل‌آرام به محلی برای غذا خوردن، و محبت و به یک پناهگاه تبدیل شد. مادرم ساعات زیادی را صرف خدمت به آن روح‌های سردرگم کرد، و بسیاری خبر خوش را شنیدند؛ ابدیت نشان خواهد داد که چند نفر به واسطهٔ این خدمت به مسیح ایمان آورده‌اند.

در طی سال‌ها، در مورد اینکه چقدر برایم مهم بود که پتانسیل اشتیاق در زندگی آنها را درک کنم، تامل کرده‌ام. من نمونه‌ای از پدر و مادرم داشتم که عشقی پرشور به مسیح داشتند و قلب‌شان از غیرت برای خدمت به او در جهان اسلام می‌سوخت. در طول سال‌هایی که با آنها زندگی کردم و دیدن قلب خدمت‌گزار آنها، همچنین می‌خواستم دربارهٔ اینکه خدا چطور به آنها انگیزه می‌داد بیشتر بدانم. به این فکر می‌کردم که آیا من هم هرگز چنین تمایل آتشینی برای خدا و دعوت او به زندگی‌ام خواهم داشت؟ تصمیم گرفتم نقشی که اشتیاق در زندگی خودم و دیگران ایفا می‌کند را کشف کنم.

قدرت اشتیاق

«چنانکه آهو برای نهرهای آب شدت اشتیاق دارد، همچنان ای خدا جان من اشتیاق شدید برای تو دارد. جان من تشنهٔ خداست تشنهٔ خدای حی، که کی بیایم و به حضور خدا حاضر شوم.»
(مزمور ۴۲: ۱-۲)

عجب تصویری از اشتیاق: آهوهای تشنه، که با تمام وجود به دنبال آب هستند تا تشنگی‌شان را برطرف کنند. مزمورنویس آنچه که با چشمان خود از آهو دیده است را با اشتیاقش برای خدا برابر می‌داند. بدون شک، مزمورنویس در طبیعت زندگی کرده بود و عادات آهوها را می‌دانست. اگر چیزی که او دید، من هم می‌توانستم ببینم، راز اشتیاق را برای من باز می‌کرد. با گذشت زمان، همانطور که این متن را مطالعه می‌کردم، خدا به من نشان داد که چطور اشتیاق واقعی را برای خدا در دیگران ایجاد کنم.

اولین اصلی که مشاهده کردم این بود که آهوها برای چیزی که بیشتر از همه به آن احتیاج داشتند، مشتاق بودند. مرد جوانی به نام علی را می‌شناختم، که تک فرزند بود و در جنوب ایران زندگی می‌کرد. پدر و مادرش در دوران نوجوانی مرده بودند. او با تعمیر رادیو امرار معاش می‌کرد و معروف بود به «علی رادیویی.» او عاشق گوش دادن به رادیو در اواخر شب بود و به طور خاص به موسیقی‌ای که از یک رادیوی مسیحی پخش می‌شد علاقه داشت. با گذشت زمان، آن موسیقی و پیام مسیح در قلب او رخنه کرد، و علی مشتاق ملاقات با مسیحیان بود تا پاسخ سوالات بسیاری را که دارد بگیرد. تا آنجایی که او می‌دانست هیچ مسیحی‌ای در شهرش در ایران زندگی نمی‌کرد، اما شنیده بود که مسیحیانی در استانبول در کشور ترکیه هستند. اشتیاق او برای شناخت بیشتر عیسی بر او غلبه کرده بود. از آنجایی که علی خانواده‌ای نداشت تا او را وابسته کند، خانه‌اش را فروخت و به استانبول رفت.

او در میدان تقسیم در مرکز شهر استانبول می‌چرخید، و صلیبی را روی یک ساختمان دید و امیدوار شد که بالاخره می‌تواند مسیحیان را ملاقات کند. عطشی که او را به سمت کوبیدن آن در برد تصور کنید بدون اینکه علی بداند به یک کلیسای کاتولیک می‌رسید. او به شکلی توانست خواسته‌های خود را بگوید و به کلاسی برای اعضای جدید معرفی شد، که در آنجا به او گفتند حداقل دو سال طول می‌کشد تا مسیحی شود. به احتمال زیاد این چارچوب زمانی غیرممکن به او داده شد تا او را تشویق کنند که آنجا را ترک کند، چون کلیسای کاتولیک نمی‌خواست متهم به مسیحی کردن مسلمانان شود. اما علی

صبور بود و فکر کرد که ارزشش را دارد که دو سال از زندگی‌اش را برای شناخت عیسی بدهد. بعد از چند هفته نشستن سر کلاسی که تدریس در آن به ترکی بود، او متوجه شد سبب اصلی که این موضوع دو سال طول خواهد کشید این است که اول باید زبان ترکی یاد بگیرد، و بسیار ناامید شد. اما همانطور که اغلب اوقات اتفاق می‌افتد، خدا ما را در تاریک‌ترین لحظات‌مان ملاقات می‌کند؛ یکی از هم‌کلاسی‌هایش به او پیشنهاد داد که به کلیسای ایرانی برود. علی به سختی توانست آنچه را که می‌شنید باور کند. کلیسای ایرانی؟ آنها نشانی را به او دادند و علی بیشتر راه تا کلیسا را دوید. متاسفانه دوشنبه بود و کسی آنجا نبود که او را بپذیرد. تا چند روز بعد، علی مراقب و منتظر بود تا شاید کسی بیاید. برایش جای سوال داشت چرا پیدا کردن شخصی که بتواند دربارۀ عیسی به او بگوید اینقدر سخت است. تا آخر هفته، همۀ بچه‌های محله او را شناخته بودند چون علی کل هفته با آنها فوتبال بازی کرده بود و برای‌شان آبنبات خریده بود. وقتی بالاخره روز یکشنبه رسید، درهای کلیسا باز شد و مردم به کلیسا آمدند. اما او دوباره ناامید شد چون افرادی که برای پرستش آمده بودند ارامنه بودند؛ او از خودش پرسید، «برای اینکه مسیحی شوم باید زبان ارمنی یاد بگیرم؟» با دلی افسرده روی پله‌های کلیسا نشست، و مطمئن نبود که باید چه کار کند. اما ناگهان یک صدای بسیار خوشایند شنید. صدای افرادی که فارسی حرف می‌زدند. قلب او پر از امید شد. علی گروهی از جوانان ایرانی را دید که یکی از آنها گیتار داشت. آنها به گرمی از او استقبال کردند و علی را به داخل کلیسا دعوت کردند. او مثل یک گوسفند گمشدۀ کوچک به دنبال آنها راه افتاد. وقتی پرستش شروع شد، علی بعضی از سرودها را شناخت. واعظ دربارۀ عیسی صحبت کرد و قلب علی نسبت به این پیغام گرم شد؛ وقتی کشیش دعوت کرد که جلو بیایید، علی در حالی که به سمت جلو می‌دوید تا زندگی‌اش را به عیسی تسلیم کند به چند نفر تنه زد. او بالاخره چیزی که احساس می‌کرد بیشتر از همه به آن نیاز

دارد و بـه اشـتیاق او تبدیـل شـده بـود را پیـدا کـرد.
اصـل دومـی کـه مشـاهده شـد ایـن بـود کـه اشـتیاق یـک شـخص، اولویـت او می‌شـود. و ایـن اشـتیاق بـر همـه چیـز غلبـه می‌کنـد. ایـن آهوهـای تشـنه تنهـا یـک چیـز در سـر داشـتند. آنهـا بـه جـز پیـدا کـردن آب کـه تشـنگی‌شـان را برطـرف کنـد، بـه چیـز دیگـری علاقـه نداشـتند. عمیق‌تریـن نیـاز مـا شـناخت خداسـت، چـون او آب حیـات اسـت کـه می‌توانـد عطـش روحانـی مـا را برطـرف کنـد.

وقتـی پسـر جوانـی بـودم، نمی‌دانسـتم اشـتیاق پـدرم چـه بـود، چـون اشـتیاق مـن داشـتن لبـاس‌هـای خـوب و ماشـین مثـل بچه‌هـا در آمریـکا بـود. امـا چیـزی کـه در قلـب پـدرم اولویـت داشـت خدمـت بـه مسـیح بـود. سـال‌ها طـول کشـید تـا خـدا قلبـم را تسـخیر کنـد و اشـتیاق خدمـت بـه مسـیح و پاسـخ‌گویی بـه نـدای خدمـت بـه دنیـای فارسـی زبـان را بـه مـن بدهـد.

همانطـور کـه بـه تامـل در مـورد آهوهایـی ادامـه می‌دادم کـه بـرای رفـع تشـنگی می‌دویدنـد تـا آب پیـدا کننـد، خداونـد اصـل مهـم دیگـری را بـه مـن نشـان داد. ایـن اشـتیاق ماسـت کـه بیشـترین تاثیـر را بـر دیگـران دارد. ممکـن اسـت فکـر کنیـم کـه ایـن کلام، یـا زندگـی مسـیح‌گونـهٔ ماسـت کـه عمیقـا بـر دیگـران تاثیـر می‌گـذارد. بـدون شـک ایـن چیزهـا بـر دیگـران تاثیـر می‌گذارنـد. امـا اگـر شـما یـک آهـوی تشـنه هسـتید و نمی‌توانیـد ردی از آب پیـدا کنیـد، دیـدن گروهـی آهـو کـه راسـخ بـه یـک طـرف می‌دونـد توجـه شـما را جلـب می‌کنـد. طبیعـی اسـت کـه افـراد گمشـده از کسـانی پیـروی کننـد کـه می‌داننـد بـه کجـا می‌رونـد.

طبیعتـا پـدر و مـادرم تاثیـر عمیقـی بـر مـن داشـتند. امـا مـرد دیگـری بـود کـه زندگی‌اش بـا زندگـی مـن بـه روش‌هـای تاثیرگـذار زیـادی تلاقـی پیـدا کـرد. اسـم او دکتـر ویلیـام میلـر بـود.

اولیـن خاطرهٔ مـن از دکتـر میلـر بـه زمانـی بـر می‌گـردد کـه ۱۳ سـاله بـودم و پـدرم بـه بیمارسـتان مسـیحی مشـهد منتقـل شـده بـود. بـرای خانـوادهٔ مـا کـه بیشـتر دوران کودکـی مـن را در تبریـز بودنـد و آنجـا را خانـهٔ خـود می‌دانسـتند، ایـن تغییـر بزرگـی بـود. ایـن اولیـن سـالی بـود کـه می‌خواسـتم بـه مدرسـهٔ شبانه‌روزی در تهـران بـروم، و پـدر و مـادرم فکـر کردنـد کـه بهتـر اسـت بـه جـای اینکـه بـه تنهایـی بـا قطـار هجـده

ساعت سفر کنم، یک بزرگسال همراهم باشد. وقتی شنیدند که دکتر ویلیام در همان زمان به تهران می‌رود، طوری برنامه‌ریزی کردند که همراه او بروم. قبل از سفر به دیدن دکتر ویلیام رفتم تا برنامه‌های سفر را نهایی کنیم. من همیشه با قطار درجه یک، با تخت دو طبقه و کولر که فقط هزینه‌اش ده دلار بود سفر می‌کردم. اما دکتر ویلیام به من گفت که ما با قطار درجه یک سفر نخواهیم کرد. ذهن من سریع شروع به تجسم کرد که قطار درجه دو چطور می‌تواند باشد. بدون تخت دو طبقه، شش نفر در یک کوپه، و نشستن تمام طول شب. اما قبل از اینکه از شوک سفر با قطار درجه دو بیرون بیایم، او اضافه کرد که با قطار درجه دو هم نخواهیم رفت، و او بلیط قطار درجه سه گرفته است. حالا من کاملا دست‌پاچه شده بودم. چطور می‌توانستم یک سفر هجده ساعته را همراه هشت نفر روی صندلی‌های چوبی دوام بیاورم؟

من در مقابل این پیشنهاد را دادم: «دکتر ویلیام، اگر مسئله پول است، من خوشحال می‌شوم که هزینه را پرداخت کنم.»

دکتر میلر خندید و گفت: «تت، مسئله پول نیست، ما می‌خواهیم که با قطار درجه سه سفر کنیم.» من هم با خودم اینطور فکر کردم، «دکتر میلر، تو می‌خواهی با قطار درجه سه سفر کنی؟» اما چیزی نگفتم و خودم را برای سفر با قطار که می‌دانستم بسیار بد خواهد بود آماده کردم.

آن روزِ ترسناک رسید، و من سوار قطار شدم. از همان اول ناراحت بودم. گرم بود، و هشت نفر در یک کوپهٔ درجه سه بودند. با پیش رفتن سفر، رفتار من هم به تدریج بدتر شد. اما متوجه شدم که دکتر میلر اوقات بسیار خوبی داشت. و اسم تمام همسفران‌مان را که با سخاوت غذای‌شان را با او تقسیم کردند، یاد گرفت. در حالی که من برای بهتر شدن حالم دعا می‌کردم او داستان‌هایی از زندگی عیسی برای آنها تعریف می‌کرد.

بالاخره، بعد از یک شب بی‌خوابی برای من، به تهران رسیدیم. دکتر

میلر با همه دوست شده بود، همه از او تراکت‌های بشارتی گرفته بودند. و موقع پیاده شدن بهترین آرزوها را برای هم کردند. از طرفی دیگر بر خلاف احساس شادی دکتر میلر از به اشتراک گذاشتن انجیل با مخاطبانی که شیفته‌اش شده بودند، من خوشحال بودم که از آن شب عذاب‌دهنده رها شدم.

سال‌ها بعد، که به آن سفر وحشتناک با قطار فکر کردم متوجه شدم که اشتیاق دکتر میلر برای خدا بود، و او برای شناساندن انجیل به مردم ایران زندگی کرد. اما اشتیاق من، برای راحتی خودم بود و می‌خواستم در سفر زندگی به این فکر کنم که چه چیزی برایم بهترین است. اما در این تجربه، اشتیاق دکتر میلر تاثیر عمیقی بر من داشت.

این سه سوال تبدیل به یک نیروی محرک در زندگی من شدند: عمیق‌ترین نیاز من چیست؟ چه چیزی یا چه کسی در زندگی من مقدم است؟ و بزرگترین تاثیر من بر زندگی دیگران چه خواهد بود؟ زمان می‌برد، اما در نهایت خدا مرا هدایت می‌کند تا پاسخ این سوالات مبرم را پیدا کنم.

فصل دوم

تاثیرات اولیه

بزرگ شدن در تبریز باعث شد با دنیاهای مختلفی آشنا شوم. اول دنیای خانه بود. ما در یک خانهٔ بزرگ در محوطهٔ بیمارستان مسیحی تبریز زندگی می‌کردیم که با دیوارهای کاه‌گِلی چهار متری ما را از همسایه‌های‌مان جدا کرده بود. با این حال، هر روز وقتی بیماران برای دیدن دکتر شماره می‌گرفتند و منتظر می‌ماندند، دنیای بیرون وارد محوطهٔ بیمارستان می‌شد. اغلب از پله‌های جلوی خانه‌مان، می‌توانستم بیمارانی که در صف ایستاده بودند را ببینم، و در راهم به سمت درِ بیمارستان، از کنار آنها رد می‌شدم. ما همیشه وجود بیمارستان را حس می‌کردیم، چون پدرم بیشتر وقت خود را در آنجا می‌گذراند. و ما هم مثل همه، زمانی که

او می‌آمد به نشانهٔ احترام می‌ایستادیم و اینطور به او سلام می‌کردیم: «سلام آقای دکتر.» وقتی در شب یک موقعیت اضطراری پیش می‌آمد، که بسیار هم تکرار می‌شد، ما با ضربه‌های منظمی که به در کوبیده می‌شد تا به پدرم خبر دهد به اون نیاز دارند، بیدار می‌شدیم. پدرم بعدا به من گفت که طبابت در تبریز چقدر مفید بوده است، چون آنها بیمارهای واقعی‌ای داشتند که طب مدرن اغلب می‌توانست آنها را درمان کند. او این را با طبابت در غرب مقایسه کرد که در آن موارد بسیاری از بیماری‌های روان‌تنی وجود داشت (دخترم کتابی موثر دربارهٔ این موضوع نوشته است). پدرم با چالش‌های پزشکی بسیاری مواجه شده بود، و یادم می‌آید پدرم را که ناهار می‌خورد و همزمان در حال بررسی مراحل جراحی بعد از ظهر بود نگاه می‌کردم. فکر می‌کنم داشتن یک مادر پرستار و یک پدر پزشک، می‌توانست مرا به سمت حرفهٔ پزشکی ببرد. اگرچه چنین تصمیمی ممکن بود پدرم را بسیار خوشحال کند، اما من آنقدر بیماری‌های مختلف دیده بودم که بدانم می‌خواهم مسیر دیگری را دنبال کنم. با این حال، پدر و مادرم میل خدمت به دیگران برای مسیح و بر آوردن نیازهای جسمانی یا روحانی افراد را در من به وجود آوردند، و من همیشه برای این موضوع از آنها سپاسگزارم.

از آنجایی که هیچ مدرسهٔ انگلیسی زبانی در تبریز وجود نداشت، مادرم باید ما را در خانه آموزش می‌داد. ما یک اتاق مخصوص در خانه داشتیم که برای مدرسه طراحی شده بود و تمام طول سال، هر روز صبح مادرم به ما درس می‌داد. او برای اینکه بتواند بعد از ظهرها به کار خدمت برسد، ترجیح می‌داد نصف روز به ما آموزش دهد. او دوست داشت کلاس‌های مطالعهٔ کتاب‌مقدس برای زنان کارمند بیمارستان را هدایت کند و به دانشجویان ایرانی، انگلیسی درس دهد. او یک قانون برای دانش‌آموزانش داشت و آن این بود که متن درس باید از انجیل مرقس باشد. فقط خدا می‌داند که چند نفر از شاگردان او تحت تاثیر مهربانی مادرم و کلام خدا به مسیح ایمان آوردند. او زمان بسیاری از کلاس را صرف تعلیم کتاب‌مقدس و آموزش سرودهای عالی کلیسایی به ما می‌کرد. مادرم اغلب می‌گفت: «تا وقتی که به عیسی خدمت می‌کنید، برایم واقعا اهمیتی ندارد که چه حرفه‌ای را انتخاب کنید.»

وقتی خانوادهٔ ما بزرگ شد، دنیای من هم تغییر کرد. برادرم لنی به دنیا آمد و خیلی زود بعد از او خواهرم پگی و بعد هم برادرم بیلی به دنیا آمدند. سال‌ها بعد پدر و مادرم دو فرزند دیگر به دنیا آوردند، لوئیس و روت. ما سه پسر و سه دختر بودیم. به همهٔ ما یاد داده شده بود که کلام خدا، مسیح، و یکدیگر را دوست داشته باشیم. من خاطرات عالی بسیار زیادی از زندگی‌مان با هم در آن خانهٔ بزرگ در تبریز دارم. بعدا متوجه شدم که مادرم دعا می‌کرد هر شش فرزندش در قاره‌ای دیگر به خدا خدمت کنند. تا به امروز ما در چهار قاره خدمت کرده‌ایم. درست همانطور که پدرم خدمت را الگوی خود قرار داد، مادرم هم سرسپردگی عمیق به کلام خدا را الگو قرار داد. هر روز صبح که برای صبحانه به اتاق غذاخوری در طبقهٔ پایین می‌آمدم، او را می‌دیدم که پشت میز ناهارخوری نشسته، کتاب‌مقدسش را باز کرده و مشغول یادداشت برداری است. او به طور خاص مزامیر را دوست داشت و تفسیر مزامیر از چارلز اسپرجن را بیشتر از یک بار خوانده بود. بعدا از مادرم شنیدم که او به دنبال وعده‌های خدا دربارهٔ کودکان بود و هر کدام را که پیدا می‌کرد برای فرزندان خود می‌خواست. مادر من عیسی را دوست داشت و به من یاد داد که همینطور باشم. سال‌ها بعد، زمانی که در کلیسای اتونمنت (Atonement) در شهر سیلور اسپرینگ در ایالت مریلند، به عنوان کشیش خدمت می‌کردم و پدر و مادرم در کابل زندگی می‌کردند، مادرم اینطور برایم نوشت: «هر شنبه دعا می‌کنم، وقتی که روز یکشنبه برای موعظه می‌روی، شادی خداوند را تجربه کنی.» چقدر فوق‌العاده بود که بدانم او برایم دعا می‌کرد. زندگی او حتی حالا که ده سال از مرگش می‌گذرد، تاثیر برجسته‌ای بر سرسپردگی من به مسیح دارد.

دنیای دومی که در آن بودم فرهنگ آذری تبریز بود. بزرگ شده بودم و دوستان هم سن و سال خودم را داشتم، و به سرعت زبان آذری را یاد گرفتم. در واقع تا امروز هم اغلب با برادرم آذری صحبت می‌کنم. بزرگ شدن در تبریز اثر ماندگاری بر من داشت. به طور مثال، وقتی

فارسی صحبت می‌کنم لهجهٔ آذری دارم که باعث خندهٔ بعضی از دوستان ایرانی می‌شود، چون شنیدن اینکه یک آمریکایی فارسی را با لهجهٔ آذری صحبت کند منحصربفرد است. صحبت کردن به زبان آذری باعث پیوند من با میلیون‌ها نفر شد که در ایران زندگی می‌کنند و دوست دارند زبان مادری‌شان را بشنوند. تا به امروز، اغلب از من خواسته می‌شود که در شبکه‌های ماهواره‌ای مسیحی به زبان آذری سال نو را تبریک بگویم.

در کنار زبان جدیدی که باید یاد می‌گرفتم، در بین فرهنگی بودم که آغشته به دین اسلام بود. اسلام در زندگی من نفوذ کرد. بسیاری از کارمندان بیمارستان مسلمان بودند، و روزه‌داری آنها در ماه رمضان را به یاد می‌آورم. در ماه محرم، شاهد عزداری عمومی و نمایش اتفاقات کربلا بودم و یادم می‌آید که این مراسم پر سر و صدا برای شهادت حسین تا شب ادامه داشت و باعث می‌شد بیدار بمانم. با مشاهدهٔ این رسومات مسلمانان، متوجه ترسی شدم که در قلب بسیاری از کسانی که از لطف و رحمت خدا بی‌اطلاع بودند، وجود دارد و به همین دلیل در ترس دائمی از خدایی خشمگین زندگی می‌کردند. احتمالا خدا قلبم را آماده می‌کرد تا روزی انجیل را برای مردم ایران موعظه کنم، چون با چشمان خودم اسارت زندگی در تاریکی با خرافات و آیین‌های متعدد به عنوان تنها امید آنها را دیدم.

از باغبان‌مان یاد گرفتم که مسلمانان به چه چیزی اعتقاد دارند. یک روز دیدم که علی باغبان در حال شکستن هیزم برای زمستان ما و انبار کردن آن در زیرزمین است. آن روز یک روز گرم در ماه رمضان بود. بیرون رفتم تا او را همراهی کنم. جایی راحت روی یک تکه چوب پیدا کردم و روی آن نشستم. سر صحبت را با او باز کردم و پرسیدم چه چیزی دربارهٔ عیسی می‌داند و آیا به او ایمان دارد.

پاسخ او مرا شگفت‌زده کرد: «ما عیسی را بیشتر از شما مسیحیان دوست داریم!» و بعد دربارهٔ اسلام با من صحبت کرد. او گفت عیسی برای مسلمانان، یکی از پیامبران بزرگ است و آنها هرگز نمی‌گویند که عیسی بر صلیب مرد چون این بی‌احترامی محسوب می‌شود. «ما معتقدیم کسی که شبیه به عیسی بود روی صلیب مرد، نه خود عیسی» و ادامه داد، که «عیسی پیامبری در زمان خودش

بود، اما اسلام بهتر است، چون بعدتر وحی شد و از طریق محمد نبی به انسان رسید.» وقتی او اینها را با من در میان گذاشت متوجه شدم که به طور کامل نمی‌دانستم مسلمانان به چیزی دربارۀ عیسی اعتقاد دارند. بعدا وقتی به چیزهایی که باغبان‌مان علی دربارۀ اسلام به من یاد داد فکر کردم، متوجه شدم که چطور دین او اساسا عیسی را انکار می‌کند - و اینکه دوست عزیزم باور نداشت که عیسی بر روی صلیب به خاطر گناهان او مرده بود، مرا ناراحت کرد.

در یک روز دیگر در ماه رمضان، وقتی علی روزه بود، جرئت پیدا کردم تا از او بپرسم چرا روزه می‌گیرد. گفتم، «باید خیلی سخت باشد که بدون اینکه چیزی بخوری تمام روز کار کنی.» او تایید کرد و گفت این کار را برای خشنودی خدا انجام می‌دهد، و امیدوار است که خدا او را بپذیرد. متوجه شدم که روی سرش که موهای آن را تراشیده بود جای چهار یا پنج زخم بود. از او پرسیدم «دلیل این زخم‌ها چیست؟» شنیده بودم که در آخرین روز محرم، گروه خاصی از مسلمانان به قبرستان می‌روند و با چاقوی تیز به سر خود ضربه می‌زنند تا در رنج شهادت علی، امام اول‌شان شریک شوند. اما هرگز این فرصت را نداشتم تا از کسی به طور مستقیم دربارۀ این رسم بپرسم. پاسخ او خیلی برایم واضح نبود، اما فهمیدم که فکر می‌کرد با رنجی که می‌کشد می‌تواند خشم خدا را به خاطر گناهانش آرام کند. من فقط هشت یا نه سال داشتم، ولی وقتی به دوستم، علی باغبان، فکر کردم که با چاقوی تیز سرش را به این امید می‌برید که تاوان گناهانش را با شریک شدن در رنج امامی که مرده بپردازد، قلبم به درد آمد. اما چیزی که از حرف زدن دربارۀ عیسی با او متوجه شدم این بود که حرف‌های من هیچ تغییری در او ایجاد نکرد. من فقط یک بچه بودم، و او یک عمر با اعتقاد به تعالیم اسلام زندگی کرده بود.

مطمئنم که خدا تمام این تجربه‌ها را برای من برنامه‌ریزی کرده بود و مرا برای اینکه خادم او شوم آماده می‌کرد تا روزی خبر خوش انجیل را

به مردم ایران برسانم. این را یاد گرفتم که وقتی شخصی یک دوست مسلمان صمیمی داشته باشد، باری که برای نجات آنها به دوش دارد سنگین‌تر می‌شود و در دوستی، انجیل به بهترین شکل به اشتراک گذاشته می‌شود. یکی از مربیانم اینطور گفت که: «ابتدا قبل از اینکه سعی کنید ارتباطی بر اساس انجیل برقرار کنید، ارتباط قلبی برقرار کنید.» افغان‌ها ضرب‌المثل خوبی دارند که می‌گوید: «با دشمنم به بهشت نمی‌روم، اما با دوستم به جهنم می‌روم.» این را یاد گرفتم که این روح‌القدس است که قلب مسلمانان را باز می‌کند.

«چیزهایی را که چشمی ندید و گوشی نشنید و به خاطر انسانی خطور نکرد، یعنی آنچه خدا برای دوستداران خود مهیا کرده است، اما خدا آنها را به روح خود بر ما کشف نموده است» (اول قرنتیان ۲: ۹-۱۰). این حقیقت راهنمای من در طول یک عمر به اشتراک‌گذاری انجیل با مسلمانان بود. خدا نجات می‌دهد! اما من باید جسور باشم و راه‌های به اشتراک‌گذاری انجیل را پیدا کنم. ابتدا، زندگی من باید با نشان دادن واقعیت‌های ملکوت خدا رنگ و بوی مسیح را داشته باشد. دوم، باید برای سوالات بسیاری که مسلمانان می‌پرسند آماده باشم. سوم، باید بتوانم یک مدافع خوب باشم و برای ایمانم دلیل بیاورم. گفتگویی که سال‌ها پیش در تبریز داشتم، شروع آمادگی من برای این بود که چطور زندگی کنم و حقیقت را به دوستان مسلمانم نشان دهم. فکر می‌کنم که دانه‌هایی در قلب علی باغبان کاشتم که خدا آنها را آبیاری کرد، و من فقط می‌توانستم دعا کنم که خدا روح او را نجات دهد.

در کنار تاثیر چشمگیر اسلام بر دنیا و دیدگاه من، جنبه‌های دیگری از زندگی در تبریز هم وجود داشت که فوق‌العاده بودند. در آنجا با دنیای احترام و شرم آشنا شدم. پدرم به عنوان دکتر و رئیس بیمارستان تبریز همیشه «آقای دکتر استیوارت» خطاب می‌شد. این موضوع روی من تاثیر گذاشته بود و اغلب پدرم را «آقای دکتر» صدا می‌زدم. و خیلی زود متوجه شدم احترامی که نسبت به پدرم وجود داشت به من هم به عنوان پسرش گذاشته می‌شد. وقتی به بقالی سر خیابان می‌رفتم، صاحب مغازه بلند می‌شد و به عنوان پسر آقای دکتر استیوارت به من خوش‌آمد می‌گفت. این کار باعث می‌شد احساس اهمیت و غرور داشته

باشم، و یاد گرفتم چقدر مهم است که به دیگران، به طور خاص افراد بزرگتر احترام بگذاریم.

همچنین شاهد این بودم که فرهنگ احترام چطور به مهمان‌نوازی تبدیل شده بود. ما اغلب به خانهٔ ایرانی‌ها دعوت می‌شدیم، و این همیشه برای پسری در حال رشد که دوست داشت غذا بخورد، لذت‌بخش بود. با مهمان‌ها طوری رفتار می‌شد که انگار عضوی از خانواده هستند. یکی از نمونه‌های این سخاوت خدیجه بود، که شستشوی هفتگی ما را با دست انجام می‌داد. از آنجایی که شوهرش قلی به دلیل بیماری پارکینسون توانایی کار کردن نداشت، او نان‌آور خانواده بود. آنها دو پسر به اسم ناصر و هوشنگ، هم‌سن و سال من و برادرم لنی داشتند. پدر آنها اغلب به بیمارستان می‌آمد تا ما را به خانه‌شان که تقریبا یک ساعت راه بود ببرد. آنها در یکی از فقیرترین محله‌های تبریز زندگی می‌کردند؛ خانهٔ آنها یک اتاق، یک راه‌رو، و آشپرخانه‌ای کوچک داشت. یک حوض کوچک با یک لوله‌کشی برای کل خانه و یک انباری قدیمی هم داشتند. و در زمستان مثل بقیهٔ افراد فقیر خانه‌شان را با کرسی که زیر آن ذغال روشن می‌گذاشتند گرم می‌کردند. بالش‌های بزرگ و سفت برای راحتی دور کرسی چیده می‌شد. خانواده دور کرسی می‌نشستند و پاهای‌شان را زیر لحاف می‌گذاشتند تا گرم بماند. بعضی از خانواده‌ها همانجا می‌خوابیدند. با رفتن به خانهٔ آنها خدا به من نشان می‌داد که فقیر بودن چطور است و چقدر زندگی برای آنها سخت است. و همچنین به من نشان داد که فقیر بودن به این معنی نیست که باید از نظر رفتار یا طرز برخورد فقیر بود. این خانواده من و برادرم را با آغوش باز پذیرفتند. در تابستان، ما در حوض کوچک آنها آب‌تنی می‌کردیم و در زمستان برای گرم شدن زیر لحاف می‌رفتیم و از چایی که به ما می‌دادند می‌نوشیدیم.

مهمان‌نوازی تبریزی‌ها فوق‌العاده بود و در دو هفتهٔ نوروز بیشتر از همیشه بود. در این دو هفته مردم در خانه‌های‌شان را برای دوستان

باز می‌گذاشتند تا برای تبریک نوروز بیایند، و خودشان هم به دیدن دوستان می‌رفتند و همه مشغول این کار بودند. به همین دلیل انتظار می رفت که پدر و مادرم ما را با خود ببرند تا به دیدن همهٔ کارمندان بیمارستان برویم، بنابراین همهٔ ما سوار بر اسب و کالسکه می‌شدیم تا هر روز به دیدن چند خانواده برویم.

یک نوروز را به طور خاص به یاد می‌آوردم. خانوادهٔ ما در راه رفتن به خانهٔ خدیجه و قلی بود، اما وقتی ما با اسب و کالسکه رسیدیم، باعث شد محله به هم بریزد. آنها جلوی در کوچک حیاط‌شان ایستاده بودند و به گرمی از ما استقبال کردند. وقتی وارد خانهٔ یک اتاقه‌شان شدیم، متوجه شدم که دیوارها به تازگی رنگ شده‌اند، فرش‌ها تمیز بودند، و دو صندلی بالای اتاق قرار داشت. آنها پدر و مادرم را تا کنار صندلی‌ها همراهی کردند. در حالی که شیرینی‌ها و میوه‌های روی میز حواسم را پرت می‌کرد، کمی به این موضوع فکر کردم. اما در راه برگشت به خانه، مادرم گفت چقدر از اینکه قلی آن دو صندلی را اجاره کرده بود تا آنها همانطور که رسم بود روی زمین ننشینند، او و پدرم تحت تاثیر قرار گرفته بودند. مادرم گفت که او حقوق یک روزش را برای احترام به آنها و راحتی‌شان هزینه کرده است. تجربه‌هایی از این قبیل بود که به من کمک کرد تا نسبت به مردم تبریز و پیوندهای خانوادگی قوی آنها احساس قدردانی و احترام عمیقی پیدا کنم. خدا از قلی و خانواده‌اش استفاده کرد تا با احترامی که به خانواده‌ام گذاشتند به شکل‌گیری شخصیتی که امروز دارم کمک کند.

قبلا گفته‌ام که زندگی من چطور توسط دنیای خانه‌مان و دنیای فرهنگ آذری شکل گرفت. اما در کنار همهٔ اینها، کلیسای ترکی تاثیر مهمی در زندگی من داشت. کلیسا همیشه بخش بزرگی از زندگی پدر و مادرم بود و همیشه می‌خواستند که ما همراه آنها برویم. مهم نبود که هوا چطور است هیچ بحث یا سوالی دربارهٔ رفتن به کلیسا وجود نداشت. هر یکشنبه من باید کت و شلوار پشمی تبریزی‌ام که مادرم به طور خاص برایم سفارش داده بود را می‌پوشیدم. از پوشیدن آن متنفر بودم چون خیلی زبر بود و باید آن را با زیر شلواری می‌پوشیدم. بعد باید منتظر می‌شدیم تا اسب و کالسکه وارد محوطهٔ بیمارستان شود و جلوی

خانهٔ بزرگ بایستد. ما همیشه راهمان را از میدان شهناز شروع می‌کردیم، از خیابان پهلوی رد می‌شدیم و بعد از رد شدن از چند کوچه به جلوی درهای بزرگ کلیسا می‌رسیدیم. بعد رانندهٔ ما که اسمش «اوزوم» بود منتظر می‌شد تا کلیسا تمام شود.

یک یکشنبه بعد از کلیسا، من زودتر بیرون آمدم، روی کالسکه پریدم و منتظر پدر و مادرم شدم. و همان موقع صدای مردهای جوانی را شنیدیم که فریاد می‌زدند «هی آمریکایی برو خونه!» مات و مبهوت بودم، هرگز چنین تحقیری را از طرف کسی در تبریز تجربه نکرده بودم. ناراحت شدم و احساس حقارت کردم. با خودم گفتم: «من هم یک تبریزی هستم؛ چرا می‌خواهی که بروم؟» بعدا پدرم دربارهٔ اتفاقات سیاسی برایم توضیح داد و از مصدق گفت که چطور می‌خواست ایران را از دست قدرت‌های غربی که صنعت نفت ایران را کنترل می‌کردند، رها کند.

محمد مصدق در سال ۱۹۵۱ سی و پنجمین نخست‌وزیر ایران شد. بزرگترین دستاورد او ملی کردن صنعت نفت بود که توسط بریتانیایی‌ها ساخته شده بود و از سال ۱۹۱۳ کنترل این صنعت در دست آنها بود. اما دولت او سرنگون شد چون مصدق سعی کرد تا مجلس را منحل کند و قدرت کامل را به خود و کابینه‌اش بدهد و در نتیجهٔ این کار شاه از قدرت عزل می‌شد. در یک عملیات نظامی مخفی به اسم «کودتای ۲۸ مرداد» سرویس‌های اطلاعاتی انگلیس و آمریکا با حمایت ایران از عناصر سرکش در ارتش استفاده و مصدق را در ۲۸ مرداد ۱۳۳۲ از قدرت برکنار کردند. بعد از کودتا او به دادگاه نظامی رفت و به سه سال حبس محکوم شد. در یک اقدام غیر قانونی، که حتی با استانداردهای خود رژیم مطابقت نداشت، دولت شاه او را تا زمان مرگش در ۱۴ اسفند ۱۳۴۵ به حبس خانگی در روستایی دورافتاده متعلق به خانوادهٔ او تبعید کرد. مصدق را طی یک مراسم خصوصی در اتاق غذاخوری محل سکونتش در روستای احمد آباد دفن کردند.

از نظر احساسی خودم را در کنار ایران دیدم، اما همچنین متوجه شدم که من یک آمریکایی هستم که در ایران به عنوان مهمان زندگی می‌کنم، و این باعث شد متوجه شوم به شکل عجیبی دچار دوگانگی هویت هستم. آن روز باعث شد احساس سردرگمی کنم، چون زندگی در یک کشور خارجی به عنوان اقلیت می‌تواند این سوال را برانگیزد که واقعا به کجا تعلق دارم. شاید تجربهٔ بزرگ شدن به عنوان یک خارجی در ایران حساسیت بیشتری در من ایجاد کرد که بعدا به ایرانیان مقیم آمریکا خدمت کنم.

زمانی هم در کلیسا، در دنیای دیگری غرق شدم: دنیای مسیحیان اوانجلیکال که از چندین پیشینهٔ قومی مختلف آمده بودند. در کلیسا آشوری‌های بسیاری بودند از جمله خانوادهٔ لازار، که راهبران تاثیرگذاری در کلیسا بودند. ارامنه هم در کلیسا بودند که آنها هم نقش بزرگی در هدایت کلیسا داشتند، یکی از آنها «بارون هایریک» بود که مترجم کنسولگری آمریکا بود و اغلب در جلسات پرستشی ترکی ما موعظه می‌کرد. ما سرودهای پرستشی ترکی می‌خواندیم و کلام خدا را به زبان ترکی می‌خواندیم و می‌شنیدیم. زنان در یک طرف محراب و مردان در طرف دیگر می‌نشستند، بچه‌ها هم تا زمانی که به اندازهٔ کافی بزرگ شوند که بتوانند به تنهایی بنشینند، در کنار پدر و مادرشان بودند. به یاد نمی‌آورم که به چند صد موعظه گوش دادم، اما محبت و مهربانی‌ای که در آن کلیسا تجربه کردم را به یاد می‌آورم. خانم وودینگ مدیر مدرسهٔ پرستاری مبشرین بود، و اغلب ارگی که با پا کنترل می‌شد را می‌نواخت. هنوز می‌توانم لغزیدن انگشتانش روی ارگ و حرکت پاهایش را ببینم. به یاد آوردن چیزهای کوچک مثل اینکه او وقتی ارگ می‌نواخت عینکش را سر و ته می‌زد، خنده دار است.

بیشتر کلیسا متشکل از گروه‌های قومی بود که به شکل سنتی مسیحی بودند، اما چند مسلمان نوایمان هم بودند که با یکی از آنها به نام اسد، در کودکی دوست شدم. او یک مرد نابینا بود که توسط یک سازمان بشارتی آلمانی که به نابینایان خدمت می‌کرد بزرگ شده بود. دوست داشتم که به کلیسا بیاید و با کمال میل دست او را می‌گرفتم و به صندلی‌اش در ردیف جلو می‌بردم و کنار او می‌نشستم. چیزهای بسیاری دربارهٔ او وجود داشت که مرا کنجکاو می‌کرد.

در اواسط موعظه، ساعت بریل خود را در می‌آورد که ببیند چقدر تا پایان موعظه باقی مانده است. من مشتاقانه منتظر آن لحظه بودم، چون این امید را به من می‌داد که موعظه تقریبا تمام شده است. اما چیزی که بیشتر از همه قلب جوان من را تحت تاثیر قرار داد این بود که او چطور همهٔ سرودها را با قلبش حفظ بود و آنها را با چنین شور و شوقی می‌خواند. من چشمان تاریک او را دیدم، و انگار او چیزی را می‌دید که من نمی‌توانستم ببینم. او بی‌شک بینایی روحانی داشت. او در تمام این سال‌ها به عنوان یک یادآوری واضح برای من باقی مانده است که بدون قدرت احیا کنندهٔ روح‌القدس، نمی‌توانیم واقعا وضعیت گناه‌آلود خودمان و نیاز به بخششی که خدا از طریق عیسی به ما ارائه می‌دهد را درک کنیم. من خدا را شکر می‌کنم که در شش سالگی روح‌القدس از مادرم استفاده کرد تا چشمانم باز شود و حقیقت را ببینم و زندگی‌ام را به عیسی بسپارم.

یک خانم دیگر با پیش‌زمینهٔ اسلام در کلیسای تبریز بود که با مادرم دوست بودند. او در نوجوانی به مسیح ایمان آورده بود. و همیشه با چادر به کلیسا می‌آمد. من همچنین موهای قرمز براق او که با حنا رنگ کرده بود را به یاد می‌آورم. مادرم اغلب از نظر مالی به او کمک می‌کرد و به طور مرتب به دیدنش می‌رفت. مادرم به من گفت چون او زندگی‌اش را به مسیح داده است، خانواده‌اش او را ترک کردند و چون حالا نجس به حساب می‌آید، کسی با او ازدواج نخواهد کرد. او در یک آپارتمان یک خوابه که کلیسا اجاره‌اش را می‌داد زندگی می‌کرد، و وابسته به هدایایی بود که اعضای کلیسا به او می‌دادند. دیدن او هر یکشنبه در کلیسا چشمانم را باز کرد تا ببینم که مسلمانانی که تازه ایمان آورده‌اند چه بهایی برای شاگردی مسیح می‌پردازند. و به من کمک کرد تا بفهمم چرا بسیاری از مسلمانان وقتی دربارهٔ انجیل می‌شنوند، یا به طور مخفیانه از عیسی پیروی می‌کنند، یا از روی ترس او را رد می‌کنند. شجاعتی که در این زن دیدم تاثیر عمیقی بر من گذاشت، و وقتی می‌بینم خواهران و برادران

ایرانی و افغانم برای مسیح رنج می‌کشند، از آنها الهام می‌گیرم تا این را در زندگی خودم به کار ببرم و در شهادتم برای مسیح شجاع‌تر باشم.

کلیسای تبریز برای همهٔ آنهایی که به آنجا می‌آمدند جایی برای آرامش و شادی نبود. یک پرستار که از مدرسهٔ پرستاری ما به کلیسا می‌آمد قبلا مسلمان بود و به قیمت از دست دادن خانواده‌اش مسیحی شده بود. مشکلی که او با آن مواجه بود این بود که افرادی در کلیسا بودند که پیش‌زمینهٔ اسلام نداشتند و نمی‌توانستند او را به عنوان یک مسیحی واقعی بپذیرند. دلایل بسیاری می‌تواند برای این موضوع وجود داشته باشد. به طور مثال یکی از آنها ممکن است این باشد که او هنوز رفتارهایی را از زندگی قبلی خود به همراه داشت که باعث آزار ایمان‌داران می‌شد. اما در میان ارامنه و آشوری‌های ایمان‌دار یک سوءظن قوی وجود داشت، چون آنها در طول تاریخ خود آزار و اذیت‌های مختلفی را از طرف مسلمانان تجربه کرده بودند. دلایل هر چه که باشد، خانوادهٔ خواهر ما کوکب او را طرد کرده بودند و حالا او احساس پذیرفته شدن از طرف خانوادهٔ جدیدش را نداشت، و همین او را از نظر عاطفی در شرایط سختی قرار داده بود. مبشرین سعی کردند تا خلایی که وجود داشت را پر کنند، اما نتیجهٔ ناراحت‌کننده این بود که کوکب در نهایت سعی کرد خودکشی کند. یادم می‌آید که پدر و مادرم با صدای آرام در این مورد صحبت می‌کردند. من تا آن موقع هرگز نشنیده بودم که کسی سعی کند خودش را بکشد، و نمی‌توانستم تصور کنم که کسی این کار را انجام دهد. اما شناختن کوکب و دانستن کشمکش‌های درونی او به همراه افسردگی به خاطر طرد شدن راهی بود که خدا مرا برای کشمکش‌های واقعی‌ای که مسلمانان مسیحی‌شده با آنها روبرو بودند، آماده کند. این به من کمک کرد تا نسبت به آنهایی که برای پیروی از استادی که جان خود را برای آنها داد بود، بهای سنگینی می‌پردازند، کمتر قضاوت کنم و بیشتر همدرد و حامی باشم.

برداشت کلی من از کلیسای اوانجلیکال تبریز در آن سال‌های خیلی قبل از انقلاب اسلامی این بود که کلیسا بسیار سنتی بود و هفته به هفته تغییر چندانی نداشت. در آنجا ایمانی ملایم و ثابت وجود داشت، اما به نظر می‌رسید

که بشارت چندانی انجام نمی‌شد. به یاد نمی‌آورم که هرگز تعمید یک فرد بزرگسال که نشانهٔ یک ایمان جدید است را دیده باشم. آن موقع نمی‌دانستیم که این کلیسای کوچک آرام، بعد از انقلاب اسلامی، به پناهگاه بسیاری از نوایمانان تبدیل خواهد شد. سال‌ها بعد افتخار ملاقات مردی را داشتم که بعد از انقلاب کلیسای تبریز را شبانی کرده بود. او مرد فروتنی بود که به دلیل ایمانش دستگیر و مدتی زندانی شده بود. به یاد می‌آورم که به من گفت چطور در آن روزها از گله‌اش شبانی می‌کرده است. مسلمانانی که مسیحی شده بودند اجازه نداشتند برای پرستش به کلیسا بروند، و به همین دلیل او در طول هفته به ملاقات تک تک آنها می‌رفت. او در جایی از شهر با برخی از آنها قرار می‌گذاشت و با هم قدم می‌زدند. موعظهٔ آن هفته را برایشان می‌گفت و با آنها دعا می‌کرد. با این روشی که روح‌القدس به او داده بود، او می‌توانست با گله‌اش در ارتباط باشد.

خدا از جفا بر کلیسا استفاده می‌کند تا ایمانداران به جستجوی او بروند. در کنار این، چون ایمانداران به دنبال آرامش خاطر هستند، جفا باعث می‌شود که کلیسا منتشر شود و رشد کند. در زمان جفا بذر انجیل نسبت به زمان آرامش و رفاه، بیشتر پخش می‌شود. با دیدن این حقایق در کلیسای ایران، اطمینان عمیق‌تری به حاکمیت خدا پیدا کردم و بیشتر تشویق شدم تا در داستان کار شگفت‌انگیز خدا در ایران مشارکت کنم.

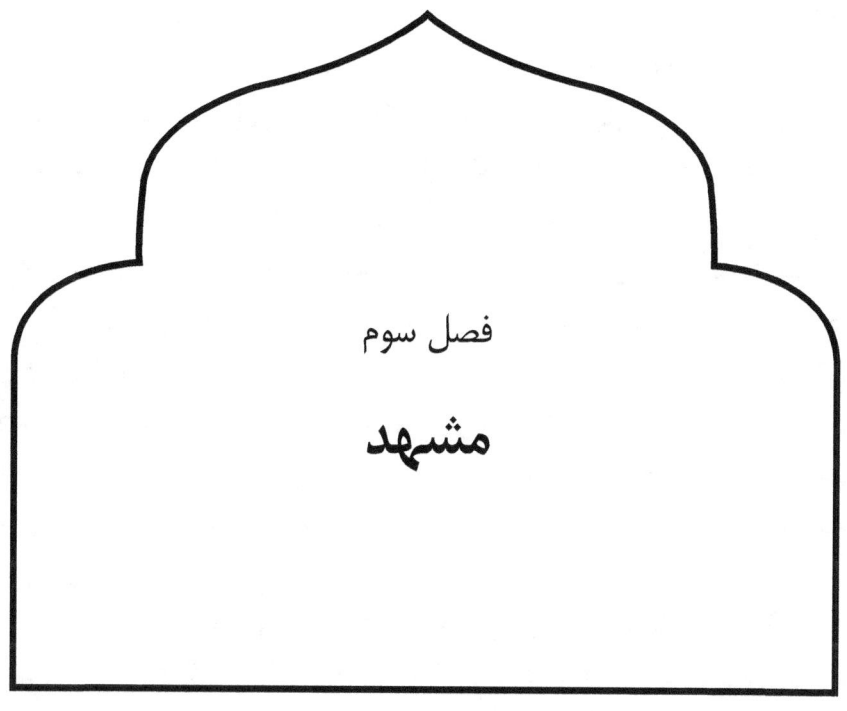

فصل سوم

مشهد

زندگی انسان را به حالت انفعال متمایل می‌کند، اما خدا راهی دارد که ما را برای تجربه‌های جدید بیدار کند، تجربه‌هایی که وابستگی ما را به او عمیق‌تر می‌کنند. من یک پسر دوازده سالهٔ بسیار شاد بودم که در تبریز بزرگ می‌شدم. به اندازهٔ کافی زبان آذری یاد گرفته بودم تا از رابطه با دوستان ایرانی‌ام که اغلب مسلمان بودند لذت ببرم. همچنین دوستان ارمنی‌ای هم داشتم که مادران‌شان به عنوان خدمتکار در خانهٔ مبشرین کار می‌کردند، و به همین دلیل زبان ارمنی هم یاد گرفتم. برنامهٔ مدرسه‌ام انعطاف‌پذیر بود؛ هر روز بعد از ظهر مدرسه نداشتم و می‌توانستم در محوطهٔ بزرگی که قلمرو پادشاهی‌ام بود بازی کنم.

خانواده‌ام بزرگ می‌شد و من خواهر و برادرانی داشتم - لنی، پگی و بیلی - که با آنها بازی یا مجبورشان کنم که خواسته‌هایم را برآورده کنند (چیزی که اغلب به من یادآوری می‌کنند). زندگی بسیار خوب بود.

یک روز خبری آمد که دنیای مرا لرزاند. نمی‌توانستم باور کنم. پدر و مادرم چطور می‌توانستند با آن کنار بیایند؟

سازمان بشارتی‌ای که بر شش بیمارستان مسیحی در ایران نظارت داشت، تصمیم گرفت پدرم را به شهر مشهد منتقل کند. مشهد کجا بود؟ آنها چرا باید چنین کاری می‌کردند؟

متوجه شدم که دکتر توماس مورای و خانواداش به مرخصی می‌روند، و می‌خواهند در زمان نبودن‌شان پدرم رئیس بیمارستان مسیحی مشهد باشد. هر چقدر پدر و مادرم سعی کردند به من اطمینان دهند این پایان دنیا نیست، اما از نظر من اینطور بود.

روند نقل مکان پیچیده بود. وسایل خانه‌مان باید بسته‌بندی می‌شد، تا سفر طولانی با کامیون که بیشتر از هزار کیلومتر بود به آنها آسیب نرساند. وسایل شخصی‌مان را جمع کردیم و با قطار به تهران و از آنجا به مشهد در شمال شرق ایران رفتیم. در سوم ماه مارس که تولد برادرم لنی است، به آنجا رسیدیم. خانوادهٔ مورای با اشتیاق از ما استقبال کردند. چه کسی می‌دانست، که روزی دختر آنها پتی همسر من خواهد شد؟ در آن زمان من بیشتر از همه تحت تاثیر مادر او نانسی قرار گرفتم، که با پختن کیک اصرار داشت تولد لنی را جشن بگیرد. عصر آن روز برای یک جشن خاطره‌انگیز در خانهٔ آنها دور هم جمع شدیم.

مشهد با تبریز بسیار متفاوت بود. باغی که در آن زندگی می‌کردیم پوشیده از گل‌ها و درخت‌های میوه بود. آنجا به نظرم شبیه بهشت بود. هر خانوادهٔ مبشر حیاط محصور خود را داشت که حیاطها با درهایی به هم وصل می‌شدند. هر باغ، باغبان خودش را داشت که در آنجا با خانواده‌اش زندگی می‌کرد، و بچه‌های آنها دوستان جدید ما شدند. اولین چالش برای من این واقعیت بود که همه فارسی صحبت می‌کردند، و من که در تبریز زندگی کرده بودم فقط آذری حرف

می‌زدم. اما اینکه باغبان ما «مسلم» و دو پسرش آذری صحبت می‌کردند باعث خوشحالی من شد. به همین دلیل، خانوادهٔ آنها بهترین دوستان من شدند و تا امروز هم ارتباطم را با آنها حفظ کرده‌ام. باغبان ما مردی مهربان و آرام بود. او وظیفهٔ راهنمایی من در بسیاری از موارد را به عهده گرفت. گاهی با او به خرید می‌رفتم و مسلم به من نشان می‌داد که بهترین مغازه‌ها کجا هستند. من به خاطر قدم که تقریبا ۱۹۰ سانتی متر بود قوز می‌کردم و او به من می‌گفت که صاف بایستم. او گاهی مرا برای چای و صرف غذا به خانهٔ یک اتاقه‌اش دعوت می‌کرد. خدا از او استفاده کرد تا به من دربارهٔ زندگی در ایران یاد بدهد و کمک کند تا فرهنگ ایرانی را بهتر درک کنم.

وقتی در مشهد زندگی می‌کردم، هنر پرورش کبوترهای اهلی را کشف کردم. ما بچه‌ها در حیاطمان حیوانات مختلفی داشتیم، از جمله: سگ، گربه، مرغ و حتی گوسفند. اما برای اولین بار در مشهد با دنیای کبوترهای اهلی آشنا شدم. با کمک پسرهای باغبان، ابتدا مجبور شدیم گل‌خانه را که قبلا در طول ماه‌های زمستان برای محافظت از گیاهان استفاده می‌شد آماده کنیم. با استفاده از آجر و تخته‌های کوچک سوراخ‌هایی برای کبوترها درست کردیم که لانهٔ آنها باشد. مرحلهٔ بعد این بود که از کجا پرندهٔ سالم بخریم؟ به من گفتند سراغ مردی به نام حاجی بروم. همراه بعضی از دوستان ایرانی‌ام، آقای حاجی را پیدا کردیم که در اتاقی رو به حرم امام رضا زندگی می‌کرد. و چون با کبوترها زندگی می‌کرد اتاقش کثیف بود. ما یک جفت کبوتر سالم که حاجی به ما اطمینان داد به خوبی تولید مثل می‌کنند خریدیم و آنجا را سریع ترک کردیم. بال‌های آنها را چیدیم تا به خانهٔ خود نزد صاحب قبلی‌شان برنگردند و منتظر شدیم تا جفت‌گیری و بچه کبوتر یا «جوجه» تولید کنند. با کمک دوستانم کبوترها را به بیست عدد رساندیم و روزی دو بار آنها را پرواز می‌دادیم. هر روز مشتاقانه منتظر زمانی بودم که بتوانم دستهٔ کبوترهایم را تماشا کنم که در آسمان اوج می‌گیرند و به دور و اطراف

می‌چرخند. بعضی از کبوترهایم از بقیهٔ دسته بالاتر پرواز می‌کردند و بعد به پایین می‌آمدند و حرکات چرخشی انجام می‌دادند. هیجان نهایی زمانی بود که آنها را با سوت زدن و پاشیدن دانه روی زمین صدا می‌زدم که پایین بیایند. هرگز لذتی که در آن زمان احساس می‌کردم را فراموش نمی‌کنم.

درس‌هایی از کبوترها

من درس‌های بسیاری از پرورش کبوترها گرفتم که به طرز عجیبی زمانی که کشیش شدم به من کمک کردند. از آنجایی که افراد قطعا بسیار پیچیده‌تر از پرندگان هستند، تجربه‌ام در آموزش کبوترها به من کمک کرد تا برای ایجاد انگیزه در انسان‌های مختلف برای اتحاد در سایهٔ راهبری من، خلاق‌تر باشم: کبوترها نسبت به خانه و صاحب‌شان بسیار وفادار هستند. کمی بعد از اینکه اولین جفت کبوتر را خریدیم یاد گرفتم که باید بال آنها را بچینم تا به خانهٔ قبلی‌شان پرواز نکنند. و نمی‌توانستم تا دو جوجه تولید نکرده‌اند به آنها اجازهٔ پرواز بدهم. زمانی که صاحب جوجه شدند و باید به آنها غذا می‌دادند، با من ماندند. زمانی که افراد روی چیزی سرمایه‌گذاری می‌کنند، وفاداری بیشتری نشان می‌دهند.

زمان گرسنگی بهترین وقت برای آموزش پرواز به کبوترهاست. من به کبوترانم اجازه می‌دادم که روی پشت‌بام پرواز کنند و به محض اینکه پرواز می‌کردند روی پشت‌بام دانه می‌ریختم و آنها به سرعت برای خوردن فرود می‌آمدند. کبوترها را با مسیری از دانه هدایت می‌کردم، و بعد آنها را به قفس‌شان بر می‌گرداندم. این کار را روزها تکرار کردم و بعد از مدتی آنها بیشتر و بلندتر پرواز می‌کردند اما به محض اینکه برای‌شان روی پشت‌بام دانه می‌ریختم بر می‌گشتند. وقتی که افراد تغذیه می‌شوند، بر می‌گردند.

آنها در قالب یک دسته پرواز می‌کردند. این کار انجام می‌شد تا کمک کند همهٔ آنها با هم باشند و همراه هم بدون خطر دوباره روی پشت‌بام من فرود بیایند. اگر یک کبوتر تنها بیرون می‌رفت ممکن بود وارد دستهٔ یک نفر دیگر شود، و من او را از دست می‌دادم. بر عکس این هم ممکن بود؛ دستهٔ من

می‌توانست یک کبوتر ولگرد را بگیرد و برایم بیاورد. این کاری بود که کفتربازها انجام می‌دادند و با فروختن کبوتری که گیر آورده بودند پول درمی‌آوردند. اتحاد برای امنیت گروه الزامی بود.

با گذر زمان، شخصیت کبوترهایم را یاد گرفتم. بعضی از آنها خودنمایی می‌کردند و دوست داشتند که در هوا غلت بزنند و بچرخند. برخی هم قلدر بودند و بقیه را به اطراف هل می‌دادند. بعضی دیگر حسود بودند و توجه بیشتری می‌خواستند. اما وقتی پرواز می‌کردند، همه در قالب یک دسته با هم بودند و همه به خانه نزد من که صاحب آنها بودم بر می‌گشتند. افراد چالش‌ها و عطایای منحصربفردی دارند که برای پیشرفت گروه باید به صورت فردی به آنها توجه کرد.

مشهد برای میوه‌های خیلی خوبش معروف است. هیچ چیز مثل یک کاسه گیلاس مشهد نمی‌شود. باغی که ما در آن زندگی می‌کردیم درخت‌های میوهٔ بسیاری داشت و من و دوستانم حواس‌مان به هر درخت بود تا ببینیم چه زمانی میوه‌اش می‌رسد. یکی از درختان حیاط ما درخت شاه‌توت بود. من هیچ جای دیگر چیزی شبیه به آن ندیدم. وقتی توت‌ها می‌رسیدند، گوشتالو، بنفش و آب‌دار می‌شدند. مادرم متوجه توت‌های رسیده شد و توصیه کرد که اصلا نخورم. دلیل او این بود، «اگر شروع به خوردن کنی آنقدر می‌خوری که دل درد بگیری.» یک ساعت بعد وقتی او به خرید رفت، دوستانم در خانهٔ ما را زدند. بعد از سلام و احوال پرسی، آنها با هیجان گفتند «توت‌ها رسیده‌اند و منتظر ما هستند.» باید اعتراف کنم که هیچ فرد جوانی هرگز نمی‌خواهد به دوستانش بگوید: «مادرم اجازه نمی‌دهد.» آنها به من نگاه کردند و گفتند: «جدی می‌گویی؟ مادرت خانه نیست و هرگز متوجه نخواهد شد.» وقتی می‌خواهید گناهی مرتکب شوید، دانستن اینکه همه با شما

همراهی می‌کنند همیشه باعث آرامش خاطر می‌شود. از در جلویی بیرون آمدم و از درخت بزرگ توت بالا رفتم. چطور می‌توانم توضیح دهم که اولین «توت» چه طعمی داشت؟ خیلی بهتر از آن چیزی بود که فکر می‌کردم. بدون اینکه متوجه شوم، داشتم خیلی سریع آنها را روی زمین می‌ریختم. آب توت‌ها از دست‌هایم می‌چکید و دور دهانم یک حلقهٔ قرمز تیره شکل گرفته بود. گناه در ابتدا می‌تواند واقعا شیرین به نظر بیاید. اما چیزی که نباید، اتفاق افتاد. مادرم زودتر از آنچه که انتظار داشتم برگشت. من که بالای آن درخت پیر بودم، می‌توانستم ببینم که می‌آید. سریع‌تر از یک آتش‌نشان که برای رسیدن به آتش از تیرک آتش‌نشانی پایین می‌آید، از درخت پایین آمدم. به داخل آشپزخانه دویدم، به دنبال صابونی که اغلب برای شستن فرش از آن استفاده می‌کردیم گشتم، و دست و صورتم را تا جایی که می‌شد سابیدم. اما متاسفانه هر بار که به آینه نگاه می‌کردم، لکه‌ها همچنان بودند و سابیدن دست و صورتم باعث قرمزی بیشتر شده بود. و بالاخره لحظه‌ای که انگار آخر دنیا بود رسید، در جلویی باز شد و من با شواهد گناهم که در صورتم مشخص بود آنجا ایستاده بودم. لازم نیست بگویم که مادرم اصلا خوشحال نبود. من به دلیل نااطاعتی تنبیه شدم و باید به اتاقم می‌رفتم. آن روز عصر، بعد از اینکه به اندازهٔ کافی تنبیه شدم، بیرون رفتم تا ببینم دوستانم در چه حالی هستند. اولین چیزی که متوجه شدم این بود که لکه‌های توت از روی صورت آنها رفته بود. داستان غم‌انگیزم را برای آنها گفتم و با کنجکاوی زیاد از آنها پرسیدم چرا هیچ لکه‌ای ندارند. آنجا بود که راز خلاصی از دست لکه‌های «توت» را به من گفتند. همهٔ ایرانی‌ها این را می‌دانند، اما من باید به سختی یاد می‌گرفتم: برگ‌های درخت «توت» را بردار و له کن - شیرهٔ برگ‌ها تنها چیزی است که می‌تواند لکه را از بین ببرد! باید اعتراف کنم به این دلیل که قبل از تنبیه شدن برای خوردن میوهٔ ممنوعه این را به من یاد نداده بودند، از دست آنها خیلی عصبانی بودم. این تجربه داستان مورد علاقهٔ من شد، و زمانی که انجیل را برای ایرانیان توضیح می‌دهم اغلب از آن استفاده می‌کنم.

مشهد به دلیل اینکه حرم امام رضا در آنجا قرار دارد یکی از مقدس‌ترین شهرها

برای شیعیان ایران است. هزاران زائر - زنان نازا، افرادی که بیماری‌های خاص دارند، و افرادی که از خدا خیر و برکت و آینده‌ای خوب می‌خواهند - هر سال به زیارت حرم می‌روند تا الطاف ویژهٔ خدا را دریافت کنند. وقتی کسی به مشهد می‌رسد، اولین چیزی که به چشمش می‌خورد گنبد طلایی حرم امام رضاست که در آفتاب می‌درخشد. و این باید برای زائرانی که هر سال به آنجا می‌روند الهام‌بخش باشد. من در این شهرِ مقدس برای مسلمانان زندگی کردم و دربارهٔ اسلام یاد گرفتم. نه تنها به واسطهٔ دوستان مسلمانم بیشتر با فرهنگ اسلام آشنا شدم، بلکه این را هم یاد گرفتم که مسلمانان چقدر عمیق بر این باورند که نمی‌توانند شخصا رابطه‌ای با خدا داشته باشند و باید مردان «مقدسی» را پیدا کنند تا واسطهٔ بین آنها و خدا باشند.

یک بار باغبان‌مان مسلم، که مرا مثل پسر خودش می‌دانست و خیلی دوستش داشتم، از من دعوت کرد تا دور محوطهٔ بزرگ حرم امام رضا قدم بزنیم. شروع به پرسیدن سوالاتی دربارهٔ اعتقاداتش کردم، و او صبورانه به من پاسخ داد. او بعدا گفت که می‌توانیم به زیارت حرم برویم و من دعوتش را قبول کردم. او گفت باید لباس‌های کهنه بپوشم، عینکم را در بیاورم (در آن زمان تعداد کمی از ایرانیان عینک داشتند) و فقط آذری حرف بزنم، تا برای زیارت از حرم آماده شوم. روز قرارمان رسید، و من پر از احساسات متفاوت بودم، چون دوستانم گفته بودند اگر مشخص شود که مسیحی هستم ممکن است کشته شوم. نمی‌دانم این چقدر صحت داشت، اما مصمم بود که چیزی نگویم که باعث لو رفتنم شود. وقتی با انبوه زائران که به سمت قبر امام رضا می‌رفتند همراه شدیم، متوجه شدم که مردم چطور قبر را می‌بوسند و مقابل آن سجده می‌کنند. با دیدن بت‌پرستی آشکار و ناامیدی کسانی که در اطرافم بودند، اندوه عمیقی احساس کردم. می‌خواستم فرار کنم و هرچه سریع‌تر از آنجا دور شوم. تصمیم گرفتم دیگر هرگز به آنجا برنگردم، اما برای تمام آنهایی که از آنچه من به عنوان یک پسر جوان دربارهٔ فیض خدا و آزادی‌ای

که انجیل به ارمغان می‌آورد آگاه بودم و آنها نمی‌دانستند، احساس تاسف کردم. آیا خدا باری برای مردم ایران بر قلب من می‌گذاشت؟ آن زمان متوجه نبودم که خدا در طول زندگی‌ام چطور مرا برای دعوت به خدمت در دنیای فارسی‌زبان آموزش می‌دهد. من زندگی‌ام را به یک فرش مجلل و رنگارنگ ایرانی تشبیه می‌کنم که وقتی بالای دار قالی است می‌توانید کار بافنده را ببینید، اما نقش آن هنوز مشخص نیست. بافنده از قبل نقش قالی را می‌داند، اما تا لحظه‌ای که آخرین نخ‌ها در جای خود قرار نگیرند، نقش برای بیننده مشخص نیست.

برخلاف زمانی که در حرم امام رضا بودم، معاشرت مسیحی فوق‌العاده‌ای را در گروه جوانان کلیسای انجیلی (مشایخی) مشهد داشتم. در تبریز اکثر جوانان از خانواده‌های ارمنی و آشوری بودند که مسیحی بودن یک امر عادی بود، اما گروه جوانان مشهد از آنهایی تشکیل شده بود که پیش‌زمینۀ اسلامی داشتند. و چون بیشتر آنها در محوطۀ بیمارستان زندگی می‌کردند ما در طول هفته با هم زمان زیادی را برای انجام فعالیت‌های سرگرم‌کننده، صرف می‌کردیم. در مشهد یک جای مشهور به اسم کوه سنگی وجود دارد که تقریبا ۸ کیلومتر با بیمارستان فاصله داشت؛ اما ما صبح زود بیدار می‌شدیم، صبحانه‌مان را آماده می‌کردیم و با دوچرخه به کوه سنگی می‌رفتیم. روی سنگ بزرگی می‌نشستیم تا صبحانه بخوریم و جوک تعریف می‌کردیم و آنقدر می‌خندیدیم که پهلوی‌مان درد می‌گرفت.

زمانی را به یاد می‌آورم که همۀ پسرهای گروه جوانان به اردو رفته بودیم. دره‌ای دیدنی به نام اَخلَمَد وجود دارد و ما یک تابستان به همراه راهبر گروه جوانان از مسیر شیب‌دار به یک چمنزار زیبا رفتیم و در آنجا چادر زدیم و چند شب همان جا ماندیم. آنجا زیر آسمان پر ستاره نشستیم و دربارۀ ایمان‌مان به خدا و رویاهایی که برای زندگی داشتیم حرف زدیم. ما غذای‌مان روی آتش می‌پختیم و صورت‌مان را با آب سرد جوی‌باری که از میان چمنزار می‌گذشت می‌شستیم. آن روزهایی که با هم بودیم، تمام مشکلات زندگی‌مان را فراموش کردیم و برادری‌مان در مسیح را جشن گرفتیم.

کلیسای مشهد با کلیسای تبریز بسیار متفاوت بود. به نظر من بسیار زنده‌تر

می‌آمد، که دلیلش می‌توانست این باشد که من بزرگ‌تر شده بودم و در یک گروه سرزندهٔ جوانان با راهبران مسیحی عمیق‌تری بودم. ما در جلسهٔ هفتگی مطالعهٔ کتاب‌مقدس شرکت می‌کردیم که توسط راهبران مختلف تدریس می‌شد. یک بار که دکتر ویلیام میلر به مشهد آمده بود، وقت گذاشت و یکی از جلسات مطالعهٔ کتاب‌مقدس ما را تدریس کرد. صورت مهربان و سرسپردگی عمیق او به کلام خدا را به یاد می‌آورم. همه احترام خاصی برای او قائل بودند.

راهبران گروه جوانان ما را تشویق می‌کردند تا به فقرا کمک کنیم. در یک بهار ما در یک باغ بزرگ سبزیجات کاشتیم تا محصولات آن را به خانواده‌های فقیر بدهیم. یادم می‌آید که ساعات طولانی زیر آفتاب سوزان زحمت می‌کشیدیم و به باغ رسیدگی می‌کردیم. این یک تجربهٔ بسیار خوب از کار گروهی برای من بود و چون هیچ کدام از محصولات را برای خودمان بر نمی‌داشتیم، درسی عالی بود که بدانم چطور در پروژه‌ای شرکت کنم که هیچ چیز از آن نصیب خودم نمی‌شود.

کلیسای مشهد یک رسم فوق‌العاده داشت. نوایمانان کمی در آن کلیسا بودند، اما زمانی که کسی ایمان می‌آورد، آنها اغلب در یکشنبهٔ قیام تعمید می‌گرفتند. تعمید در روز قیام به خودی خود شکلی پر جلال از گرامی‌داشت آیین تعمید بود، اما یک دلیل دیگر برای این انتخاب وجود داشت. رسم کلیسا این بود: آنهایی که در صبح روز قیام تعمید می‌گرفتند باید از روز جمعهٔ صلیب تا صبح روز قیام در کلیسا می‌ماندند. آنها مطالعهٔ کتاب‌مقدس داشتند، سرود می‌خواندند و حتی بخشی از آن وقت را روزه می‌گرفتند. کلیسا این زمان را بسیار خاص کرده بود. در صبح روز قیام، همهٔ کلیسا برای جلسه در صبح زود موقع طلوع خورشید دور هم جمع می‌شدند. من آن صبح‌های قیام را به خوبی به یاد می‌آورم. بعد از پرستش، با هم صبحانهٔ خوشمزهٔ ایرانی که شامل تخم‌مرغ پخته، نان تازهٔ ایرانی و چای تازه‌دم بود می‌خوردیم. همیشه در کلیسا چنین روح شگفت‌انگیزی وجود داشت که ما پیروزی مسیح بر گناه و مرگ را در

رستاخیز باشکوه او با مشاهدهٔ تعمید ایمانداران جدید، بعد از اینکه به معنای سه روز «دفن»، در کلیسا بودند جشن می‌گرفتیم.
سال‌ها بعد، وقتی به عنوان شبان ایرانیان خدمت کردم، بهتر به حمکت سه شب ماندن در کلیسا پی بردم. چیزی که متوجه شدم این بود که در روزهای نزدیک به تعمید یک مسلمان نوایمان، آنها معمولا مورد حملهٔ شدید دشمن قرار می‌گرفتند. برخی کابوس داشتند؛ و ترس و شک بر برخی دیگر غلبه می‌کرد. بعضی هم به خاطر حملهٔ این دشمنان برای تعمید نمی‌آمدند. مشایخ کلیسای مشهد که این را می‌دانستند، برای محافظت از ایشان، آن زنان و مردان را در کلیسا نگه می‌داشتند. آنها مثل یک شبان با محبت‌آمیزترین و حکیمانه‌ترین راه، از گله‌شان محافظت می‌کردند. من از آنها یاد گرفتم که ایمانداران جدید را برای تعمید و حملاتی که به احتمال زیاد در روزهای قبل از آن اتفاق می‌افتد آماده کنم. ما درگیر یک نبرد روحانی هستیم، و افرادی که متوجه آن نیستند به احتمال زیاد صدمه می‌بینند و دلسرد می‌شوند.
مشهد همیشه جایگاه ویژه‌ای در قلب من خواهد داشت. من اولین خاطراتم از دیدن پتی مورای که بعدا با او ازدواج کردم را در آنجا دارم. آنجا بود که با خانوادهٔ او که بعدها برایم بسیار عزیز شدند، آشنا شدم. بیماران پدر پتی و کارمندان بیمارستان عمیقا او را دوست داشتند. مرد جوانی که در محوطهٔ بیمارستان بزرگ شده بود با کمک خانوادهٔ مورای به دانشگاه و بعد به دانشکدهٔ پزشکی رفت. سال‌ها بعد از رفتن خانوادهٔ مورای از مشهد، او قصد داشت مجسمه‌ای از دکتر مورای بسازد و در یکی از خیابان‌های اصلی بزرگ قرار دهد. برخی دیگر می‌گویند وقتی دکتر مورای وارد اتاق آنها در بیمارستان می‌شد، چهرهٔ نورانی‌اش مثل فرشته‌ها بود. او عمیقا تحسین می‌شد. خانم مورای را هم به خاطر مهربانی و مهمان‌نوازی‌اش عمیقا دوست داشتند. یادم می‌آید از یکی از پسرهایی که در محوطهٔ بیمارستان زندگی می‌کرد پرسیدم چه چیزی او را به سمت عیسی کشیده است؟ او بدون تامل گفت، «خانم مورای!» و دلیلش را برایم توضیح داد: خانم مورای میزبان یک مهمانی بزرگ در فضای باز بود و چند میز با رومیزی سفید در حیاط گذاشته بود. وقتی مهمان‌ها رسیدند، خانم مورای با یک پیراهن سفید آمد و به آنها

خوش آمد گفت. او طوری مکث کرد که انگار می‌خواست بگوید حالا نوبت قسمت مهم داستان است. و ادامه داد، «من و یک پسر دیگر از درختی در حیاط کناری بالا رفتیم تا بتوانیم مهمانی را بهتر ببینیم.» آنها از درخت شاه‌توت بالا رفته بودند که توت‌های رسیده و بزرگی داشت و آب قرمز از آنها می‌چکید. با چهره‌ای خجل برایم ادامهٔ داستان را گفت: «من و دوستم شروع به پرت کردن توت به رومیزی‌های سفید کردیم، اما واقعا نمی‌دانم چرا این را کار را کردیم. انگار کاری که داشتیم انجام می‌دادیم به اندازهٔ کافی بد نبود که من یک توت هم به پشت لباس سفید خانم مورای پرت کردم. در همان لحظه یکی از مهمان‌ها سرش را به سمت ما چرخاند و ما هم به سرعت از درخت پایین پریدیم و به سمت خانه دویدیم و پنهان شدیم. آن شب از ترس اینکه مبادا خانم مورای بیاید و به پدر و مادرم بگوید چه کار کرده‌ام، نتوانستم بخوابم. صبح فردا دیدم که خانم مورای به سمت خانهٔ کوچک ما می‌آید. به نظر می‌رسید چیزی که نباید، دارد اتفاق می‌افتد. صدای در زدن را شنیدیم و من با اکراه در را باز کردم. او با لبخند بزرگی بر لب گفت که از مهمانی مقدار زیادی غذا باقی مانده که می‌خواهد آن را به ما بدهد. می‌دانم که او می‌دانست من مهمانی‌اش را تقریبا به هم ریخته بودم، اما هرگز به روی خودش نیاورد. آن روز را هیچ وقت فراموش نمی‌کنم، چون آنجا اولین باری بود که متوجه فیض شدم. من به خاطر کاری که انجام داده بودم مستحق محکومیت بودم، اما دعوت شدم تا از غذای خوشمزهٔ مهمانی بخورم!»

هرگز شنیدن این داستان دربارهٔ مادر همسر آینده‌ام را فراموش نمی‌کنم. من نه تنها این داستان را در بسیاری از موعظه‌هایم دربارهٔ فیض تعریف کردم، بلکه خودم هم سالیان بسیار از او محبت و فیض دریافت کردم. دلم برای هر دوی آنها تنگ شده، چون هرگز مردی به اندازهٔ من از داشتن آنها به عنوان پدر و مادر همسرش احساس خوشبختی نکرده است.

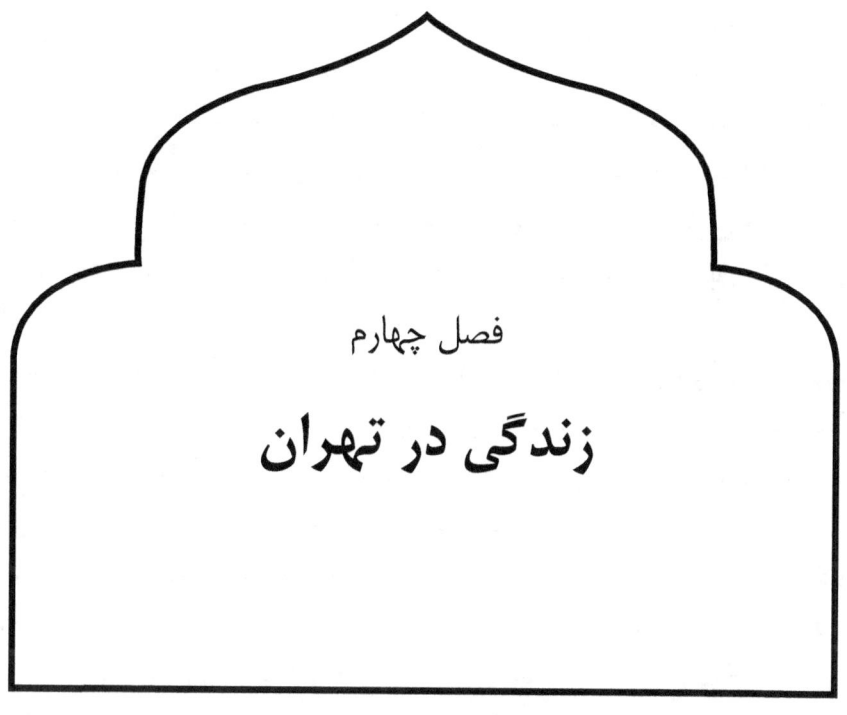

فصل چهارم

زندگی در تهران

کلاس ششم بودم و باید به یک مدرسهٔ مناسب در تهران می‌رفتم. خانواده‌ام در این مورد تصمیم گرفته بودند و هیچ‌کس نظر من را نپرسید. سازمان بشارتی به تازگی ساخت یک پانسیون را شروع و یک خانوادهٔ مبشر را مسئول نظارت بر آن کرده بود. فکر می‌کنم مادرم حاضر بود تا مرا به معلمان حرفه‌ای بسپارد که ممکن بود بتوانند به من کمک کنند. چون کلاس ششم بودم و هنوز نمی‌توانستم به خوبی بخوانم. بعدها متوجه شدم که مادرم چقدر در تلاش برای تعلیم به من رنج کشیده بود. بعد از هر سال تحصیلی، برایش جای سوال داشت که آیا تقصیر او بوده که من نمی‌توانستم خواندن یاد بگیرم یا اینکه من

کودن بودم. شاید مشکلی داشتم که مادرم نمی‌توانست آن را بفهمد. هر وقت که یک معلم به خانهٔ ما می‌آمد، مادرم با آنها مشورت می‌کرد. من نه تنها نمی‌توانستم بخوانم بلکه نوشتنم هم بد بود. این را به همهٔ کسانی که ممکن است مشکلات مشابهی در یادگیری داشته باشند می‌گویم، که در آن روزها هیچکس از ناتوانی‌های یادگیری خبر نداشت. هیچ کلاس یا منبع خاصی نبود، و اگر بچه‌ای مشکلی داشت، اینطور فرض می‌کردند که کم‌هوش، تنبل، و یا بی‌انگیزه است.

سال‌ها بعد، متوجه شدند که مشکل اختلال در خواندن دارم، و این یعنی من اغلب، بعضی از کلمات را نمی‌دیدم و اعداد را برعکس می‌دیدم. مثلا عدد ۷۹ را ممکن بود ۹۷ ببینم. وقتی می‌خواستم به جایی تلفن بزنم، واقعا برایم مشکل بزرگی بود. و معمولا شماره را غلط می‌گرفتم و با افراد اشتباه صحبت می‌کردم. بعد از تحقیقاتی که خودم انجام دادم، متوجه شدم که افراد از راه‌های مختلف یاد می‌گیرند. مثلا، بعضی از طریق خواندن یاد می‌گیرند، یعنی یادگیری بصری. برخی هم با تماشا متوجه می‌شوند و ویدئوهای یوتیوب کمک بزرگی برای آنهاست. برخی دیگر هم مثل من با شنیدن یاد می‌گیرند. اگر داستانی می‌شنیدم می‌توانستم آن را به یاد بیاورم، اما اگر آن را می‌خواندم چیزی متوجه نمی‌شدم. ناتوانی من در خواندن در واقع یک عطیه بود چون به من کمک کرد به جز انگلیسی دو زبان دیگر یاد بگیرم؛ من آذری و فارسی را به راحتی یاد گرفتم. به طور رسمی یک سال آموزش فارسی دیدم، اما سریع توانستم این زبان را روان صحبت کنم.

مادرم خیلی زود متوجه شد که نمی‌توانم کتاب بخوانم، به همین دلیل او برای ما بچه‌ها کتاب می‌خواند. ما که در تبریز بزرگ شدیم، سرگرمی‌های زیادی نداشتیم. حیاط ما پر از حیوان بود: سگ، گربه، مرغ، و حتی یک بوقلمون. دوچرخه‌سواری می‌کردیم و من یک ارابه داشتم که پدرم به طور خاص برای من درست کرده بود. او حتی بعدا برای من و لنی چوب اسکی هم درست کرد. یک روز عصر که کاری نداشتیم، مادرم چند داستان قدیمی برای‌مان خواند. موقع خواندن همهٔ ما دور هم جمع می‌شدیم و این سرگرمی ما بود.

با توجه به تمام چالش‌های تحصیلی‌ای که داشتم، فقط می‌توانم اینطور تصور کنم که مادر و پدرم به این نتیجه رسیده بودند که اگر قرار بود امیدی برای من وجود داشته باشد، باید در محیط مدرسه با معلمان حرفه‌ای باشد. به همین دلیل آنها من و برادرم لنی را آماده کردند تا به مدرسهٔ شبانه روزی در تهران بفرستند. من خود سفر یا خداحافظی با آنها را به یاد نمی‌آورم. اما یادم می‌آید که وفق‌یابی با مدرسهٔ شبانه روزی چقدر سخت بود.

اولین چالش این بود که در ماه شهریور تهران خیلی گرم بود. عصرهای مشهد خنک بود و روزها به اندازهٔ تهران گرم نبود. من و لنی هم‌اتاق بودیم و این برای من خوب بود، اما لنی دلتنگ بود و هر شب گریه می‌کرد. او فقط کلاس پنجم بود. یادم می‌آید که التماس می‌کردم گریه نکند، چون باعث می‌شد من هم گریه کنم. دلتنگی برای پدر و مادر و خانه‌مان گاهی طاقت‌فرسا می‌شد. هر روز صبح بیدار شدن در یک ساعت معین برای بازرسی اتاق قبل از رفتن به مدرسه، در آن سن کم، تجربهٔ دلخراشی بود. من از مدرسه متنفر بودم و مدام اضطراب داشتم. در روز اول مدرسه، از من خواستند که اسمم را روی کاغذی که معلم داده بود بنویسم. من نوشتم: «تت.» وقتی کاغذها را به ما برگرداندند معلم برایم نوشته بود که باید نام خانوادگی خودم را هم بنویسم. آنجا بود که متوجه شدم نمی‌دانم نام خانوادگی‌ام چطور نوشته می‌شود. من همیشه در خانه تعلیم دیده بودم، و نوشتن اسم کوچکم روی برگه‌ها کافی بود. وقتی بچه‌های دیگر متوجه شدند نمی‌توانم اسم فامیلم را بنویسم، مایهٔ خندهٔ کلاس ششم شدم. بدتر از این، چیزی به اسم «کارنامه» وجود داشت. یادم می‌آید وقتی کارنامه‌ام را باز کردم برایم جای تعجب داشت که چرا بیشتر نمرات قرمز هستند. و وقتی کارنامه را به مسئول مدرسه نشان دادم عصبانی شد. او مرا به اتاقم برد و برای اینکه به اندازهٔ کافی سخت‌کوش نبودم و تنبلی می‌کردم، مرا تنبیه کرد. من در اتاقم تنها نشستم و گریه کردم. و چون نمی‌توانستم به خوبی از پس مدرسه بر

بیایم، با خودم فکر می‌کردم چه آینده‌ای در انتظارم خواهد بود.
وقتی به دبیرستان رفتم، معلم‌ها و مشاورهایم به من پیشنهاد می‌دادند که فکر دانشگاه را از سرم بیرون کنم و به مدرسهٔ فنی حرفه‌ای بروم. در آن روزها این یک تحقیر بزرگ بود که یک نفر حتی آنقدر باهوش نباشد که بتواند برای دانشگاه اقدام کند. وقتی برای سال آخر دبیرستان به آمریکا برگشتم، متوجه شدم که دبیرستان در آمریکا بسیار آسان‌تر است. من تقریبا در همهٔ درس‌ها نمرهٔ کامل گرفتم و در یکی از سه کالجی که درخواست دادم پذیرفته شدم. از کالج فارغ‌التحصیل شدم و حتی به دانشکدهٔ الاهیات پرینستون رفتم. اما وقتی برای مراسم دست‌گذاری‌ام برای اطرافیانم دعوت‌نامه فرستادم، یکی از مسئولین مدرسهٔ شبانه‌روزی گفت فقط برای این می‌آید که اگر با چشمان خودش نبیند، هرگز نمی‌تواند باور کند که من به عنوان یک کشیش پرزبیتری دست‌گذاری می‌شوم.
این را تعریف کردم تا خدا را جلال دهم. شیوهٔ خدا اینطور است، افرادی که جامعه ممکن است آنها را به عنوان یک فرد ناتوان نادیده بگیرد یا افرادی که هرگز به حساب نمی‌آیند را انتخاب و از ایشان استفاده می‌کند. زندگی من گواهی بر محبت و قدرت بخشندهٔ خداست.
بعد از یک سال سخت در مدرسهٔ شبانه‌روزی، پدر و مادرم به مرخصی یک ساله رفتند. در آن زمان، ما شش بچه بودیم. خواهرم لوئیس سالی که من در تهران کلاس ششم بودم در مشهد به دنیا آمد. و بعد روتی زمانی که در فیلادلفیا بودیم به دنیا آمد. ما در خانهٔ پدربزرگم که سال‌ها مجرد بود و همسرش در دههٔ پنجاه زندگی‌اش از دنیا رفته بود، زندگی می‌کردیم. می‌توانم تصور کنم که او چطور باید خودش را با شرایط وفق می‌داد تا بتواند در خانهٔ نسبتا کوچکش یک خانواده با شش بچه را بپذیرد. من کلاس هفتم را به دبیرستان واگنر جونیور در اوک لین، در حومهٔ فیلادلفیا می‌رفتم. و این برای من بعد از آخرین تجربه‌ام در تهران، یک شوک فرهنگی بود. کار پخش روزنامهٔ عصر فیلادلفیا را انجام می‌دادم که درآمد آن حدودا هفته‌ای سه تا چهار دلار بود. برای اولین بار در زندگی‌ام، واقعا درآمد داشتم. چیز زیادی از آن سال به یاد نمی‌آورم، اما یادم می‌آید که

اتاق من و لنی در طبقهٔ سوم خیلی گرم بود، و مادرم ما را به پیاده روی می‌برد تا هوای تازه و خنک بخوریم.
خانواده‌ام به ایران برگشتند و من از کلاس هشتم تا یازدهم به مدرسهٔ شبانه‌روزی رفتم. در آن زمان پدرم به بیمارستان مسیحی همدان منتقل شد و ما به یک خانهٔ بزرگ در محوطهٔ بیمارستان نقل مکان کردیم.
تابستان‌ها در همدان دلپذیر بود، چون سازمان مبشرین یک ملک به نام نور محل داشت، که چند کیلومتر از شهر دور بود. نور محل یک ساختمان قدیمی با اتاق‌خواب‌هایی در طبقهٔ دوم بود. هیچ چیز مثل به خواب رفتن زیر نسیم ملایم تابستان نیست. من دوست داشتم در آنجا که زمین تنیس و استخر هم داشت وقت بگذرانم.
یک تابستان در همدان، گروه جوانان ایرانی مرا دعوت کردند با آنها به کوهنوردی در کوه الوند که در حومهٔ همدان قرار دارد، بروم. ارتفاع کوه ۳۵۸۴ متر است، و یک صعود چالش برانگیز داشتم. برنامه این بود که قبل از طلوع خورشید همدیگر را ببینیم و قبل از شروع طوفان بعد از ظهر به قله برسیم. من با خودم قمقمهٔ آب و چند ساندویچ داشتم. وقتی صعود را از کوه‌پایه شروع کردیم فقط یک نفر به ذهنش رسیده بود که چراغ قوه بیاورد، به همین دلیل ما دست هم را گرفتیم و پشت سر کسی که چراغ داشت راه رفتیم. در مسیر، از کنار عشایری گذشتیم که گله‌های‌شان در حال چرا بودند و مقداری از شیر بزهای‌شان را می‌فروختند. ما به قله رسیدیم و آنجا ناهار خوردیم. تا آن موقع همهٔ آبم را نوشیده بودم و احساس تشنگی می‌کردم. مادرم به دلیل خطر احتمالی باکتری یا انگل، به من گفته بود که از آب زلال و گوارای نهرهایی که از کنار آنها می‌گذشتیم، ننوشم. بسیاری از دوستان ایرانی‌ام از آن آب‌ها نوشیدند، اما من نه. وقتی به خانه رسیدم و پشت میز ناهارخوری نشستم شانزده لیوان آب خوردم. وقتی کلمات مزمورنویس را خواندم که می‌گوید: «چنانکه آهو برای نهرهای آب شدت اشتیاق دارد، همچنان ای خدا جان من اشتیاق شدید برای تو دارد. جان من تشنهٔ

خداست تشنهٔ خدای حی» (مزمور ۴۲: ۱-۲)، آن روز که به الوند صعود کردم و اینکه چقدر تشنه بودم را به یاد می‌آورم و امیدوارم همین تشنگی را برای خدا هم داشته باشم.

همدان یک شهر تاریخی بود. قبر استر تا خانهٔ ما فاصلهٔ زیادی نداشت. وقتی از شهرهای دیگر مهمان داشتیم، آنها می‌خواستند مقبرهٔ او را ببینند. یک کنیسهٔ یهودی نشانهٔ قبر او بود، و من هنوز می‌توانم طومارهای بزرگ تورات که در آن اتاق کوچک بودند را به خاطر بیاورم. وقتی آنجا می‌ایستادم و به این فکر می‌کردم که او چقدر شجاع بوده و چطور زندگی‌اش بر چندین نسل تاثیر گذاشته، احساس خاصی داشتم.

وسیلهٔ نقلیهٔ اصلی من برای رفت و آمد در شهر دوچرخه بود. بیمارستان در انتهای خیابان بوعلی قرار داشت که از داخل شهر تا میدان اصلی ادامه پیدا می‌کرد. و از آنجایی که کل مسیر سرازیری بود، رفتن به مرکز شهر لذت‌بخش بود، اما برای برگشتن به خانه رکاب زدن در سربالایی سخت می‌شد. یک روز که به میدان اصلی شهر می‌رفتم، پشت چراغ قرمز ایستاده بودم که یک پلیس قد بلند آمد، دستهٔ دوچرخه‌ام را گرفت، و باصدایی مقتدر سوالی از من پرسید که هرگز آن را نشنیده بودم: «آیا خدمت سربازی‌ات را انجام داده‌ای؟»

با خودم فکر کردم، دربارهٔ چه صحبت می‌کند؟ من یک آمریکایی هستم و او چرا باید چنین سوالی از من بپرسد؟ به چشمان او نگاه کردم و گفتم: «من یک آمریکایی هستم و لازم نیست به سربازی بروم.» مطمئنا پاسخ قاطع من باید مشکل را حل می‌کرد و من به راهم ادامه می‌دادم. اما نه! آقای پلیس تحت تاثیر غرور جوانی من قرار نگرفت. او سوالش را تکرار کرد. این بار خیلی محکم دستهٔ دوچرخه‌ام را گرفت؛ و من از ترس لرزیدم. یادم آمد که کامیون‌های ارتش را دیده بودم که از یک روستا می‌گذشتند و سربازها، پسران جوان را دستگیر می‌کردند و با زور به خدمت سربازی می‌بردند. به او گفتم که پدرم رئیس بیمارستان مسیحی است و من ایرانی نیستم. به نظر آمد که این او را بیشتر عصبانی کرد، و مرا برای دروغ گفتن به خودش سرزنش کرد و گفت: «فکر کردی من احمقم؟ تو به نظر من ایرانی میایی». مستاصل شده بودم. دستم را

روی اسکناس ده تومانی‌ای که در جیبم بود و می‌خواستم با آن بستنی بخرم گذاشتم و فکر کردم یا باید از آن بگذرم یا او مرا دستگیر می‌کند و به سربازی می‌فرستد. این افکار باعث شد تا آن ده تومانی را بیرون بیاورم و هدیه‌ای به پلیس بدهم. او پول را گرفت و دسته‌های دوچرخه‌ام را ول کرد. من به کاری که انجام دادم افتخار نمی‌کنم، اما راه دیگری نداشتم. در شانزده سالگی، تازه بخش‌های تاریک فرهنگی که در آن زندگی می‌کردم را می‌دیدم.

بازگشت به تبریز

یک بار دیگر پدرم را منتقل کردند، اما این بار به تبریز و من خیلی خوشحال بودم. از اینکه این فرصت را داشتم که در مشهد، همدان و تهران زندگی کنم، سپاسگزار بودم اما تبریز همیشه جایگاه ویژه‌ای در قلبم داشت. من سال‌های تحصیلی را در تهران و تابستان‌ها را در تبریز می‌گذراندم. به عنوان یک خارجی در ایران اجازهٔ کار رسمی نداشتم، و وقتی فرصت شغلی جانبی پیش می‌آمد، همیشه هیجان‌زده بودم که شاید بتوانم مقداری پول به دست بیاورم.

یک تابستان، یک شرکت ساختمانی آمریکایی از کارولینای شمالی در حال ساخت پادگان برای ناتو بود و مهندسین به دنبال مترجم بودند. شخصی پیشنهاد داد که مرا استخدام کنند، و من برای به دست آوردن پول به آن موقعیت چسبیدم. با مهندسین آمریکایی در پادگان زندگی می‌کردم و در کنار آنها بودم و برای‌شان ترجمه می‌کردم. بعد از چند هفته آنجا بودن، کم‌کم در کارهای ساختمانی و آماده‌سازی سیمان هم کمک می‌کردم. آن تابستان ۴۰۰ دلار به دست آوردم و فکر می‌کردم خیلی پولدار هستم.

یک تابستان دیگر در سال‌های دبیرستانم، پدرم از من خواست در بخش پذیرش بیمارستان خدمت کنم. برای این کار تابستانی هیجان خاصی نداشتم، اما تنها کاری بود که توانستم پیدا کنم و نیمه وقت بود و می‌توانستم بعد از ظهرها مشغول شنا و تنیس باشم. در یک اتاق

کوچک با پنجره‌ای کوچک می‌نشستم و بیماران ابتدا شماره می‌گرفتند و بعد برای دیدن من در صف می‌ایستادند. بسیاری از بیماران ما در آن روزها بی‌سواد بودند و نمی‌توانستند فرم‌ها را پر کنند. تمام گزارش‌ها به زبان انگلیسی نوشته می‌شد و کار من کمک به آنها برای پر کردن فرم‌های‌شان بود. بزرگترین چالشم املای متفاوت اسم‌های ایرانی بود. خیلی زود متوجه شدم، که راه‌های خلاقانه‌ای برای نوشتن اسم‌ها وجود دارد، و تمام سعی خود را کردم تا آنها را تلفظ کنم و بعد در فرم‌های ثبت نام بنویسم. بسیاری از افراد حتی نمی‌دانستند چند سال دارند، به همین دلیل من باید حدس می‌زدم. یک خانم روستایی خاص در ذهنم مانده است. از او پرسیدم که آیا متاهل است؟ و او با افتخار جواب داد: «بله!» بعد پرسیدم اسم همسرش چیست؟ و او دوباره با ذوق جواب داد: «اسم او آقا است.» به او گفتم: «مطمئنم که او یک آقای فوق‌العاده است، اما آیا اسم هم دارد؟» این بار من شگفت‌زده شدم. او گفت: «در تمام سال‌های ازدواج‌مان من او را فقط آقا صدا زدم، و همین را دربارهٔ اسمش می‌دانم.» این دختر روستایی با کسی ازدواج کرده بود که حتی اسمش را هم نمی‌دانست، و هرگز نخواسته بود آن را بداند. به اتاق انتظار که پر از بیمار بود نگاه کردم، و کشیش بیمارستان را دیدم که در کنار مردم می‌نشیند و دربارهٔ محبت مسیح با آنها صحبت می‌کند. اسم او کشیش عزیزی و یک کشیش آشوری اهل رضائیه بود. او فروتن و مهربان بود و ساعت‌های طولانی‌ای را کنار افراد بیمار و گرفتار می‌گذراند. او هر روز به ملاقات بیماران در اتاق‌شان می‌رفت، عکسی از یک داستان کتاب‌مقدس به دیوار آویزان می‌کرد، و سپس داستان را برای آنها تعریف می‌کرد. بقیهٔ روز آنها می‌توانستند به عکس نگاه و به داستانی که شنیده بودند فکر کنند. فقط خدا می‌داند در بیمارستان ما چند نفر از افراد بیمار و آسیب‌دیده به خاطر محبت و سرسپردگی این مرد در جلال هستند! من با دو پسر او دوستان خوبی شدیم. سال‌ها بعد من کشیش عزیزی و همسرش را در شیکاگو ملاقات کردم. آنها در دههٔ نود زندگی‌شان بودند، اما با شادی از من استقبال کردند. از آنجایی که آنها انگلیسی و فارسی را به خوبی بلد نبودند، ما با هم آذری صحبت می‌کردیم. و این حس را به من داد که انگار پسر جوانی هستم که دوباره به تبریز برگشته‌ام.

بیمارستان نمی‌توانست به خاطر کاری که کردم به من حقوق بدهد، اما برای آن تجربهٔ دلگرم کننده از ملاقات افراد مختلف با پیش‌زمینه‌های مختلف که در آن تابستان داشتم سپاسگزار بودم. آیا خدا با این کار مرا برای چیزی که در انتظارم بود آماده می‌کرد؟

جالب‌ترین تابستانی که در دوران دبیرستان داشتم، تابستانی بود که از کویلر یانگ جونیور که یک باستان‌شناس برجسته از دانشگاه پنسیلوانیا بود، دعوت‌نامه‌ای دریافت کردم. او و تیمش، که همسرش هم در آن بود، در حال یک حفاری خاص در شمال غربی ایران در محلی به نام «حسن‌لو» بودند که به نام روستای مجاور آن نامگذاری شده بود. من و یک پسر آمریکایی دیگر که دوست و هم‌کلاسی‌ام بود، این افتخار را داشتیم که تابستان را در آن روستای کوچک ایرانی بگذرانیم. شرایط زندگی ما خیلی ساده بود. در مدرسهٔ محلی ساکن شدیم که ساختمانی یک طبقه با چندین اتاق، و آشپزخانه‌ای در بیرون بود. من و دوستم روی پشت‌بام کاهگلی می‌خوابیدیم و صبح خیلی زود با طلوع خورشید بیدار می‌شدیم. اما عصرها خنک بود، و تمام تابستان باران نبارید، به همین دلیل دراز کشیدن روی تخت‌های چوبی و تماشا کردن ستاره‌هایی که سایه‌بانی آسمانی روی سر ما درست کرده بودند، یک لذت واقعی بود. هر روز ظهر، آشپز ایرانی که استخدام شده بود تا برای تیم آشپزی کند، غذاهای ایرانی خوشمزه به ما می‌داد. و شب‌ها را با گوش کردن به صحبت‌های باستان‌شناسان در این باره که هزاران سال پیش زندگی چطور بوده، می‌گذراندیم. آن تابستان، من عاشق تاریخ باستانی ایران شدم.

برای فرار از گرمای ظهر، صبح زود شروع به کار می‌کردیم. کار من همراهی با باستان‌شناسان و ترجمه برای آنها بود. همهٔ کارگران آذری بودند، و من به آنها می‌گفتم کجا را حفاری کنند یا در بعضی موارد چطور حفاری کنند. باید اعتراف کنم از اختیاری که به من داده شده بود لذت می‌بردم. در طول تابستان بیشتر و بیشتر در این مورد یاد گرفتم

که چطور باید به یک حفاری احترام گذاشت، و حتی تکالیف کوچکی به من داده شد. یادم می‌آید که با دقت زیادی یک اسکلت را کشف کردم و از شنیدن اینکه کاری بسیار حرفه‌ای انجام داده بودم خیلی خوشحال شدم. ما تا ساعت ۲ بعد از ظهر کار می‌کردیم بعد تا ساعت چهار استراحت داشتیم و دوباره چند ساعت کار می‌کردیم.

این تجربه چنان تاثیری بر من گذاشت که در دبیرستان، تصمیم گرفتم خودم تحقیق کنم و یک مقاله در مورد آنچه کشف کردم بنویسم. می‌دانستم شهر ری در جنوب تهران یک شهر باستانی است و تپه‌ای قدیمی در آنجا وجود دارد که ممکن است اسرار باستان‌شناسی در آنجا باشد. به همین دلیل به شهر ری رفتم، و چند ساعتی کوزه‌های شکسته جمع کردم. بعدها در دانشگاه، رشتهٔ تاریخ را انتخاب کردم و تز کارشناسی را در مورد سیاست خارجی افغانستان بعد از جنگ جهانی دوم نوشتم. زمانی که در ایران بودم، این اشتیاق در من به وجود آمد که علوم سیاسی بخوانم به این امید که روزی در ایران یک دیپلمات آمریکایی شوم. با خودم فکر کردم که خیلی از دیپلمات‌هایی که دیدم زبان فارسی بلد نبودند و فقط چند سال در ایران مانده بودند. و با افتخار اینطور فکر می‌کردم که می‌توانم کار بهتری انجام دهم.

بدون گفتن یک تجربهٔ دیگر نمی‌توانم از آن تابستان فوق‌العاده در حسن‌لو بگذرم. من و کدخدای روستا دوستان خوبی شدیم. او یک مرد دوست‌داشتنی در میانهٔ دههٔ چهل زندگی‌اش بود. ریشی بلند و پرپشت و لبخندی زیبا داشت. یک روز گفت می‌خواهد با من صحبت کند؛ از صورتش معلوم بود که می‌خواهد موضوع مهمی را بگوید. کدخدا مرا پشت کامیون قدیمی برد و با صدای خیلی ضعیف گفت: «می‌خواهم تو با دختر من ازدواج کنی.» به آذری در واقع او اینطور گفت: «می‌خواهم دخترم را بگیری.» آن زمان من فقط شانزده سال داشتم، و بعدا فهمیدم که دخترش دوازده ساله بود. حرف‌های او ترسی در من به وجود آورد که قبلا هرگز آن را تجربه نکرده بود. سعی کردم تا آنجا که می‌توانستم با احترام رفتار کنم، اما باید این موضوع را روشن می‌کردم که نمی‌خواهم با یک دختر دوازده سالهٔ اهل حسن‌لو که هیچ وقت او را ندیده‌ام ازدواج کنم. او به وضوح

دید که من چطور پیشنهاد او را رد کردم، چون اینطور گفت: «در موردش فکر کن» و به سرعت رفت. بقیهٔ تابستان، هر بار که او را می‌دیدم باید راهی برای فرار پیدا می‌کردم تا به او بی‌احترامی نکنم. او باید با خودش اینطور فکر کرده باشد: «او یک پسر آمریکایی است که آذری صحبت می‌کند اگر کاری کنم که با دخترم ازدواج کند، خدا می‌داند چه درهایی به رویم باز می‌شود.» تمام شدن تابستان و رفتن به تبریز و محیط امن خانه‌ام در محوطهٔ بیمارستان آرامش خاصی برایم داشت.

فصل پنجم

هویت من

سفر روحانی من از سن شش سالگی شروع شد. خانواده‌ام بعد از پنج سال زندگی در تبریز به فیلادلفیا برگشته بودند، پدرم بعد از چهار سال طبابت در ایران، مشغول ادامهٔ تحصیل در رشتهٔ پزشکی بود. من کلاس اول بودم و قدم از معلمم مادام مری جورج بلندتر بود. او پیش‌زمینهٔ ارمنی داشت و با خواهرانش زندگی می‌کرد. خانواده‌های ما سالیان زیادی با هم دوست بودند. یک روز در کلاس مطالعهٔ کتاب‌مقدس یکشنبه خانم جورج گفت: «همه یا به بهشت یا به جهنم می‌روند» و این حرف او مرا پریشان کرد. متوجه شدم که نمی‌دانم به کجا خواهم رفت. آن روز وقتی به خانه رسیدم، می‌دانستم که موضوع باید به سرعت حل

شود. مادرم در آشپزخانه بود و من با تمام جدیتم از او پرسیدم: «مامان، من به بهشت میرم یا جهنم؟» او اینطور جواب داد: «مطمئن نیستم، تت» و این مرا بیشتر نگران کرد. اینکه، مادرِ خودت هم نداند که به بهشت یا جهنم می‌روی موضوع را بیشتر ناگوار می‌کرد. اما سوالم را پیگیری کرد، و گفت: «بیا امروز مطمئن شویم که به بهشت می‌روی.» او انجیل را برایم گفت و من تائید کردم که گناهکارم و به فیض نجات‌بخش عیسی نیاز دارم. او از من خواست که در دعا توبه و گناهکاری خودم را اعتراف کنم، و بالاخره به آرامش رسیدم.

مادرم یک معلم کتاب‌مقدس فوق‌العاده بود و ساعت‌ها به ما بچه‌ها درس می‌داد. من تا زمانی که به مدرسهٔ شبانه‌روزی در تهران نرفته بودم، هرگز به کتاب‌مقدس شک نکردم، اما آنجا با معلمانی روبرو شدم که در مورد کتاب‌مقدس، ایمان و اعتقاد مشابهی با ما نداشتند. دوستان جدیدی پیدا کردم که ایماندار نبودند و فشار دنیا بر من شروع شد. اینکه دانش‌آموز ضعیفی باشم در خانه مهم نبود، اما در مدرسهٔ واقعی، یک دانش‌آموز ضعیف بودن مرا وا داشت تا جایی دیگر به دنبال معنا باشم؛ و این معنا را در زمین بسکتبال پیدا کردم. خوشبختانه دوستانم مواد مخدر یا الکل استفاده نمی‌کردند. آنها سیگار می‌کشیدند، و من هم برای مدتی آن را امتحان کردم؛ اما از آنجایی که می‌خواستم یک ورزشکار برجسته شوم، خیلی زود آن را کنار گذاشتم.

دوران دبیرستان من هم رنج و هم خوشی زیادی داشت. رفتن سر کلاس رنج، و ناتوانی در خواندن یک نقص بزرگ بود؛ اما بدتر از آن، باعث شرم و خجالت زیادی بود. حالا متوجه می‌شوم که یکی از بدترین شاگردان کلاس بودن تا چه حد عمیقا مرا ترسانده بود. و آنطور که در فارسی می‌گفتیم، من «آشغال کلاس» بودم. آیا جای تعجب دارد که چرا از مدرسه تنفر داشتم؟

یک بار که زنگ آخر زده شد و من از مدرسه خلاص شده بودم، به زمین بسکتبال رفتم. من یک پسر لاغر ۱۹۵ سانتی متری بودم که قدم از بسیاری از هم‌کلاسی‌هایم بلندتر بود. ایرانی‌ها قد بلندی ندارند، با اینکه چند هم مدرسه‌ای آمریکایی هم داشتم، اما بیشتر هم‌کلاسی‌هایم از خاورمیانه بودند. من قد بلندترین بازیکن تیم بسکتبال مدرسه‌مان بودم؛ و تا جایی که می‌توانستم

در زمین با هر کسی که آنجا بود بسکتبال بازی می‌کردم. این کار تبدیل به زندگی من شد و جایی بود که می‌توانستم آبرویم را بخرم. بسکتبال باعث شد محبوب شوم، برای زندگی به من هدف داد، و به بت من تبدیل شد. بسکتبال جای خدا را در زندگی‌ام گرفت و من آن را بیشتر از هر چیز دیگری در زندگی دوست داشتم. به آن اعتماد کردم تا کاری را برایم انجام دهد که در واقع خدا باید انجام می‌داد. من در جایی که باید ابتدا به خدا خدمت می‌کردم، با زمان و انرژی‌ام به بسکتبال خدمت می‌کردم. خدا، خدای غیور است و خواهد دید که بت‌های ما، ما را ناکام خواهند کرد. او باید بت مرا از بین می‌برد تا من با فروتنی، زندگی‌ام را به او بسپارم.

من الان می‌توانم ببینم که دست خدا چطور بر من بود، به احتمال زیاد دلیل آن هم دعاهای مادرم بود. در طول سال‌های دبیرستانم در تهران، طاقت‌فرساترین دردی را که در عمرم داشتم، تجربه کردم. در حالی که بسکتبال بازی می‌کردم، احساس کردم که کسی چاقویی در سینه‌ام فرو می‌کند. هر دو بار مرا به بیمارستان ارتش آمریکا بردند و تشخیص این بود که چهل درصد از ریهٔ راستم از بین رفته است. نفس کشیدن دردناک بود. اولین بار دو هفته در بیمارستان بستری شدم. دومین بار با سرنگ، آبی را که در بالای ریه‌ام جمع شده بود بیرون کشیدند. پزشکان فکر می‌کردند دلیل احتمالی از بین رفتن ریه‌ام، گرد و غباری است که در طول کار کوتاهم برای شرکت ساختمانی آمریکایی از مخلوط کردن بتن استنشاق کرده بودم. به مرور زمان من خوب شدم، و زندگی به حالت عادی برگشت.

سال آخر دبیرستان را به مدرسهٔ هانتِندِر در لمبرت‌ویل نیوجرسی رفتم، و سالی استثنایی را با بازی به عنوان بازیکن شروع‌کننده در تیم بسکتبال مدرسه، گذراندم. جایزهٔ ارزشمندترین بازیکن سال را گرفتم و جام را به خانه آوردم و با افتخار آن را در اتاقم گذاشتم. پاییز سال بعد، پدر و مادرم به تبریز برگشتند و من سال اول کالج را در دانشکدهٔ دیویس و الکینز، در

الکینزِ ایالت ویرجینیای غربی شروع کردم. وقتی که به اتاق خوابگاهم می‌رفتم، وسایل زیادی همراهم داشتم - از جمله جام محبوبم. وقتی که در اتاقم را باز کردم، یک قدم به عقب برداشتم، بازویم به در خورد و جام از دستم افتاد. من فقط تماشا کردم که جام به زمین خورد و هزار تکه شد. نماد اعتماد به نفس و موفقیتم از بین رفت. در ناباوری آنجا ایستاده بودم. چطور ممکن بود چنین اتفاقی بیفتد؟ افسرده شدم. نماد چیزی که بیشتر از همه دوستش داشتم حالا از بین رفته بود.

اولین سال در دانشکدهٔ دیویس و الکینز خیلی تنها بودم چون در کشمکش پیدا کردن دوستان جدید بودم و با اضطراب شدیدی که برای درک درس‌های دانشگاه داشتم درگیر بودم. نمی‌توانستم منتظر شروع فصل بسکتبال شوم، به همین دلیل با تیم سال اولی‌ها شروع کردم. تمام وقت آزادم را در باشگاه به بازی بسکتبال می‌گذراندم. از آنجا که بیشتر دانشجوها برای آخر هفته به خانه‌های‌شان رفته بودند، تعطیلات روز شکرگزاری تنها بودم. چون برای تعطیلات جایی نداشتم بروم، وقت خود را در باشگاه گذراندم. دیدم که چند نفر در حال بازی هستند و سریع به آنها ملحق شدم. در اوج بازی، برای گرفتن یک ریباند پریدم، وقتی توپ را گرفتم، یک درد خیلی آشنا را در سینه‌ام احساس کردم. روی زمین افتادم و با درد دراز کشیدم. دانشجوها خواستند که برای کمک تماس بگیرند، اما مقاومت کردم و با اصرار گفتم که خوب می‌شوم. وقتی بالاخره توانستم تنفسم را با نفس‌های کوتاه کنترل کنم، به اتاقم برگشتم و روی تخت دراز کشیدم. با به یاد آوردن دو بار قبل که این درد را تحمل کرده بودم، ترس همهٔ وجودم را گرفت. مطمئن نبودم که باید چه کاری انجام دهم. هم‌اتاقی‌ام بالاخره مرا راضی کرد تا با اورژانس تماس بگیریم، و تا تیم اورژانس برسد خیلی منتظر شدم. مرا از اتاقم بیرون بردند و گفتند که تنها آمبولانس شهر الکینز به کمک دیگری رفته، به همین دلیل آنها یک ماشین نعش‌کش آورده‌اند تا مرا به اورژانس بیمارستان ببرند. رفتن به بیمارستان با ماشین نعش‌کش در حالی که برای هر نفس تقلا می‌کردم خیلی امیدبخش نبود.

وقتی بالاخره دکتر را دیدم، به او گفتم که حدس می‌زنم مشکلم چه باشد.

گفتم که قبلا هم این اتفاق افتاده، و مطمئن بودم که پنوموتوراکس (یا هواجَنبی به معنی وجود هوا در حفرهٔ جنب است که مانع باز شدن کامل ریه می‌شود.- مترجم) اولیه است. با خودم فکر کردم اینکه اصطلاحات پزشکی را می‌دانم او را تحت تاثیر قرار می‌دهد. اما او با بداخلاقی به من گفت که چنین چیزی ممکن نیست چون هیچ جراحت خارجی وجود ندارد. و بعد گفت که باید عکس‌برداری انجام شود، تا به من ثابت کند که اشتباه می‌کنم. یک ساعت بعد برگشت و با شرمندگی گفت که تشخیص من درست بود. در بخش در کنار دوازده مرد دیگر بستری شدم که اکثر آنها به خاطر کار در معدن ذغال سنگ، ریه‌های‌شان سیاه شده بود. خیلی از آنها تنباکو می‌جویدند، و تمام شب صدای تف کردن آنها را می‌شنیدم. بالاخره به اتاق خصوصی منتقل شدم، اما دکترها هیچ برنامه‌ای برای درمان من به جز استراحت نداشت. آن زمان برایم روزهای تاریکی و تنهایی بود.

رابطهٔ من با خدا در پایین‌ترین سطح خودش بود. سعی کردم که یکشنبه‌ها به کلیسا بروم، و تنها کلیسایی که می‌توانستم پیاده به آنجا بروم، کلیسای پرزبیتری محله بود. شخصی که بولتن کلیسا را پخش می‌کرد به من خوشامد گفت، اما هیچ کس دیگر نه با من حرف زد نه مرا برای غذا به خانه‌اش دعوت کرد. با اینکه کلیسا به دانشگاهم نزدیک بود، اما آنها نه هیچ برنامه‌ای برای دانشجویان داشتند و نه به آنها بشارت می‌دادند. خیلی طول نکشید که از رفتن به کلیسا منصرف شدم؛ و حالا خدایی که فکر می‌کردم دوستم دارد دوباره زندگی‌ام را خراب کرد. روی تخت بیمارستان دراز کشیدم و با خشم از دست خدا عصبانی شدم. به خودم آمدم و دیدم که ساعت‌هاست که مدام با مشت به دیوار می‌کوبم، ولی هرگز به سمت خدا نرفتم چون خیلی عصبانی بودم.

در اوایل ماه دسامبر، یک خانوادهٔ فوق‌العاده که از دوستان پدر و مادرم بودند، از فیلادلفیا تا الکینز، در ویرجینای غربی رانندگی کردند تا به داد

من برسند. آنها مرا به خانه‌شان بردند و کمک کردند تا با پدر و مادرم در ایران تماس بگیرم. پدرم همراه خواهر کوچکم روتی، زود به آمریکا آمدند. پدرم از یک متخصص برایم وقت گرفت و او تایید کرد که ریه‌ام پاره شده است. و گفت یا می‌توانی عمل کنی و یک بار برای همیشه مشکل برطرف شود، یا اینکه هرگز فعالیت شدید بدنی نداشته باشی و این یعنی دیگر از بسکتبال خبری نخواهد بود. نمی‌توانستم زندگی را بدون توانایی تمرین کردن تصور کنم، چه برسد به اینکه ورزش مورد علاقه‌ام یعنی بسکتبال را هم انجام ندهم. عمل جراحی در ماه ژانویهٔ سال ۱۹۶۶ انجام شد. و زمانی که مرا به اتاق عمل می‌بردند پدرم برایم دعا کرد. چیز بعدی که به یاد می‌آورم پدرم است که در اتاق ریکاوری پایین تختم نشسته بود. اینکه می‌دیدم او آنجا در کنارم است، بسیار تسلی‌بخش بود.

جراح بعدا توضیح داد که ریهٔ راستم را به قفسهٔ سینه‌ام پیوند زده تا دیگر پاره نشود. حالا یک جای زخم ده سانتیمتری داشتم که تا پهلویم رفته بود. سخت‌ترین قسمت، چالش‌های دوران نقاهت بود؛ سینه پهلو گرفتم، و باید هر چهار ساعت پنی‌سیلین با دوز بالا مصرف می‌کردم. تزریق‌ها خیلی دردناک بود، و دیگر جایی در بدنم نمانده بود که درد نداشته باشد. دو نفر بودند که اصلا دوست نداشتم آنها را ببینم، یکی پرستاری بود که برایم تزریق را انجام می‌داد و دومی فیزیوتراپی که به من کمک می‌کرد تا دستم را حرکت دهم. با این حال و علیرغم تمام مسائل، از خدا کمک نخواستم. من خیلی مغرور بودم.

یک روز در ماه ژانویه که توفان برف شدیدی بود، کشیش گِلِن کِنِت که در تبریز خدمت می‌کرد و بعد از روزهای آخرم در ایران دیگر او را ندیده بودم، به اتاقم در بیمارستان آمد. علیرغم توفان برف سنگینی که بود و باعث شده بود خیلی از جاده‌ها بسته شوند، او خودش را به بیمارستان پرزبیتری فیلادلفیا رسانده بود. او به عنوان شبان ارشد کلیسای پرزبیتری آکسفورد در پنسیلوانیا خدمت می‌کرد. کشیش کنت با لبخند گرم و همیشگی‌اش به من سلام کرد. بعد از احوال‌پرسی این سوال تاثیرگذار را پرسید: «تت، رابطه‌ات با خداوند چطور است؟» این سوالی بود که در واقع نمی‌خواستم بشنوم. با کمی تردید و البته عدم صداقت، گفتم: «رابطه‌ام با خداوند خوب است.» او برایم یک مزمور خواند

و دعا کرد. و همانطور که ناگهانی آمده بود، ناگهانی هم رفت. اتفاقی که بعد از آن افتاد زندگی‌ام را برای همیشه تغییر داد. همانطور که روی تختم دراز کشیده بودم، حضور روح‌القدس را طوری احساس کردم، که تا به حال آن را تجربه نکرده بودم. یک احساس سنگین روی سینه‌ام بود، بهتر است اینطور بگویم که احساس کردم یک کیسۀ آرد بیست و پنج کیلویی روی سینه‌ام قرار دارد، و خدا را مرا به تخت چسبانده بود و می‌پرسید: «آیا حالا از من کمک می‌خواهی؟ آیا زندگی‌ات را به من می‌سپاری؟» بعد از چند ماه برای اولین بار لب باز کردم و به خدا گفتم: «خدایا، من بیمار و درهم شکسته‌ام. در هر کاری که انجام داده‌ام باعث سرافکندگی تو شده‌ام. اما امروز، خودم را به تو می‌سپارم و می‌توانی هر کاری که می‌خواهی با من انجام دهی.» نبرد تمام شده بود، من تسلیم شده بودم.

برای اولین بار در زندگی‌ام، قلبم پر از آرامش بود و امیدی به خداوند در من به وجود آمد که قلب سرسخت و سرکشم را تبدیل کرد.

پدرم از من خواست تا قبل از رفتنش به ایران به دانشگاه برگردم، و به همین دلیل باید یک دانشگاه نزدیک به دکترم در فیلادلفیا پیدا می‌کردیم. ما دوباره با کشیش کنت تماس گرفتیم و او رئیس دانشگاه لینکلن در چستر کانتی را به ما معرفی کرد. به دلیل بارش سنگین برف، دانشگاه لینکلن ترم زمستانی را یک هفته دیرتر شروع می‌کرد، و به همین دلیل من باید به عنوان دانشجوی خاص پذیرفته می‌شدم. دانشگاه لینکلن یک دانشگاه آفریقایی آمریکایی بود. آنجا در روزهای «جدا اما برابر» بعد از جنگ داخلی آمریکا توسط پرزبیتری‌ها تاسیس شده بود، و یک دانشکدۀ الاهیات داشت تا مردان را برای دست‌گذاری آماده کند. وقتی به خوابگاه سال اولی‌ها رفتم با استقبال گرمی مواجه شدم. خدا یک بار دیگر برای اهداف خودش مرا در یک مکان خاص قرار داد. راه‌های او با راه‌های ما فرق دارند. من قرار بود سال ۱۹۶۹ از دانشگاه لینکلن فارغ‌التحصیل شوم.

غریبۀ آشنا / ۷۱

اقلیت بودن چطور است؟ من همیشه از جهاتی اقلیت بودم. وقتی در ایران بزرگ شدم اقلیت بودم. و حالا در لینکلن به شکل واضحی اقلیت بودم. خدا سعی می‌کرد چه درسی به من بدهد؟ چیزی که کم کم یاد گرفتم این بود که رابطه‌ام با دیگران ارتباط زیادی به دیدگاه‌هایم دارد. باید به خدا اجازه می‌دادم که کلیشه‌هایم را بشکند، و با هر شخصی باید در محبت و پذیرش ارتباط برقرار می‌کردم و این را متوجه می‌شدم که آنها ممکن است کلیشه‌هایی در مورد من داشته باشند. من باید یاد می‌گرفتم که در رابطه‌ام با خدا ارزش واقعی خودم را پیدا کنم. به جای عقب‌نشینی در دنیای سفید پوستی خودم، سعی کردم در دانشگاه فعال باشم. در گروه کر آواز خواندم، عضو تیم بسکتبال شدم، حتی چند هفته عضو انجمن برادری دانشگاه هم شدم. خیلی زود، چند ایماندار واقعی در خوابگاه پیدا کردم که مرا برای مطالعهٔ کتاب‌مقدس و دعا به اتاقشان دعوت کردند. من قدرت انجیل در شکستن پیش‌داوری را تجربه کردم، و این درسی است که از آن زمان در قلب من وجود دارد.

چند هفتهٔ اول در دانشگاه لینکلن آسان نبود. پدرم به ایران برگشته بود و من هیچ کس را نمی‌شناختم. یک روز شنبه حدود ساعت ده صبح کسی در اتاقم را زد. هنوز در تخت بودم، اما چیزی پوشیدم و در را باز کردم. کشیش کنت با لبخند گرمش آنجا ایستاده بود. او را به داخل اتاق دعوت کردم و نشستیم و با هم صحبت کردیم. بعد او کلید ماشین دوم خودش همراه یک کارت اعتباری برای سوخت را به من داد و گفت: «می‌خواهم هر وقت که احساس تنهایی کردی و دوست داشتی، امکان این باشد که به کلیسا و خانهٔ ما بیایی.» و این آغاز یک رابطهٔ فوق‌العاده با گلن و بتی کنت و خانوادهٔ آنها شد. اکثر شنبه‌ها به خانهٔ آنها می‌رفتم، لباس‌هایم را می‌شستم، روزهای یکشنبه هم به کلیسای پرزبیتری آکسفورد می‌رفتم. من حتی از بچه‌های خانوادهٔ کنت نگهداری می‌کردم و کارهای عجیب غریب در خانه‌شان انجام می‌دادم. آنها زمانی که از خانه دور بودم خانوادهٔ من شدند. نمی‌توانم به اندازهٔ کافی از گلن و بتی کنت برای نقشی که در رشد روحانی من داشتند و برای الگویی که از یک ازدواج و خانهٔ مسیح‌محور به من ارائه دادند، تشکر کنم. همچنین تحت تاثیر آنها بود

که شروع به کمک در گروه جوانان کلیسا کردم، و از طریق موعظهٔ او بود که در نهایت در سال اول دانشگاه متوجه خواندگی‌ام برای خدمت شدم.

یکی دیگر از اتفاقات شگفت‌انگیزی که آینده‌ام را شکل می‌داد، در اولین روز از کلاس تاریخ جهان اتفاق افتاد. یک نگاه گذرا به اسم استادم انداخته بودم «دکتر اندرو مورای.» در صندلی در ردیف آخر نشستم و ظاهر دکتر مورای مرا شگفت‌زده کرد. او دقیقا شبیه پدر پتی که در ایران می‌شناختم بود. می‌دانستم که او مطمئنا پدر پتی نیست، اما شاید برادر دوقلویش بود. بعدا او در یکی از درس‌ها گفت که برادرش در ایران مبشر است. معما برایم حل شده بود. همین باعث شد تا خاطرات خوب زیادی از پتی و زمانی که با هم در مدرسهٔ شبانه‌روزی تهران بودیم را به یاد بیاورم، و فکر کردم بد نباشد که بدانم حال او چطور است. پس همهٔ جسارتم را جمع کردم و از دکتر مورای پرسیدم که آیا می‌تواند آدرس پتی را به من بدهد؟ و به این صورت با تماس گرفتن و مکاتبه با پتی، فصل جدیدی از زندگی من شروع شد.

در پاییز سال ۱۹۶۶، ناگهان متوجه شدم که هیچ جایی برای تعطیلات کریسمس ندارم که بروم. به همین دلیل، یک داستان ناراحت‌کننده از اینکه باید چطور تعطیلات کریسمس را در خوابگاه به تنهایی بگذرانم، برای پتی نوشتم. آنطور که بعدا متوجه شدم، وقتی پتی درخواست بی‌شرمانهٔ مرا با قلب مهربانش با مادرش در میان گذاشت، مادرش گفت، «بیا این پسر جوان را به خانه‌مان دعوت کنیم.» و اینطور شد که من برای کریسمس به دنور رفتم و پتی و خانواده‌اش را دوباره دیدم. و این یکی از بهترین کریسمس‌هایی بود که در کنار خانوادهٔ مورای داشتم. اما مهم‌ترین قسمت داستان این بود که من عاشق پتی شدم. تابستان آن سال ما هر دو در شهر استز پارک در کلورادو کار پیدا کردیم و بیشتر به هم نزدیک شدیم. آن تابستان زیر نور مهتاب در کنار رودخانهٔ مِری، از پتی درخواست ازدواج کردم. و چون باید به پنسیلوانیا برمی‌گشتم،

ارتباط ما از راه دور ادامه داشت. نامه‌های زیادی برای هم نوشتیم، اما احتمالا شوکه‌کننده‌ترین نامه برای پتی زمانی بود که به او گفتم احساس می‌کنم برای خدمت خوانده شده‌ام و به می‌خواهم به دانشکدهٔ الاهیات بروم. و او اینطور گفت: «این یعنی من باید همسر یک خادم خداوند شوم!» ما در سال ۱۹۶۹ در دنور ازدواج کردیم. من به دانشکدهٔ الاهیات پرینستون رفتم و پتی هم به درسش در رشتهٔ پرستاری در دانشگاه ایالتی کلورادوی جنوبی (اسم دانشگاه در آن زمان) در شهر پوئبلو ادامه داد. لازم به گفتن نیست که آن سال برای هر دوی ما خیلی سخت بود. پیش‌تر، هرگز از اتمام سال تحصیلی اینقدر خوشحال نبودم.

بعدا متوجه شدم که پدر همسرم چطور در ایران مبشر شد. دکتر توماس مورای در پرت‌لند پنسیلوانیا متولد شد و پدر و مادرش کشیش مورای و خانوم مورای بودند. زمانی که توماس به دنیا آمد کشیش مورای در کلیسای پرزبیتری در پنسیلوانیا خدمت می‌کرد. در ماه‌های اول زندگی پدر همسرم یک مبشر از ایران به نام کشیش فردریک کوآن واعظ مهمان بود. و پدرش از کشیش کوآن پرسید که آیا می‌خواهد پسر نوزادش را تعمید دهد؟ کشیش کوآن موافقت کرد. بعد از تعمید، او توماس را تقدیس کرد تا در ایران به خدا خدمت کند. سال‌ها بعد وقتی پدر همسرم دانشکدهٔ پزشکی را تمام کرد و به عنوان کاپیتان در ارتش در پاناما خدمت می‌کرد، همراه با همسر آینده‌اش نانسی لانزبری برای خدمت در چین به سازمان خدمت در خارج از کشور درخواست دادند. اما سازمان درخواست آنها برای چین را رد کرد و ایران را پیشنهاد داد. خیلی زود بعد از اینکه ازدواج کردند، سوار کشتی‌ای به اسم «*Marine Carp*» شدند که در زمان جنگ جهانی دوم برای جابجایی سربازها استفاده می‌شد، و به بیروت در لبنان و از آنجا به ایران رفتند. اولین شهری که برای خدمت رفتند مشهد بود، که پتی در ۳۰ جولای ۱۹۴۸ در آنجا متولد شد.

زمانی که پدربزرگ پتی در دانشکدهٔ الاهیات پرینستون دانشجو بود، با کشیش ویلیام مک‌ال‌وی میلر همکلاس بودند. دکتر میلر عمیقا تحت تاثیر زندگی و خدمت دکتر سموئیل زوئیمر که از دانشکدهٔ پرینستون ملاقات و دانشجویان را تشویق کرده بود تا به دنیای اسلام خدمت کنند، قرار گرفته بود. وقتی دکتر میلر به توماس

موارای پدر گفت که به ایران برود، او مخالفت کرد و گفت که دعوتی از طرف روح‌القدس برای این کار احساس نمی‌کند. جالب اینجاست که وقتی پدر و مادر پتی وارد ایران شدند، دکتر میلر بیمار بود و به دکتر موارای که تازه به آنجا رسیده بود پیشنهاد شد تا او را معاینه کند. وقتی دکتر میلر شنید که توماس موارای برای دیدنش می‌آید، اول فکر کرد همکلاسی قدیمی‌اش در دانشگاه پرینستون را می‌بیند. با این حال از اینکه شنید او پسر همان مردی است که سال‌ها پیش سعی کرده بود او را به ایران بفرستد، خیلی خوشحال شد.

پدر و مادر من یک سال بعد (۱۹۴۷) برای شروع خدمت در تبریز به ایران رفتند، و من پدر و مادر همسرم را برای اولین بار یک سال بعد از آن در کنفرانسی که برای افرادی که سال اول خدمت‌شان بود، دیدم. فکر کنم در آن زمان بیشتر از پنجاه مبشر پرزبیتری در ایران وجود داشت. مادر پتی از مادرم پرسید آیا دوست دارد دختر نوزادش را ببیند؟ و همانطور که بارها از آن یاد کرده‌ایم، مادرم در حالی که مرا در آغوش داشت، عروس آینده‌ام را ملاقات کرد. وقتی من دو ساله بودم و پتی دو ماهه خدا زندگی ما را به هم گره زد و حالا که این را می‌نویسم ما بیشتر از پنجاه سال است که ازدواج کرده‌ایم (هیچ کدام از ما آن دیدار اول را به یاد نمی‌آوریم).

پدران هر دوی ما در زمان تولدشان برای خدمت به دنیای اسلام تقدیم شده بودند و پدر و مادر ما همکارانی بودند که در کنار هم در ایران خدمت کردند.

من و پتی به مدرسهٔ شبانه‌روزی رفتیم و با هم در یک ساختمان زندگی می‌کردیم.

ما در دبیرستان هم با هم بودیم اما وقتی خانوادهٔ موارای به دنور رفتند و خانوادهٔ من هم به فیلادلفیا رفت، ارتباط ما قطع شد.

و بعد به دلیل اینکه ریه‌ام پاره شده بود و عمل کرده بودم، باید از دانشگاه دیویس و الکینز در ویرجینیای غربی انصراف می‌دادم، و به

دانشگاه لینکلن می‌رفتم، که در آنجا اولین کلاسم تاریخ جهان با دکتر اندرو موری بود و باعث شد دوباره با پتی ارتباط برقرار کنم.

شک ندارم که خدا ما را با پیش‌زمینهٔ مشترک به هم رساند تا برای زندگی‌ای آماده کند که هیچ‌کدام‌مان هرگز فکرش را هم نمی‌کردیم. خدا ما را در کنار هم قرار داد و زندگی‌مان را مثل یک تابلو فرش زیبا که تا امروز هم روی آن کار می‌کند، در هم بافت.

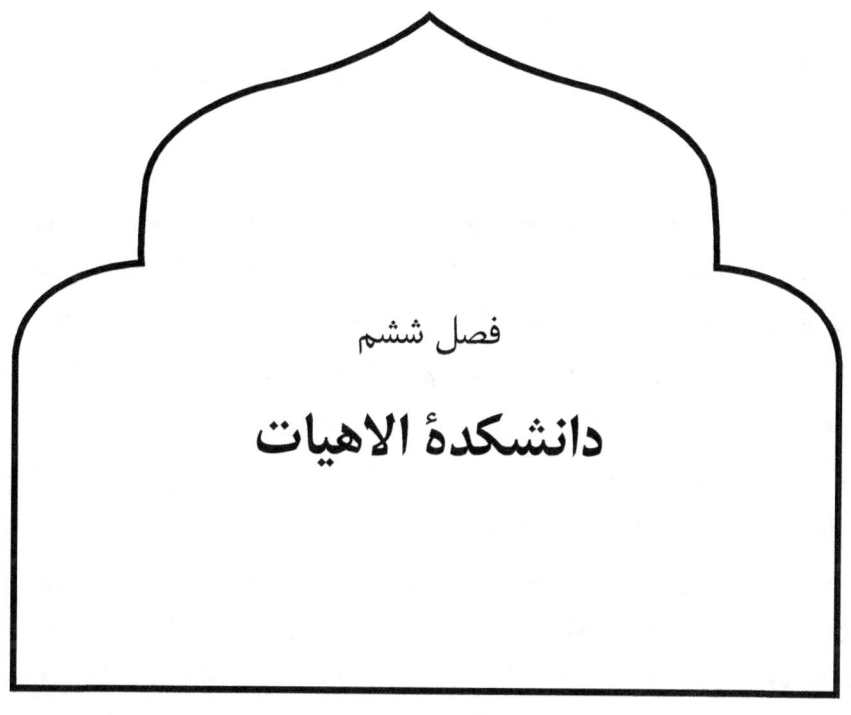

فصل ششم

دانشکدهٔ الاهیات

بعد از زندگی در خوابگاه پسران در سال اول دانشکدهٔ الاهیات پرینستون، نقل مکان به خانهٔ دانشجوهای متاهل همراه با پتی بسیار لذت‌بخش بود. پول خیلی کمی داشتیم، و پتی پرسید که چقدر می‌تواند برای خرید وسایل خانه هزینه کند. واقعا به این موضوع فکر نکرده بودم؛ اما خیلی احساس سخاوت کردم و گفتم ۵۰ دلار. به یک سمساری در ترنتون، نیوجرسی رفتیم و چند وسیله خریدیم. و تا تختخوابی که سفارش داده بودیم برسد، چند شب روی زمین خوابیدیم. علیرغم اینکه خیلی از امکانات زندگی را نداشتیم، اما سرشار از امید بودیم، چون من در مسیر اتمام تحصیلاتم در دانشکدهٔ الاهیات بودم و به خواندگی‌ام برای اینکه یک

شبان و مبشر پرزبیتری دست‌گذاری شده باشم، نزدیک‌تر می‌شدم. پتی خیلی زود به عنوان پرستار در یک آسایشگاه کار پیدا کرد و ما وارد زندگی دانشجویی شدیم.

بعد از دو سال فعالیت در دنیای آکادمیک، مشتاق بودم بیشتر خدمت کنم. وقتی کلیسای پتی از من دعوت کرد تا به عنوان کشیش ۱۵ ماه در آنجا کارآموزی کنم، من و پتی این موقعیت را با جان و دل پذیرفتیم تا به دنور برویم و به خانوادهٔ پتی نزدیک‌تر باشیم. یک آپارتمان کوچک قدیمی در کنار کلیسای پرزبیتری دنور در خیابان اول اجاره کردیم. پتی در مرکز شهر دنور در مطب یک دکتر، کار پرستاری پیدا کرد. هدف اصلی ما این بود که مشایخ کلیسا را تشویق کنیم تا از یک خدمت در کافی‌شاپ حمایت کنند که به بچه‌های فراری در دنور بودند خدمت کنیم. من می‌خواستم ویترین یک مغازه را اجاره کنم اما باید از مشایخ کلیسا می‌پرسیدم که آیا در پرداخت اجاره کمک می‌کنند یا نه؟ با ایمان زیاد مطمئن بودم این همان خدمتی است که خدا می‌خواهد ما انجام دهیم، و از آنها خواستم که اجارهٔ ماه اول را پرداخت کنند و برای اجارهٔ ماه‌های بعدی امیدمان به خدا باشد. مشایخ معمولا با چنین درخواست‌هایی موافقت نمی‌کنند، اما مشایخ کلیسای ما موافقت کردند. تمام ماه‌هایی که ویترین «هتل سان‌شاین» را اجاره کرده بودیم، خدا وفادارانه مبلغ اجاره را تامین کرد. در سال‌های ۱۹۷۱ - ۱۹۷۲ «جنبش عیسی» تمام کشور را فرا گرفت. همزمان بچه‌های زیادی از ایالت‌های غرب میانه به شهرهای بزرگ فرار می‌کردند. من و پتی ساعت‌های زیادی را با این بچه‌ها می‌گذراندیم، و انجیل را با آنها در میان می‌گذاشتیم. یکی از این بی‌خانمان‌های جوان «جان ویلسون» بود. اولین بار او را در خیابان برادوی غربی دیدم؛ پاهایش برهنه بود و لباس کهنه پوشیده بود. گفت که گرسنه است، او را برای شام بردم و برایش یک ساندویچ خریدم. ساعت‌ها با هم صحبت کردیم و گفت که بازیگر است و برای پیدا کردن کار به دنور آمده اما موفق نشده بود. از او خواستم که روز بعد برای دیدنم به کلیسا بیاید ولی امید کمی داشتم که او را دوباره ببینم. او به طرز شگفت‌انگیزی آمد و گفت: «تو دیروز با من چه کردی؟ از او پرسیدم منظورت چیست؟ او جواب

داد: «من دیشب زندگی‌ام را به عیسی دادم و کل شب بالا آوردم. انگار که خدا می‌خواست مرا از درون و بیرون تمیز کند.» شکی نبود که خدا جان را از خیابان‌های دنور نجات داد تا به دانشکدهٔ الاهیات برود و کشیش شود. سال‌ها بعد، در جنبش بیلی گراهام در منطقهٔ واشنگتن دی. سی بودم و به عنوان مشاور خدمت می‌کردم، که یک مرد شیک‌پوش با کت و شلوار آبی به سمتم آمد و پرسید آیا تت استیوارت هستم؟ من با سر جواب دادم و او پرسید، «من را یادت می‌آید؟ من جان ویلسون هستم!» او مدیر بشارت در فرقهٔ خودش بود. خدا جان را از خیابان‌های دنور، جایی که او زندگی‌اش را به مسیح سپرد، گرفت و از او برای لمس افراد زیادی برای مسیح استفاده کرد.

من و پتی تجربه‌های فوق‌العاده‌ای در آن یک سال و نیم زندگی در دنور داشتیم. پتی گیتار می‌زد و پرستش را رهبری می‌کرد و در ادامه شهادت‌ها و خبر خوش مسیح را می‌شنیدیم.

جمع‌آوری وسایل‌مان و برگشت به دانشگاه پرینستون برای سال آخرم اصلا راحت نبود. در آن موقع ما امیدوار بودیم که خانواده‌مان را بزرگ کنیم. بعد از سه سال پتی هنوز باردار نشده بود. وقتی به پرینستون برگشتیم، تصمیم گرفتیم که دلیل آن را پیدا کنیم و از یک دکتر وقت گرفتیم. دکتر آزمایش نوشت و گفت به احتمال زیاد نمی‌توانیم بچه‌دار شویم. این خبر ضربهٔ بزرگی برای هر دوی ما بود. یادم می‌آید که در ماشین‌مان مات و مبهوت از این خبر نشستیم و مطمئن نبودیم باید چه کاری انجام دهیم. آن موقع به تازگی یک کتاب دربارهٔ ستایش خدا در همه شرایط خوانده بودم، و می‌خواستم خیلی مثل یک کشیش رفتار کنم، پس با ملایمت پیشنهاد دادم که خدا را برای این خبر ستایش کنیم. ظاهرا، وقتی با هم گریه کردیم حرف‌هایم کمی پتی را آرام کرد. ماه‌ها گذشت، و ما این حقیقت را پذیرفتیم که به دلیلی که برای ما نامعلوم بود خدا نمی‌خواهد بچه‌دار شویم. یک روز صبح پتی گفت که حالت تهوع دارد، و بیرون آمدن از تخت برایش سخت بود. بعد از چند روز

که حالش بد بود، او را به درمانگاه دانشگاه بردم و دکتر آزمایش بارداری نوشت و خیلی زود برگشت و گفت: «ممکن است خبر خوبی نباشد، اما حامله‌ای.» پتی با فریاد گفت: «خدا را شکر.» دکتر شگفت‌زده شد، چون بیشتر زنانی که دانشگاه بودند نمی‌خواستند باردار شوند. ما به خانه رفتیم و برای آنچه که انسان گفته بود غیر ممکن است، و خدا آن را ممکن کرده بود، شادی کردیم.

من و پتی با هم کتاب تسالونیکیان را مطالعه می‌کردیم و بابی که آن روز عصر خواندیم عمیقا ما را تحت تاثیر قرار داد: «و تیموتائوس را که برادر ما و خادم خدا در انجیل مسیح است، فرستادیم تا شما را استوار سازد و در خصوص ایمان‌تان شما را نصیحت کند» (اول تسالونیکیان ۳: ۲) پتی فورا گفت: «بچه پسر است و اسمش را تیموتائوس می‌گذاریم.» به عنوان کسی که متخصص شبانی بود، با ملایمت به او گفتم که پنجاه درصد احتمال دارد که بچه‌مان دختر باشد. اما پتی مطمئن بود که بچه پسر است. و البته او درست گفته بود. ما اسم پسرمان را که در جولای سال ۱۹۷۳ به دنیا آمد تیموتائوس گذاشتیم.

در سال آخر دانشکدۀ الاهیات دو نقطۀ عطف دیگر در ایمان من وجود داشت. وقتی پتی باردار شد، اینطور احساس کردیم که برای او بهتر است دست از کار بکشد، به همین دلیل من چند روز در هفته برای یکی از هم دانشگاهی‌هایم که شرکت نقاشی ساختمان داشت کار نقاشی ساختمان انجام می‌دادم. در چند ماه آخر دانشگاه ما مشکل مالی داشتیم، اما تدارکات شگفت‌انگیز خدا را هم دیدیم. بودجۀ هفتگی ما برای خورد و خوراک فقط ۱۵ دلار بود، ما مجبور بودیم حواس‌مان به هر پولی که خرج می‌کنیم باشد تا بتوانیم زندگی‌مان را تامین کنیم.

در یکی از مواقعی که نمی‌دانستیم چطور باید از مشکلات اقتصادی عبور کنیم، دعا و از خدا درخواست کمک کردیم. چند روز بعد، یک پاکت از زیر در به داخل خانه‌مان افتاد. من سریع آن را باز کردم و از دیدن یک صد دلاری بدون هیچ توضیحی شوکه شدم. تا به امروز هم نمی‌دانم آن پول از کجا آمده بود، اما آن اتفاق یادآوری شگفت‌انگیزی بود از اینکه خدا چطور نیازهای ما را برطرف می‌کند.

هر چقدر که به فارغ‌التحصیلی‌ام از دانشکدهٔ الاهیات نزدیک‌تر می‌شدم، اضطرابم بیشتر می‌شد چون پتی باردار بود و قرار بود در ماه جولای زایمان کند و من هنوز هیچ شغلی نداشتم. من و پتی هر دو خیلی دوست داشتیم که کلیسایی در کلرادو پیدا کنیم. پدر و مادر پتی آنجا زندگی می‌کردند و من هم ارتفاع زیاد و اقلیم خشک آنجا را دوست داشتم. تنها جایی که دوست نداشتم زندگی کنم نیوجرسی بود، و اغلب احساساتم را اینطور به خدا می‌گفتم که حاضرم هر جایی به جز نیوجرسی به او خدمت کنم. یک روز که با کشیش کلیسایی که آخر هفته‌ها در آنجا خدمت می‌کردم قرار ملاقات داشتم، در این مورد شکایت کردم که خدا هیچ موقعیتی در کلرادو برایم فراهم نمی‌کند و من وقت چندانی ندارم. او به من نگاه کرد و گفت: «تت، چرا خدا را محدود می‌کنی؟» من از سوال او تعجب کردم و گفتم: «من؟ من خدا را محدود می‌کنم؟» او گفت: «چرا به خدا نمی‌گویی هرجا که او بخواهد می‌روی؟» می‌دانستم که او درست می‌گوید و حرف‌های او را با پتی در میان گذاشتم و ما آن شب با اشک آینده‌مان را به هر آنچه خدا ما را به آن خوانده بود سپردیم. دوشنبهٔ بعد، وقتی از کتابخانهٔ دانشگاه بیرون می‌آمدم، یکی از همکلاسی‌هایم به سمتم آمد و گفت: «چرا به تو فکر نکرده بودم؟» من گیج و مبهوت به او نگاه کردم. او گفت: «عموی من عضو کمیتهٔ جستجوی کلیسای‌شان است و اسم افرادی که امسال فارغ‌التحصیل می‌شوند را از من پرسیده، می‌توانم اسم تو را به او بدهم؟» من دنبال کار بودم و به او گفتم: «حتما! کلیسا کجاست؟» و او گفت: «البته در شهر کارترت.» و چند هفته بعد، از من دعوت شد تا کشیش اولین کلیسای پرزبیتری (*First Presbyterian Church*) در شهر کارترت در نیوجرسی شوم. و من یک درس دیگر یاد گرفتم: هرگز به خدا نگو که به کجا نمی‌روی و چه کاری انجام نمی‌دهی.

روز فارغ‌التحصیلی رسید، و من از صحن کلیسای دانشگاه پرینستون پایین آمدم. آن روز پر از شکوه و تشریفات زیاد بود. بعد از مراسم، من و پتی

در حیاط ایستاده بودیم و با دوستان صحبت می‌کردیم که یک دوست قدیمی یعنی دکتر ویلیام میلر که خودش هم فارغ‌التحصیل دانشگاه پرینستون بود آمد تا به من تبریک بگوید. بعد از تبریک، گفت که می‌خواهد برای ما دعای مخصوص تقدیم‌شدن انجام دهد. پتی نه ماهه باردار بود و دوست داشت به خانه برود. اما دکتر میلر اصرار کرد. او ما را به کنار کشید و دستانش را مثل یک پدر بر من گذاشت و دعایی پر شور کرد که با تقدیم ما برای خدمت به مسیح در ایران تمام شد. در آن لحظه نمی‌دانستم که خدا چطور به این دعا پاسخ خواهد داد. تنها چیزی که می‌دانستم این بود که باید با خانواده‌ام به کارترت می‌رفتم، یک دکتر زنان و زایمان پیدا می‌کردم تا بچه‌مان را به دنیا بیاورد، و شبانی یک کلیسای جدید را شروع کنم.

بعد از آن ما به زودی به خانه‌ای که مخصوص کشیش‌ها در کلیسای کارترت بود رفتیم. و در طول ازدواج‌مان این اولین باری بود که جایی داشتیم که می‌توانستیم آن را خانه‌مان بدانیم. همسایه‌های فوق‌العاده‌ای داشتیم و خیلی زود دوستان جدیدی پیدا کردیم که دوستان همیشگی ما شدند. پسر ما تیموتی در ماه ژوئیه به دنیا آمد و یاد گرفتیم که چطور پدر و مادر باشیم. خدمت من به سمت بشارت به جوانان شهر کارترت رفت، و دیدیم که بسیاری از آنها به مسیح ایمان آوردند و وارد خدمت شدند. من به عنوان یک کشیش تازه‌کار با چالش‌های زیادی مواجه شدم. سال اول من برای اولین بار پدر شدم، اولین جلسهٔ پرستشی‌ام را برگزار کردم، اولین ازدواج را انجام دادم، اولین جلسهٔ مشایخ را مدیریت کردم، و با کلیسایی مواجه شدم که مشکلات مالی جدی داشت و اتفاقات چالش‌برانگیزی می‌افتاد که به عنوان شبان باید آنها را حل می‌کردم. برای اولین بار در زندگی‌ام اعصابم به هم ریخته بود. نمی‌توانستم مشکلات را به خوبی اداره کنم، و این مرا به سمت افسردگی می‌برد. مشتاق بودم که موفق شوم اما نتیجه‌ای نمی‌دیدم. هر یکشنبه در حین پرستش از افراد می‌خواستم که دست‌های‌شان را بالا ببرند، اما هیچ کس این کار را نمی‌کرد. به نظر می‌رسید موعظه‌ام هیچ تغییری در زندگی افراد ایجاد نمی‌کند و می‌توانستم ناامیدی را در جماعت کلیسا احساس کنم. در طول هفته، معمولا به محراب

کلیسا می‌رفتم و دعا می‌کردم. یک روز که خیلی ناامید بودم وقتی دعا کردم بدون اینکه متوجه باشم به خدا اینطور گفتم: «خدایا من از این کار دست می‌کشم. دیگر نمی‌توانم ادامه بدهم. می‌خواهم این کلیسا را به تو برگردانم. دیگر نمی‌توانم!» وقتی این کلمات را به زبان آوردم، احساس کردم باری از روی قلبم برداشته شد و لبخندی به لبم آمد. انگار تمام ناامیدی و خشمی که در قلبم ریخته بودم از بین رفت و همچنان می‌خندیدم. نمی‌توانستم نخندم و چند دقیقه همینطور ادامه پیدا کرد و بعد از آن آرامشی فوق‌العاده داشتم. احساس کردم که خدا می‌گوید: «این کلیسا هرگز متعلق به تو نبوده، و همیشه کلیسای من بوده است. تو فقط باید به من اعتماد و تکیه کنی و من کار را انجام خواهم داد.» آن روز من هم من تغییر کردم و هم نگاهم به خدمت. خدا برایم آشکار کرد که نگاه من به خدمتم بوده و نه به او. من به شکل نامحسوسی به جای خدا، خدمت خودم را می‌پرستیدم. و این یک درس زندگی بود، که مرا برای چالش‌هایی که قرار بود بعدا در خدمتم با آنها مواجه شوم، آماده می‌کرد.

دو سال بعد، دخترمان امیلی به دنیا آمد. پتی خیلی دوست داشت که دختر داشته باشیم، من هم همینطور. زمانی که پتی باردار بود، در ایمانش با چالش‌هایی مواجه شد و به جایی رسید که در دعا به خدا گفت، اگر دوستم داری به من یک دختر بده. و خدا این را انجام داد. چیزی که ما نمی‌دانستیم این بود که خدا به ما فقط دو بچه می‌داد. دکترها به ما گفته بودند که نمی‌توانیم بچه‌دار شویم، اما خدا با دادن دو بچه به ما نشان داد که آنها اشتباه می‌کنند. در سال‌هایی که بچه نداشتیم خدا به ما یک درس خیلی مهم داد و آن درس این بود که او همیشه از طریق مشکلات، پادشاهی خود را گسترش می‌دهد. دانستن اینکه نمی‌توانیم بچه‌دار شویم سخت بود، اما این موضوع ما را به خدا نزدیک‌تر کرد و دیدم که خدا با دادن دو بچه به ما کارهای خارق‌العاده‌ای در زندگی‌مان انجام می‌دهد. و نه تنها پادشاهی او در زندگی ما پیش رفت بلکه

داستان ما امید و دلگرمی به دیگران داد. این سخنان پولس برایم زنده شد: «اما ای برادران، می‌خواهم شما بدانید که آنچه بر من واقع گشت، برعکس به ترقی انجیل انجامید» (فیلیپیان ۱: ۱۲). و این، به شیوهٔ نگاه من به زندگی تبدیل شد. وقتی مشکلات می‌آیند، صبور باشید و نگاه کنید تا ببینید خدا چطور از آن مشکل برای پیشبرد ملکوتش استفاده می‌کند. حتی اگر دعاهای‌تان بی‌جواب بماند، خدا ممکن است درهایی دیگری را برای پیشبرد ملکوتش باز کند.

بعد از چند سال شبانی در کلیسای کارترت بی‌قرار شدم و به دنبال کارهایی جدید در خدمت فعلی‌ام بود. به اردوی جوانان و کمپ‌های تابستانی رفتم. اما قلبم مشتاق چیز بیشتری بود. می‌خواستم برای مسیح در دنیا تغییری ایجاد کنم و اغلب احساس می‌کردم که کار ارزشمندی برای خدا انجام نمی‌دهم. اما نسبت به خواندگی‌ام وفادار و مطیع باقی ماندم، و در دعا از خدا خواستم تا مرا هدایت و آنطور که می‌خواهد از من استفاده کند. در بهار سال ۱۹۷۷، در اردوی نوجوانان دبیرستانی بودم که پتی با من تماس گرفت و این به دلیل ضعف خطوط مخابرات یک اتفاق غیر عادی بود. وقتی حرف می‌زد در صدایش هیجان بود. و چیزی که به من گفت مرا ترساند و فکر کردم اتفاق بدی افتاده است. او گفت: «دوست داری به عنوان کشیش در ایران خدمت کنی؟ از شورای کلیسای انجیلی در ایران نامه‌ای آمده و از تو دعوت کرده‌اند تا به عنوان کشیش کلیسای کریستوفر مقدس در آبادان خدمت کنی.» مات و مبهوت مانده بودم. آیا پتی واقعا آماده بود به ایران برود؟ هر بار که به برگشت به ایران فکر می‌کردم، تعهدی که با خودم داشتم یادم می‌آمد که هرگز بدون تایید کامل پتی این کار را انجام نخواهم داد. بدون اینکه پتی هم احساس خواندگی برای رفتن به ایران داشته باشد، من به ایران نمی‌رفتم. نامه ناگهان به دست ما رسید و پتی اینطور گفت که باور دارد این از طرف خداوند است و او هم می‌خواهد که به ایران برویم. او گفت که خدا همان لحظه قلب او را عوض کرد. وقتی خداحافظی کردیم، من چند دقیقه کنار تلفن نشستم. این یکی از آن لحظات مهم در زندگی بود که می‌دانستم این تصمیم همه چیز را تغییر می‌دهد. در مدت باقیمانده از اردو غرق در افکار خودم بودم، و به این فکر می‌کردم که خدا چه برنامه‌ای

بـرای مـا دارد. آن زمـان نمی‌دانسـتم کـه خـدا مـا را بـه انقلابـی می‌بـرد کـه نـه تنهـا ایـران را، بلکـه مـا را هـم بـرای همیشـه تغییـر خواهـد داد.

فصل هفتم

عزیمت به ایران

مسیر دعوت به خدمت تا رسیدن به جایی که باید در آنجا خدمت کنیم اغلب بسیار طولانی‌تر و دشوارتر از آن چیزی است که تصور می‌شود. احساسی دارم که مرا به یاد زمانی می‌اندازد که در ایالت مین از مردی که اهل آنجا بود آدرس پرسیدم و او گفت: «از اینجا نمی‌توانی به آنجا برسی!» مسیحیان متعهد بسیاری را می‌شناسم که احساس خواندگی برای خدمت در جایی داشتند اما هرگز نتوانستند به آنجا بروند. داستان ما هم در ابتدا به نظر می‌رسید که در همان مسیر ناامیدکننده باشد. اولین مانع ما غلبه بر این واقعیت بود که اعضای کلیسا در کارترت فکر می‌کردند که ما حتی به خاطر فکر برگشتن به ایران، باید عقل‌مان

را از دست داده باشیم. اخبار ایران بسیار ناراحت‌کننده بود. اولین پیش‌لرزه‌های زلزلهٔ سیاسی آینده حس می‌شد. در ۲۱ اوت ۱۹۷۸، سینما رکس آبادان که ۳۳۷ نفر در آن بودند سوخت و با خاک یکسان شد؛ بسیاری مجروح شدند و بعضی هم موقع فرار زیر دست و پا ماندند و مردند. دولت تروریست‌ها را مقصر می‌دانست و همین باعث تنش می‌شد. اخبار هر روز ایران باعث ایجاد تنش در زندگی ما هم شده بود. به جماعت کلیسا دربارهٔ دعوت‌مان برای خدمت مبشری در ایران اطلاع دادیم، و یک روز یکشنبه وقتی موعظه می‌کردم یک آقای پیر ایستاد و با صدای بلند گفت: «دیوانه شده‌ای؟» در تمام سال‌های کارم به عنوان یک واعظ، هرچند که کوتاه بود، به من خیلی چیزها گفته بودند اما «دیوانه» نه. او به حرف‌هایش ادامه داد: «تو خودت و خانواده‌ات را به کشتن خواهی داد.» آن موقع همه فراموش کردند که دربارهٔ چه موعظه می‌کنم، خودم هم مطمئن نبودم که دربارهٔ چه موعظه می‌کردم. سعی کردم با گفتن اینکه پدر و مادر هر دوی ما که در ایران خدمت کرده بودند از رفتن ما حمایت می‌کنند، او را آرام کنم و به او اطمینان بدهم که ما هر دو زبان و فرهنگ آنجا را می‌دانیم و اگر خدا ما را خوانده باشد، از ما محافظت خواهد کرد. او بالاخره آرام شد، و ما جلسه را بدون اتفاق دیگری تمام کردیم، اما این موضوع باعث نگرانی‌هایی دربارهٔ آینده‌مان شد. ما هر روز به عیسی ایمان داشتیم که او برای تکمیل چیزی که در زندگی ما شروع کرده، وفادار خواهد بود.

در روزهای آینده ما تمام کارهای مربوط به خدمت را تکمیل کردیم، متعلقات زمینی‌مان را فروختیم و با عزیزان‌مان خداحافظی کردیم. در ژانویهٔ سال ۱۹۷۹به شهر ونتور در نیوجرسی رفتیم و در خانه‌ای موقتا ساکن شدیم تا کارهای نهایی برای رفتن به ایران را انجام دهیم. تا آن زمان، انقلاب کاملا در ایران در جریان بود، و در ۱۶ ژانویهٔ ۱۹۷۹ شاه و خانواده‌اش ایران را برای همیشه ترک کردند. این بدترین اتفاق برای ما بود، و این سوال منطقی را برانگیخت که چه کسی مسئول مملک خواهد شد؟ برای انبوه مردم ایران که در خیابان‌ها بودند و خاندان پهلوی را سرنگون کرده بودند این یک سوال ساده بود، آیت‌الله روح‌الله خمینی آن شخص بود. روزنامهٔ نیویورک تایمز چنین تیتری زده بود: «آیت‌الله روح‌الله خمینی،

نماد ۷۸ سالهٔ انقلاب ایران، صبح امروز پیروزمندانه به وطن بازگشت و خواستار اخراج همهٔ خارجی‌ها از کشور شد.»
بیشتر از هزار نفر، که بیشترشان مرد بودند، برای استقبال از او به فرودگاه برده شدند. روی یک بنر که در دستان حامیان وفادار او بود اینطور نوشته شده بود: «تو رهبر دینی، نظامی، اقتصادی، و اجتماعی ما هستی.»
نیویورک تایمز یک بار دیگر گزارش داد، دولت کنونی که تحت رهبری نخست‌وزیر وقت، شاهپور بختیار بود، هشدار داده است که اگر خمینی بخواهد کسی را به عنوان رهبر دولت موقت معرفی کند، ظرف چند ساعت دستگیر خواهد شد.
اتفاقات تاریخی در دستان خدا هستند، و ما باید روی او را بجوییم و منتظر بمانیم تا ببینیم اراده‌اش را چطور بر هر یک از ما آشکار می‌کند. زندگی من و خانواده‌ام به حالت تعلیق درآمده بود. رابطه‌ام را با کلیسای کارترت قطع کرده بودم و می‌خواستم به ایران بروم. اما حالا درها بسته شده بود. درهای بسته این سوال را به وجود می‌آورند که آیا در وهلهٔ اول دعوت خدا را به درستی متوجه شده‌ای؟ با این افکاری که در سرم می‌چرخیدند، زمان در خانهٔ موقتی‌مان به آرامی می‌گذشت. هر روز ناامیدی بیشتری را احساس می‌کردیم. همچنین با دو بچه‌ای که خیلی زود حوصله‌شان سر می‌رفت، انگار که در یک کولاک شدید بودیم. نیازی به گفتن نیست که این نقطه‌ای بسیار سخت در زندگی ما بود.
یک روز خبر امیدوارکننده‌ای شنیدیم. متوجه شدیم که یکی از دوستان‌مان در ایران با آیت‌الله محمود طالقانی تماس گرفته و از او پرسیده که آیا دولت جدید اجازه می‌دهد که خارجی‌ها کلیسا و کشیش داشته باشند؟ در آن زمان در ایران یک قدرت مرکزی وجود نداشت. دولت قبلی که شاه تعیین کرده بود و آیت‌الله خمینی که قدرت زیادی داشت، سر کار بودند. در اسلام شیعی هر آیت‌الله بر اساس شخصیت خود و تفاسیر الاهیاتی‌اش از قرآن، پیروانی داشت. آیت‌الله طالقانی یک رهبر روشن‌فکر بود و بدون معطلی اجازه داد تا کلیسای انگلیسی‌زبان تهران به جلسات

پرستش ادامه دهد و به دنبال کشیش جدید باشد. به نظر می‌رسید که خدا روند تاریخ را برای ما تغییر داده است؛ دفتر طالقانی تلکسی مبنی بر اینکه به من اجازه داده است تا به عنوان کشیش در کلیسای انگلیسی‌زبان تهران خدمت کنم، به سفارت ایران در واشنگتن فرستاد. آنها به ما اطلاع دادند در روز مشخصی باید شخصا برای دریافت ویزا به سفارت برویم.

هرگز روزی که به سفارت ایران در واشنگتن رفتیم را فراموش نمی‌کنم. یک روز گرم بهاری بود و ما به خاطر رانندگی طولانی از ونتنور در نیوجرسی گرم‌مان بود و خسته بودیم. اولین چیزی که به چشمم آمد صورت عبوس و سرد افراد در قسمت پذیرش بود. تجربه‌ام در ایران اینطور بود که مقامات دولتی همیشه با احترام و رفتاری دوستانه با من برخورد می‌کردند. دیگر از آن رفتار دوستانه خبری نبود. بعد متوجه شدم که همهٔ زن‌ها روسری پوشیده بودند. عصبی شده بودم. بالاخره ما را صدا زدند تا به اتاق دیگری برویم و کارمند آنجا پاسپورت‌های‌مان را خواست که با احترام به او دادم. فقط چند دقیقه طول کشید تا ویزای کار چهار سالهٔ چند بار ورود در پاسپورت ما بزنند. از او تشکر کردیم و بیرون رفتیم. انگار در ایران بودیم، اما مثل ایرانی نبود که در بچگی می‌شناختیم. و البته، نمی‌دانستیم مقدمه‌ای است از آنچه که در تهران با آن رو به رو خواهیم شد.

در ژوئیه ۱۹۷۹، با پرواز ۷۴۷ خطوط هوایی بریتانیا از نیویورک به لندن رفتیم. مدتی قبل همراه خواهرم پگی و همسرش اندرو و بچه‌های‌شان سفری لذت‌بخش به لندن داشتیم. بعد، سوار هواپیما به مقصد تهران شدیم. در آن زمان، بیشتر شرکت‌های هواپیمایی بزرگ هنوز به تهران پرواز می‌کردند. پرواز ما اول به کویت رفت و در زمان توقف در هواپیما ماندیم؛ و بعد به تهران رفتیم. وقتی هواپیما در فرودگاه مهرآباد فرود آمد، ما اصلا برای چیزی که قرار بود با آن مواجه شویم آماده نبودیم. وقتی از هواپیما پیاده شدیم باید از بین صفی عبور می‌کردیم که مردان جوانی با لباس فرم سبز آن را احاطه کرده بودند. حدسم این بود که بیشتر آنها ۱۸-۱۹ ساله بودند. اما چیزی که سریع توجهم را جلب کرد این بود که همهٔ آنها مسلح بودند و با دشمنی به ما نگاه می‌کردند. ما سرمان را پایین انداخته بودیم و به سمت ترمینال رفتیم. وقتی منتظر چمدان‌های‌مان

بودیـم متوجـه شـدم کـه سـالن فـرودگاه پـر از مردانـی بـود کـه جلیقه‌هـای زرد پوشـیده بودنـد، و خیلـی زود متوجـه شـدم بـه مسـافران بـرای حمـل چمدان کمـک می‌کننـد. وقتـی یکـی از آنهـا از کنـارم رد می‌شـد، متوجـه شـدم کـه آذری صحبـت می‌کنـد، و بـه آذری بـه او سـلام کـردم. او بـا لبخنـدی برگشـت و گفـت: «بـه خانـه خـوش آمـدی.» از دیـدن چهـرهٔ خنـدان او و اسـتقبال از آمـدن بـه ایـران احسـاس خیلـی خوبـی داشـتم. امـا کاری انجـام داد کـه اصلا انتظـارش را نداشـتم. او بـا صـدای بلنـد بـه همـکار دیگـرش گفـت: «برادرمـان بـه وطـن آمـده.» بـا ایـن کار حـدود دوازده نفـر دور مـا جمـع شـدند و بـا شـور و شـوق بـه مـا خوشـامد گفتنـد. چـه احسـاس فوق‌العـاده‌ای بـود و ایرانـی کـه سـال‌ها پیـش تـرک کـرده بودیـم را بـه یـادم آورد.

اما قرار نبود تمام برخوردهایی که داشتیم خوشایند باشند.

چمدان‌های‌مـان را برداشـتیم و از گمـرک رد شـدیم. وقتـی رسـما وارد ایـران شـدیم، یـک هیئـت از طـرف کلیسـای انگلیسـی‌زبان تهـران بـه اسـتقبال مـا آمدنـد، کـه کشـیش بـاب پرایـر هـم همـراه آنهـا بـود. دیـدن چهره‌هـای آشـنا دلگرم‌کننـده بـود. زمانـی کـه مـن و بـرادرم لنـی در زمـان دانشـگاه بـه دیـدن خانـواده بـه تبریـز رفتـه بودیـم، کشـیش پرایـر، شـبان مـن بـود. مـا را بـرای صبحانـه و آشـنایی مجـدد بـه هتـل شـرایتون بردنـد. خیلـی وقـت بـود کـه نان بربـری تـازه بـا مخلفـات دیگـر و البتـه چـای ایرانـی خوشـمزه نخـورده بودیـم. کشـیش بـاب پرایـر ترتیبـی داده بـود تـا مـا در خانهٔ یـک خانـوادهٔ ارمنـی بمانیم. آقـا، مدیـر پن‌آمریکـن و خانـم، منشـی کلیسـای انگلیسـی‌زبان تهـران بـود، و آنهـا دوسـتان خـوب کشـیش پرایـر بودنـد. آنهـا خانـهٔ باصفایـی در شـمیران داشـتند. کشـیش پرایـر حکیمانـه بـه مـا اجـازه داد تـا زندگـی جدیدمـان را در خانـه‌ای کـه آمریکایی‌هـا را دوسـت داشـتند شـروع کنیـم تـا بـه مـا کمـک کنـد بـا زندگـی در ایـران بعـد از انقـلاب وفـق پیـدا کنیـم. ایـن موهبـت بزرگـی بـود کـه می‌توانسـتیم بـه تدریـج وارد فرهنـگ ایرانـی شـویم و مجبـور نبودیـم شـوک فرهنگـی شـدید را تحمـل کنیـم. هـوا خیلـی گـرم بـود و مـا در طـول روز در خانـه زیـر بـاد کولـر می‌ماندیـم. بعـدا بـه خانـهٔ بـاب پرایـر در شـمال

تهران رفتیم و تا زمانی که بتوانیم جایی را برای اجاره پیدا کنیم آنجا ماندیم. کمی بعد از اینکه به ایران رسیدیم، من، پتی و پسرمان تیم و دخترمان امیلی به جلسهٔ مجمع کلیسای انجیلی دعوت شدیم تا به طور رسمی به ما خوشامد بگویند. سال‌ها بود که فارسی حرف نزده بودیم، فارسی‌مان همان فارسی دوران جوانی بود و پر از کلمات عامیانه. و با فارسی دست و پا شکسته سعی کردیم آنچه در جریان است را دنبال کنیم. مدیر جلسه رو به ما کرد و پرسید که آیا درخواست دعا داریم؟ پتی گفت: «دعا کنید تا خدا ما را برای پیدا کردن یک خانهٔ اجاره‌ای خوب هدایت کند.» او هنوز درخواست دعایش را تمام نکرده بود که یکی از مشایخ که کنارش نشسته بود گفت که دعای‌تان پاسخ داده شده. اسم او یوعش بنیامین، و یکی از مشایخ کلیسای پرزبیتری آشوری زبان بود. قرار گذاشتیم که آپارتمان او را ببینیم و آنجا به نظرمان مناسب آمد، مخصوصا که آنها سه دختر داشتند که می‌توانستند پرستار بچه‌های ما باشند؛ دختر آنها به مدرسهٔ انگلیسی زبان ایران زمین می‌رفت و پسر ما تیم قرار بود در همان مدرسه کلاس اول را شروع کند، و اینطور می‌توانستیم نوبتی بچه‌ها را به مدرسه ببریم. در سالی که گذشت ما اوقات خوشی را با خانوادهٔ بنیامین داشتیم و به طور خاص مدیون آقای بنیامین بودیم، چون در خیلی از چالش‌های عملی زندگی در تهران بعد از انقلاب به ما کمک کرده بود.

خیلی زود متوجه شدیم که بیرون رفتن بعد از تاریکی هوا کار عاقلانه‌ای نیست. اغلب صدای تیراندازی می‌شنیدیم. از آنجایی که پلیس و ارتش منحل شده بود، هر محله برای حفظ امنیت خودش یک «کمیته» تشکیل داده بود. معمولا این کمیته‌ها در مسجد محل تشکیل می‌شدند. به همین دلیل ما افرادی که از محله‌مان محافظت می‌کردند را می‌شناختیم. بعدا متوجه شدم که ایست بازرسی وجود دارد، چون کمیته می‌خواست بداند چه کسانی به محله رفت و آمد می‌کنند. همینطور اغلب عصرها برق قطع می‌شد، و به همین خاطر ما شام‌های زیادی را در نور شمع می‌خوردیم. وقتی برق قطع می‌شد، کولر هم از کار می‌افتاد، و ما اغلب در تاریکی می‌نشستیم و گرمای تابستان را به طور کامل احساس می‌کردیم. یک شب از همهٔ ساکنین شهر خواسته شد که به

پشت‌بام بروند و یک‌صدا «الله اکبر» بگویند. عجب صدای ترسناکی بود. ما روی زمین دراز کشیدیم، و امیدوارم بودیم که از پنجرهٔ بلند دیده نشویم. شهری با میلیون‌ها نفر که همهٔ آنها به پشت‌بام رفته بودند و فریاد می‌زدند «الله اکبر»، با حس قوی‌ای از حضور شریر، تاریکی را تاریک‌تر می‌کرد. ما چطور می‌توانستیم دربارهٔ مسیح به افرادی که در ایران جدید زندگی می‌کردند بگوییم؟

آن روزها چالش‌های عملی دیگری هم مثل پیدا کردن بعضی از خوراکی‌ها، وجود داشت. گاهی تخم‌مرغ پیدا نمی‌شد، و گاهی هم گوشت. اما خدا از راه‌های جالبی برای ما فراهم می‌کرد. در انتهای کوچهٔ ما یک بقالی کوچک بود، و صاحبان آن اهل تبریز بودند و آذری صحبت می‌کردند. وقتی فهمیدند من آذری صحبت می‌کنم، مثل خانواده‌ام شدند و مراقبم بودند. وقتی بعضی از اجناس پیدا نمی‌شد، آنها همیشه کمی برای من نگه می‌داشتند. وقتی وارد مغازهٔ کوچک آنها می‌شدم، از من می‌پرسیدند آیا تخم‌مرغ لازم دارم و از پشت مغازه برایم می‌آوردند. آنها دوستان خوب من شدند و اغلب گفتگوهای فوق‌العاده‌ای داشتیم.

چالش دیگر رانندگی در تهران بود. کلیسای انگلیسی‌زبان تهران یک «پیکان» به من داده بود، که تقریبا همان هیلمن بریتانیایی بود که در ایران مونتاژ شده بود؛ و ماشین خوبی برای ما بود، اما یک ایراد داشت. از آنجایی که ماشین طراحی بریتانیا بود، در آب و هوای انگلیس خیلی خوب کار می‌کرد، اما در ایران خیلی زود گرم می‌شد. ظاهرا، فن رادیاتور آن به اندازهٔ کافی قدرت نداشت تا در آن گرمای زیاد تهران ماشین را خنک نگه دارد. به همین دلیل هر وقت در ترافیک سنگین تهران گیر می‌کردم، ماشین داغ می‌کرد و همین باعث می‌شد من هم احساس گرما کنم. پس مجبور بودم ماشین را خاموش کنم و امیدوار باشم که ترافیک برای مدتی راه نیفتد؛ معمولا نگرانی در این مورد وجود نداشت. ترافیک داخل شهر، جایی که ما زندگی می‌کردیم، غیر قابل تحمل

بود. وقتی می‌خواستیم به جایی برویم، اگر پیاده می‌رفتیم زودتر می‌رسیدیم. یادم می‌آید که یک روز به کلیسای پطرس می‌رفتم و مثل همیشه، در ترافیک بودم، دوستی را در پیاده‌رو دیدم، به او گفتم سوار شود تا او را برسانم، و فکر کردم حداقل می‌توانیم با هم صحبت کنیم. او با مهربانی لبخند زد، و پیشنهادم را رد کرد و گفت: «متاسفم، عجله دارم.» او مطمئن بود اگر پیاده برود زودتر به مقصد می‌رسد تا اینکه با من بیاید.

همچنین رانندگان در ایران ذهنیت جدیدی داشتند که رانندگی را سخت می‌کرد، و آنها می‌گفتند حالا که دوره‌ای جدید از انقلاب است، نیازی به قوانین رانندگی نداریم. اگر پشت چراغ قرمز می‌ایستادم، راننده‌های پشت سرم بوق می‌زدند و با فریاد می‌گفتند: «ما آزادیم، لازم نیست پشت چراغ قرمز بمانیم.» من نمی‌توانستم چراغ قرمز را رد کنم، و متوجه شدم که تعداد تصادف‌ها هر روز در چهارراه‌های اصلی شهر بیشتر می‌شود. و سال‌ها بعد این موضوع برای موعظه‌ای الهام‌بخش من شد، و در موعظه‌ام به این اشاره کردم که وقتی فکر می‌کنیم می‌توانیم با نافرمانی مستقیم از قوانین خدا که برای محافظت از ما و به عنوان یک برکت به ما داده شده‌اند، زندگی کنیم چه اتفاقی می‌افتد. لازم به گفتن نیست که من پشت چراغ قرمز می‌ماندم و سعی می‌کردم بوق‌هایی که رانندگان دیگر می‌زدند را نادیده بگیرم.

آن روزها هیچ پلیسی هم وجود نداشت. و جای تعجب ندارد که وقتی پلیس نیست افراد هم طور دیگری رانندگی می‌کنند. اما موضوعی که مرا بیشتر از هر چیزی نگران می‌کرد این بود که اگر من به عنوان یک آمریکایی تصادف می‌کردم چه اتفاقی می‌افتاد؟ دوستان ایرانی‌ام گفتند هیچ وقت از پشت به ماشین جلویی نزنم، چون در این مورد مقصر من بودم. به همین دلیل باید با تمرکز کامل حواسم به موتورها، کامیون‌های کوچک سه چرخ، عابرین پیاده و سیلی از ماشین‌ها می‌بود. یک روز که از میدان فروسی به سمت پایین رانندگی می‌کردم، ماشین جلویی ناگهان ایستاد، من هم ترمز کردم و ماشین عقبی به من زد. از ماشین بیرون پریدم تا ببینم خسارت چقدر است، و از ماشین عقبی یک آقای متشخص و خوش‌لباس پیاده شد. وقتی مرا دید با انگلیسی خیلی

خوب گفت: «فکر کنم بهتر است توجه مردم را جلب نکنیم. این کارت من است، لطفا میزان خسارت را به من بگویید.» سریع متوجه شدم که می‌خواهد مرا از واکنش مردم و مشکلی که به وجود می‌آمد محافظت کند. وقتی دیدم که خسارت کم است، از او تشکر کردم و به راهم ادامه دادم. خدا یک بار دیگر از من محافظت کرد.

یک سالی که در تهران زندگی کردیم، شاهد تظاهرات مداوم مردم بودیم. اصلا نمی‌توانستیم بفهمیم که مردم چه زمانی به خیابان‌ها می‌آیند؛ و می‌دانستم که به عنوان یک آمریکایی، آنها از من استقبال نخواهند کرد. به هر حال یکی از شعارهای آنها «مرگ بر آمریکا بود.» به همین دلیل حس ششمم را تقویت کردم، که به من هشدار خطر احتمالی را می‌داد. می‌توانستم تظاهرات را دور بزنم و از راه امن‌تری بروم. اما یک روز در یکی از آنها گیر افتادم و راه فرار آسان نبود. با بچه‌هایم در پیکان عزیزم بودیم و از خیابان فردوسی که یک طرفه بود به سمت شمال می‌رفتیم. دیدم که کمی جلوتر مردم بنرهای ضد آمریکایی در دست دارند و فریاد می‌زنند: «مرگ بر آمریکا.» از هر طرف بین ماشین‌های دیگر بودم، و سعی کردم به سمت راست بروم تا شاید بتوانم داخل کوچه‌ای بپیچم. اما چنین امکانی وجود نداشت. زود متوجه شدم که باید به دنبال ماشین‌های دیگر بروم و وارد تظاهرات شوم. هر دو بچه‌هایم برعکس ایرانی‌ها موی روشن داشتند به همین دلیل روی آنها که در صندلی عقب بودند پتو انداختم و گفتم تکان نخورند. مغزم پر از افکار بد بود. اگر این جمعیت بفهمد ما آمریکایی هستیم چه؟ آنها با ما چه خواهند کرد؟ چطور می‌توانستم با پتی تماس بگیریم و بگوییم چه اتفاقی برای‌مان افتاده؟ اما روح‌القدس که تسلی‌دهنده است، در قلبم گذاشت که برای خدا سرود پرستشی بخوانم. وقتی ماشینم به جمعیت رسید، و هزاران نفر بر آن مشت می‌زدند، من با صدای بلندتر می‌خواندم. من سرود را به آذری می‌خواندم تا شاید آنها فکر کنند که ایرانی هستم. ماشین به عقب و جلو می‌رفت، بچه‌ها بی‌حرکت

مانده بودند، و قبل از اینکه متوجه شوم از میان جمعیت رد شده بودیم. به سرعت سعی کردم میزان خسارت ماشین را ارزیابی کنم، اما خوشبختانه آسیبی به ماشین نرسیده بود. اما قلبم آنقدر تند می‌زد که احساس می‌کردم از سینه‌ام بیرون می‌زند. از خدا که یک بار دیگر من و بچه‌هایم را نجات داده بود تشکر کردم.

هرگز آن روز را فراموش نکردم و همیشه اشعیا ۴۳: ۲-۳ را به یاد می‌آورد: «چون از آب‌ها بگذری من با تو خواهم بود و چون از نهرها (عبور نمایی) تو را فرو نخواهند گرفت. و چون از میان آتش رَوی، سوخته نخواهی شد و شعله‌اش تو را نخواهد سوزانید. زیرا من یهوه خدای تو و قدوس اسرائیل، نجات‌دهندۀ تو هستم. مصر را فدیۀ تو ساختم و حبش و سبا را به عوض تو دادم.»

بعد از آن روز در سال‌های دور، همیشه محافظت خدا را تجربه کردم، اما آن روز یکی از پرماجراترین روزها بود، و ایمان مرا تقویت کرد تا نترسم بلکه با اطمینان از حضور و محافظت او به ترسم غلبه کنم.

فصل هشت
خدمت به کلیسا در بحران

شغل رسمی من که ویزایم بر اساس آن صادر شده بود، شبانی کلیسای انگلیسی‌زبان تهران بود. کشیش باب پرایر ده سال به عنوان خدمت‌گزار پرزبیتری در تبریز و رشت خدمت کرده بود. و بعد از او دعوت شده بود تا به عنوان کشیش ارشد به کلیسای انگلیسی‌زبان تهران بیاید. او یکی از معدود کارگران مسیحی غربی بود که انقلاب واقعی را پشت سر گذاشته بود. او تسلطی استثنایی به زبان فارسی داشت و تعهدش برای خدمت به جامعهٔ مسیحی برای همه آشکار بود. وقتی انقلاب شروع شد او خانواده‌اش را به آمریکا فرستاد و خودش در ایران ماند. یک بار از او پرسیدم چطور از خطرات و هرج و مرج خیابان‌ها در امان مانده است؛ او

با خونسردی اینطور جواب داد: «یاد گرفته بودم برای اینکه تیر نخورم در وان حمام بخوابم.»

تحت راهبری کشیش پرایر، کلیسای انگلیسی‌زبان تهران رشد کرده بود و اعضای آن به ۶۰۰ نفر رسیده بودند. کلیسا قبل از انقلاب پر رونق بود. بیشتر از ۵۵۰۰۰ آمریکایی در ایران زندگی می‌کردند و بسیاری از آنها در تهران بودند. یکی از شواهد که نشان دهندۀ تعداد زیاد آمریکایی‌ها بود این است که چهارده کلیسای مختلف انگلیسی زبان وجود داشت. از یک طرف اینکه کلیسای آمریکایی این طرز فکر که هر مسیحی‌ای فقط می‌تواند در کلیسای فرقه‌ای خودش پرستش کند را به ایران برد، ناامید کننده بود. کلیسای انگلیسی‌زبان تهران سال‌ها پیش توسط کشیش جان اِلدِر که یک مبشر پرزبیتری و مسیحی واقعی بود، و افراد دیگر زمانی شروع شد که آنها به این نتیجه رسیدند که مهاجرانی که در تهران زندگی می‌کنند به کلیسا نیاز دارند؛ از ابتدا این کلیسا همیشه پذیرای آنانی که مسیح را دوست داشتند بود.

خیلی زود مشخص شد که من خوانده شده‌ام تا به کلیسایی که در بحران است خدمت کنم. درحالیکه خیابان‌ها در آتش بودند و آشفتگی‌ها بیشتر می‌شد، اکثر آمریکایی کشور را ترک کردند. دولت آمریکا پروازهای اضافه را برای هزاران آمریکایی که دستور خروج داشتند فراهم کرد. برای بسیاری تصمیم به خروج از ایران به سرعت گرفته شد؛ و این یعنی بسیاری از ایمانداران آمریکایی نمی‌خواستند دارایی‌های خود □ به طور خاص کتاب‌های مسیحی‌شان را دور بریزند، به همین دلیل آنها را به ساختمان کلیسا در شمال تهران آوردند. هیچ وقت روزی که کشیش پرایر من و پتی و بچه‌ها را برد تا کلیسا را ببینم فراموش نمی‌کنم، ما وارد اتاق‌هایی شدیم که تا نیمه پر از کتاب بودند. و این یکی از راه‌هایی بود که مسیحیان آمریکایی کلیسای ایران را برکت دادند. من و پتی کتاب‌ها را مرتب کردیم و در دفتر کار جدید کلیسای انگلیسی‌زبان تهران که در زیر زمین آپارتمان ما بود با آنها یک کتابخانۀ الاهیاتی فوق‌العاده درست کردیم. بعد از اینکه ایران را ترک کردیم، دو خواهر مسیحی فوق‌العاده به آپارتمان ما نقل مکان کردند و برکت بزرگی از آن کتاب‌ها گرفتند و بسیاری از آنها را به

فارسی ترجمه کردند. سال‌ها بعد این کتاب‌ها به کتابخانهٔ تاریخی کلیسای پطرس مقدس اضافه شدند و بسیاری از ایمانداران ایرانی به آنها دسترسی پیدا کردند.

وقتی در کلیسا می‌گشتیم و وضعیت را بررسی می‌کردیم، کشیش پرایر برای‌مان تعریف کرد که وقتی نیروهای انقلابی به کلیسا حمله کردند چه اتفاقی افتاد. ظاهرا آنها فکر می‌کردند که آنجا «لانهٔ جاسوسی» است؛ و وقتی تجهیزات صدا را دیدند و تا زمانی که بازرسی‌شان تمام شد کشیش پرایر را در کلیسا گروگان گرفتند. حدود ساعت ۱ کشیش پرایر از تلفن دفترش استفاده کرد تا برای همه چلو کباب سفارش بدهد. او با آنها مثل مهمان رفتار کرد. با این کار رفتار آنها کاملا تغییر کرد. او به اندازهٔ کافی در ایران زندگی کرده بود تا این را بداند که ایرانی‌ها مهمان نواز هستند و با آنها با احترام بسیاری رفتار می‌کنند. و به جای بحث یا تهدید کردن از آنها پذیرایی کرد و آن اتفاق به شکل مسالمت‌آمیز تمام شد.

کشیش پرایر بعدا چیزی را که از تجربهٔ بیشتر از بیست سال زندگی در ایران در بارهٔ اینکه چطور با مقامات ایرانی ارتباط موفق داشته باشیم را یاد گرفته بود به من هم یاد داد:

مودب باش. صدایت را بالا نبر، و همیشه با احترام برخورد کن.
صبور باش. هیچ اضطراب یا خشم، یا نشانی از اینکه عجله داری نشان نده.
سمج باش. جواب «نه» را به عنوان جواب قطعی نپذیر، و با گفتن اینکه فکر می‌کنی آن کارمند تنها کسی است که می‌تواند مشکلت را حل کند، از او درخواست کن که کارت را انجام دهد.

از آنجایی که می‌توانستم قبل از اینکه کشیش پرایر به آمریکا برگردد و به خانواده‌اش ملحق شود زمانی را با او بگذرانم، دوباره متوجه شدم که

داشتن چند مربی بسیار خوب برای رشد من به عنوان مبشر انجیل در میان مردم ایران چقدر مهم بوده است.

یکی دیگر از نتایج رفتن سریع بسیاری از مسیحیان این بود که آنها پول قابل توجهی را در حساب‌های بانکی‌شان جا گذاشتند. وقتی کشیش پرایر مرا آماده می‌کرد تا کشیش جانشین شوم، مرا با خود به بانک برد و اسمم را به حساب بانکی کلیسااضافه کرد. دیدن اینکه بیشتر از ۵۰۰۰۰ دلار در آن حساب بود مرا شوکه کرد. (آن پول بعدا نقش مهمی ایفا کرد.)

در تابستان ۱۹۷۹، کلیسای انگلیسی‌زبان تهران هیچ جلسه‌ای نداشت؛ اما در پاییز بسیاری از معلم‌های آمریکایی برگشتند، و برای از سر گرفتن جلسات پرستشی برنامه‌ریزی کردیم. این بار، صبح‌های جمعه در کلیسای لوتری آلمانی در شمال تهران ملاقات می‌کردیم. لوتری‌ها روزهای یکشنبه جلسه داشتند اما چون جمعه‌ها تعطیل رسمی بود، ما جمعه‌ها جلسه داشتیم. برای رشد جمعیت کلیسا، با تهران تامیز که تنها روزنامهٔ انگلیسی زبان بود تماس گرفتم. آنها با قیمتی مناسب برای کلیسای انگلیسی‌زبان تهران تبلیغ انجام دادند. تبلیغ این بود: «جلسهٔ پرستشی پروتستان به زبان انگلیسی روزهای جمعه ساعت ۱۰ صبح. برای اطلاعات بیشتر با کلیسا تماس بگیرید.» تبلیغ را کمی مبهم گذاشتم، با این کار می‌توانستم هر تماس را بررسی کنم و بعد تصمیم بگیرم که آدرسم را به تماس گیرنده بدهم یا نه. زمانی که در ماه سپتامبر برای اولین جلسهٔ سال جمع شدیم، شش نفر در جلسهٔ پرستشی بودیم؛ پتی با دو بچهٔ خودمان به عنوان دانش‌آموز کلاس مطالعهٔ کتاب‌مقدس را شروع کرد. کلیسا از ۶۰۰ نفر به ۶ نفر رسیده بود. این موضوع کمی دل‌سرد کننده بود، اما ما ادامه دادیم. خیلی زود، چند معلم از مدرسهٔ شبانه روزی به تهران آمدند و به ما پیوستند. آنها به من کمک کردند تا برای کلیسا شورای راهبری تعیین کنم که کمک کننده بود. افراد دیگر هم به زودی به ما پیوستند. یک خانوادهٔ نیجریه‌ای، یک خانوادهٔ ژاپنی، چهار جوان از سفارت استرالیا، یک خانم فنلاندی، یک خانم ایرلندی و چند ایرانی که انگلیسی بلد بودند به کلیسا آمدند. دورهمی‌هایی که در آن هرکس غذای خودش را می‌آورد تجربهٔ خوبی بود. من سوشی‌ای که خانوادهٔ

ژاپنی آورده بودند، و خوراک ملخی که خانوادهٔ نیجریه‌ای آورده بودند، خوردم. نمی‌توانم بگویم آنها را دوست داشتم، اما به دلایلی، همه انتظار دارند که کشیش از همهٔ غذاها در مراسم کلیسا بچشد.

با گذشت هفته‌ها ما به هم نزدیک شدیم. همه یک ساعت بعد از جلسه در کلیسا می‌ماندند. همه می‌خواستیم از حال هم باخبر شویم و ببینیم دیگران از اتفاقاتی که در شهر می‌افتد چه خبری دارند. یکی از شرکت‌کنندگان جدید آقای بروس لانگِن کاردار سفارت آمریکا بود. او در جوانی اولین ماموریتش در مشهد بود و آنجا با خانوادهٔ پتی دوستان خوبی شده بودند. او خیلی زود دوست صمیمی ما شد. او همیشه با تعدادی محافظ وارد کلیسا می‌شد که وقتی موعظه می‌کردم پشت محراب می‌ایستادند. در ماه سپتامبر و چند هفته قبل از اینکه دانشجوها به سفارت آمریکا یورش ببرند و پنجاه و پنج آمریکایی را گروگان بگیرند، آقای لانگن من و پتی را برای دیدن فیلم به سفارت آمریکا دعوت کرد. ما با کمال میل قبول کردیم و شبی را همراه تعداد زیادی از کارمندان دولت آمریکا گذراندیم، بدون اینکه هیچ کدام‌مان بدانیم آنها دو ماه دیگر گروگان گرفته می‌شوند. آن شب اینطور به نظر می‌رسید که هیچ چیز در این دنیا برای کسی اهمیت ندارد. من متوجه شدم وقتی فیلم «همهٔ مردان رییس جمهور» را می‌دیدیم، همه مشروب سنگین نوشیده بودند. از تمام افرادی که آن شب آنجا بودند آقای لانگن تنها کسی بود که به کلیسای انگلیسی‌زبان تهران آمده بود. وقتی من و پتی از آنجا بیرون آمدیم، درهای آهنین سفارت آمریکا پشت سرمان بسته شد، و وقتی وارد خیابان‌های تهران شدیم هر دو ما احساس ناراحتی کردیم. هر دو هم‌فکر بودیم که رفتن به سفارت آمریکا برای ما امن نیست. ما احساسات ضد آمریکایی را در شهر احساس می‌کردیم و نمی‌خواستیم ارتباط‌مان با سفارت به شهادت ما لطمه بزند یا دلیلی باشد که دولت از ماندن ما در ایران جلوگیری کند.

خدمت ما به افراد عزیزی که به کلیسای انگلیسی‌زبان تهران می‌آمدند

عمدتا این بود که آنها را در ایمان‌شان دلگرم کنیم و جایی برای معاشرت و دوستی به آنها ارائه بدهیم. یک روز جمعه، در حالیکه پرستش را راهبری می کردم، در حیاط کلیسا باز شد و تعداد زیادی مرد وارد حیاط کلیسای آلمانی شدند. سریع رفتم که ببینیم چه اتفاقی افتاده و با مرد میانسالی مواجه شدم که کلاه به سر داشت و انگار یک ماه بود که ریشش را اصلاح نکرده است. با صدایی بلند و مقتدرانه خواست بداند که ما چه کاری انجام می‌دهیم. او لهجهٔ آذری داشت به همین دلیل من به آذری با جسارتی که فقط می‌توانست از طرف روح‌القدس باشد اینطور جواب دادم: «ما خدای زنده را پرستش می‌کنیم و شما با بهم زدن جلسهٔ ما بی احترامی بزرگی کردید.» در کمال تعجب او به سمت در حیاط رفت. او به خاطر کارشان معذرت خواهی کرد و با همان سرعتی که آنها وارد حیاط شدند از آنجا بیرون رفتند. از آن روز به بعد، ما هیچ مشکلی با همسایه‌ها به خاطر جلسات پرستشی‌مان نداشتیم. با فکر کردن به آن اتفاق چند چیز دربارهٔ خدمت در یک کشور مسلمان یاد گرفتم. اول، هرچقدر بیشتر از زبان و فرهنگ بدانید بهتر است. مطمئنم چون با آن مرد به زبان مادری‌اش حرف زدم، او عمیقا تحت تاثیر قرار گرفت. دوم، یاد گرفتم که درک این موضوع چقدر مهم است که ما در یک نبرد روحانی هستیم و قوی بودن در خداوند بهترین پاسخ ما به برخی از حملات است. احساس کردم که روح‌القدس به کمکم آمد و آنچه را که باید می‌گفتم به من داد. کاملا متوجه شدم که وقتی عیسی اینطور گفت منظورش چه بود: «اندیشه مکنید که چگونه و به چه نوع حجت آورید یا چه بگویید، یرا که در همان ساعت روح‌القدس شما را خواهد آموخت که چه باید گفت.» (لوقا ۱۲: ۱۲). ایمانم عمیق شد و تشویق شدم تا به هدایت روح‌القدس اعتماد کنم.

در روز یکشنبه ۴ نوامبر ۱۹۷۹، من، پتی و بچه‌ها برای جلسهٔ ساعت شش به کلیسای «قوام السلطنه» یا همان پطرس امروزی رفتیم. زود به کلیسا رسیدم و بچه‌ها در حیاط بازی می‌کردند و ما هم با برخی از مسیحیان که در کلیسا زندگی می‌کردند گپ زدیم تا زمان بگذرد. یکی از آنها اتفاقی از ما پرسید: «شنیده‌اید چه اتفاقی برای سفارت آمریکا افتاده است؟ دانشجویان طرفدار آیت‌الله

خمینی به آنجا حمله کرده‌اند.» در ابتدا این موضوع به نظرم یک نقض جدی پروتکل بین‌المللی نیامد، چون مطمئن بودم که پلیس می‌آید و دانشجویان سرکش را پراکنده می‌کند. بعد از پرستش، با اعضای کلیسا در حیاط جمع شدیم و چای و شیرینی خوردیم. وقتی سوار ماشین شدیم که به خانه برویم، از آنجایی که سفارت بین کلیسا و خانه‌مان بود، پیشنهاد دادم که سر و گوشی آب بدهیم تا ببینیم چه خبر است. خیلی سریع دیدیم که خیابان روبروی سفارت را بسته‌اند و ما نمی‌توانستیم به اندازهٔ کافی جلو برویم و چیزی ببینیم. آن روز عصر رادیوی بی بی سی گوش می‌کردیم و متوجه شدیم که سفارت آمریکا اشغال شده است و دیپلمات‌های آمریکایی به گروگان گرفته شده‌اند. شوکه شده بودیم. این برای ما و آمریکایی‌های دیگری که در کلیسای‌مان بودند چه مفهومی می‌توانست داشته باشد؟ آیا ما را هم گروگان می‌گرفتند؟ برای چند روز جایی نرفتیم و هر روز به رادیو بی بی سی که به نظر می‌رسید بهترین منبع اخبار دربارهٔ وضعیت تهران است، گوش می‌کریم. سخنرانی خمینی خطاب به ملت که در آن می‌گفت «دست آمریکا را قطع خواهیم کرد» در سراسر ایران پخش می‌شد. می‌دانستیم منظور او این است که به حمایت آمریکا از شاه، و تاثیری که آمریکا بر ایران داشت پایان خواهد داد. او همچنین اضافه کرد که با ملت آمریکا مشکلی ندارد، و فقط با دولت شریر آن مشکل دارد، و این برای ما آرامش خاطر بود. او همچنین اینطور گفت: «یک مو از سر آمریکایی‌هایی که در کشور ما هستند نباید کم شود!» این هم باعث آرامش خاطر ما بود. ما کم کم به فعالیت‌های روزانه‌مان ادامه دادیم و نمی‌دانستیم که گروگان‌ها چه زمانی آزاد می‌شوند.

درحالیکه به روز شکرگزاری نزدیک می‌شدیم، برنامه ریزی کردم که برای تقریبا دوازده آمریکایی که به کلیسای انگلیسی‌زبان تهران می‌آمدند جلسهٔ پرستشی برگزار کنم. یک روز قبل از روز شکرگزاری از طرف شبکهٔ خبری سی بی اس با خانهٔ ما تماس گرفتند و می‌خواستند بدانند که

اگر در روز شکرگزاری جلسهٔ پرستشی داریم بیایند و از آن فیلم بگیرند و پخش کنند. وقتی به این پیشنهاد فکر کردم به درست بودن آن شک کردم چون آمدن آنها با ماشین‌های تلویزیون جلوی در کلیسای آلمانی باعث ازدحام جمعیت و شلوغی می‌شد. اما آنها به من اطمینان دادند که فقط دو نفر از آنها با تاکسی می‌آیند. من تسلیم شدم، روز بعد برای مراسم شکرگزاری دور هم جمع شدیم و دوربین‌های سی بی اس فیلم گرفتند. بعد از جلسه، آنها مصاحبهٔ کوتاهی با من، پتی و پسرمان تیمی داشتند. امیلی خجالت کشید و جلوی دوربین نیامد. در آن مصاحبه ما از مهربانی مردم ایران خیلی تعریف کردیم و گفتیم که نمی‌ترسیم. آنها از تیمی پرسیدند «آیا می‌خواهد چیزی بگوید؟» او هم گفت: «سلام مادربزرگ.» اما وقتی بعدا مصاحبه را دیدیم صدای او گنگ بود و مشخص نبود که «مادربزرگ» می‌گوید یا «پدربزرگ.» این تبدیل به موضوع پیچیده‌ای شد چون هر دو پدربزرگ فکر می‌کردند که سلام تیمی برای آنها بوده و هر دو مادربزرگ فکر می‌کردند به آنها گفته است. و هر جا که می‌رفتند به هرکسی که می‌شناختند می‌گفتند.

ما این را نمی‌دانستیم اما دولت ایران جلوی همهٔ تماس‌های بین‌المللی به آمریکا را گرفته بود. به همین دلیل وقتی خبر گروگان‌گیری به آمریکا رسیده بود، خانواده‌های‌مان درآنجا سعی کرده بودند با ما تماس بگیرند اما فایده‌ای نداشت و آنها نگران شده بودند. با گذشت زمان آنها بیشتر نگران می‌شدند، اما ما می‌دانستیم که در امنیت هستیم و به اندازهٔ آنها اضطراب نداشتیم. وقتی بسیاری از فامیل و دوستان ما صبح روز شکرگزاری تلویزیون‌های‌شان را روشن کردند و مصاحبهٔ ما را از تهران دیدند خیال‌شان راحت شد. در هفته‌های بعد از آن ما تعداد زیادی نامه از طرف دوستان‌مان از سراسر آمریکا دریافت کردیم که نوشته بودند آن روز یکی از بهترین روزهای شکرگزاری برای‌شان بوده چون خبر سلامتی ما را شنیده بودند. ما خیلی خوشحال بودیم چون می‌دانستیم خدا یک بار دیگر مراقب ما بوده و زندگی ما به طور کامل تحت کنترل اوست. کلام خدا یک بار دیگر هنگام خواندن به ما آرامش داد: «خداوند خود پیش روی تو می‌رود. او با تو خواهد بود و تو را وا نخواهد گذاشت و ترک نخواهد نمود. پس

ترسان و هراسان مباش.» (تثنیه ۳۱: ۸)
خیلی زود بعد از روز شکرگزاری، سازمان خدمتی ما گفت بهتر است که خانواده‌ام به خاطر حفظ امنیت از ایران بروند. و من پتی و بچه‌ها را به لندن به خانهٔ خواهرم فرستادم که برای مدتی آنجا بمانند تا ببینیم بعدا چه پیش خواهد آمد. یادم می‌آید که آنها را به فرودگاه بردم و بچه‌ها به پاهایم چسبیده بودند و نمی‌خواستند من بروم، اما سعی کردم که قوی باشم. و وقتی پتی و بچه‌ها را بوسیدم قلبم شکسته بود. مسیر برگشت به خانه‌مان یکی از تنهاترین لحظات زندگی‌ام بود، اما وقتی در خانه را باز کردم و وارد یک آپارتمان ساکت شدم بدتر هم شد. روزها می‌گذشتند و تنهایی من به تدریج بدتر شد. یک روز اخبار اعلام کرد که آیت‌الله طالقانی فوت کرده و چند روز عزای عمومی اعلام شده بود؛ و همهٔ مغازه‌ها باید بسته می‌شدند. تصمیم گرفتم که چند روز بیرون نروم. تمام چیزهایی که داشتم یک رادیوی موج کوتاه بود که با آن اخبار را گوش می‌کردم، و یک تلویزیون که یک کانال داشت و تمام روز قرآن پخش می‌کرد و یک تلفن. تنها اتفاق برجستهٔ هر روز تماس پتی از لندن بود. یک شب که برق قطع شده بود و من در تاریکی نشسته بودم، پتی تماس گرفت. از صدایش متوجه شدم که شرایط در لندن برایش خوب نبود. ظاهرا هر دو بچه‌های خواهرم پگی و بچه‌های ما سرمای سختی خورده بودند، و علاوه بر این خانهٔ آنها یک دستشویی و حمام داشت. شرایط آنها سخت بود و احساس کردم باید کاری بکنم. به او اطمینان دادم تمام سعی خودم را می‌کنم که هر چه زودتر به آنجا بروم. وقتی تلفن را قطع کردم، احساس افسردگی کردم. کاملا در کمک به پتی ناتوان بودم، داشتم از تنهایی می‌مردم، و از همه بدتر نمی‌شد خدا را هیچ جا پیدا کرد. همینطور که در تاریکی نشستم، احساس کردم بیشتر در تاریکی فرو می‌روم. تقریبا مثل کسی که در حال غرق شدن است و قبل از اینکه دیر شود برای نفس کشیدن به روی آب می‌آید، فریاد زدم: «عیسی! کمکم کن!» در همان لحظه یک آیه به ذهنم آمد:

«هیچ تجربه جز آنکه مناسب بشر باشد، شما را فرو نگرفت. اما خدا امین است که نمی‌گذارد شما فوق طاقت خود آزموده شوید، بلکه با تجربه مفری نیز می‌سازد تا یارای تحمل آن را داشته باشید.» (اول قرنتیان ۱۰: ۱۳)

وقتی کتاب‌مقدسم را باز کردم و این آیات را دوباره خواندم، برایم جرقه‌ای از امید بود. بعد از مدت‌ها برای اولین بار توانستم شب خوب بخوابم. احساس کردم خدا مرا از وظایفم در کلیسا رها کرد و خیلی سریع از هیئت مدیرهٔ کلیسا اجازه گرفتم تا به پتی و بچه‌ها در لندن بپیوندم. متوجه شدم چقدر آسان تحت تاثیر شرایطم قرار گرفتم و چقدر در تکیه کردن به خداوندم عیسی غفلت کرده بودم. خدا از طریق این تجربه حقیقتی را در قلب من به جوش آورد که باعث شد بتوانم با همین حقیقت در طول سال‌ها شبان افراد دیگر باشم. جلال بر خدا، که در مسیح به ما پیروزی می‌بخشد و حکمت عطا می‌کند تا بدانیم چطور بر او تکیه کنیم.

در اوایل دسامبر با هواپیمایی ایران ایر به لندن رسیدم. من مسافری خوشحال بودم چون می‌خواستم خانواده‌ام را ببینم. در هواپیما چلو کباب خوردم و با چند مسافر دیگر ایرانی گپ زدم. به محض اینکه از مرز هوایی ایران رد شدیم، خانم‌ها به دستشویی رفتند تا لباس‌های اسلامی‌شان را عوض کنند، و بهترین لباس‌های مد اروپا را بپوشند. وقتی در صف کنترل پاسپورت نوبت به من رسید، مامور آنجا وقتی که دید من یک آمریکایی هستم با تعجب نگاهی به من انداخت و چون در آن قسمت برای اینکه پرواز ایران را بپذیرند هیچ پرواز دیگری را نپذیرفته بودند، برای انتظار طولانی معذرت خواهی کرد. به او گفتم: «مشکلی نیست و من در کنار مردم ایران می‌مانم.»

دیدن دوبارهٔ پتی و بچه‌ها بسیار لذت‌بخش بود. از اینکه پگی و اندور تا وقتی که به آنجا بروم میزبان‌های خوبی برای خانواده‌ام بودند، شکرگزار بودم. به کریسمس نزدیک بودیم و بحران گروگان‌گیری همچنان ادامه داشت. برای رفتن به نیویورک باید در لیست انتظار پرواز پن‌آمریکن می‌ماندیم. خداوند راه را باز کرد و ما به دنور در کلورادو رسیدیم، و خانوادهٔ پتی با هیجان از ما استقبال کردند. اولین چیزی که بعد از زندگی در ایران تجربه کردم احساس رهایی از اضطرابی

بود که در سال اول انقلاب به خاطر آمریکایی بودن و زندگی در ایران تجربه کرده بودم.
وقتی در آمریکا بودیم، مشخص شد که امیلی، تیم و پتی به چند عمل جراحی مختلف نیاز دارند. دختر ما امیلی از سال‌ها قبل اینکه به تهران برویم از عفونت مکرر مثانه رنج می‌برد. وقتی به آمریکا برگشتیم او را به یک اورولوژیست مشهور بردیم و خیلی زود مشکل تشخیص داده شد. هر وقت که مثانهٔ او منقبض می‌شد، به دلیل نقص مادرزادی که باعث می‌شد حالب‌های ضعیفی داشته باشد، ادرار به کلیه‌هایش برمی‌گشت. دکتر گفت که با عمل دریچه را درست خواهد کرد. او گفت که این یک عمل مهم و احتمالا خیلی دردناک خواهد بود. «این عمل اشک فیل را هم در می‌آورد.» و امیلی فقط چهار سال داشت. خداوند آن روز در مقابل ترس زیاد پتی آیه‌ای به او داد: «او مثل شبان گلهٔ خود را خواهد چرانید و به بازوی خود بره‌ها را جمع کرده، به آغوش خویش خواهد گرفت و شیردهندگان را به ملایمت رهبری خواهد کرد.» (اشعیا ۴۰: ۱۱). پتی درحالیکه اشک می‌ریخت با عمل جراحی موافقت کرد. امیلی نه روز در بیمارستان بستری بود، که گاهی بسیار سخت بود، اما او یک بیمار شجاع کوچک بود. و از آن موقع او هیچ عارضه‌ای بعد از عمل نداشت. بعدا متوجه شدیم که آن دکتر فوق‌العاده کمی بعد از عمل بازنشسته شده، و اگر ما دیرتر به آمریکا آمده بودیم، نمی‌توانستیم از سال‌ها تجربهٔ او بهره ببریم. و یک بار دیگر شاهد لطف خدا به خانواده‌ام بودیم. تیم و پتی هم تحت عمل جراحی مجاری ادراری قرار گرفتند. کریسمس آن سال را هرگز فراموش نمی‌کنیم.
با اینکه بحران گروگان‌گیری هنوز حل نشده بود، اما وقت برگشتن به ایران بود. با این حال دوستان مبشرمان در ایران به ما خبر دادند که زندگی به حالت عادی برگشته، و رفتن مشکلی ندارد. در ۵ فوریه ۱۹۸۰، به ایران برگشتیم. روزی که رسیدیم در تهران برف کمی باریده بود، و شهر را تمیز و روشن کرده بود. خیلی زود به برنامه هفتگی‌مان که

راهبری پرستش جمعه‌ها صبح در کلیسای آلمانی بود، برگشتیم.
من همیشه بهار تهران را دوست داشتم، چون همهٔ ایران آمادهٔ جشن نوروز می‌شدند. به نظر می‌رسید که همه از یک خواب زمستانی طولانی بیدار شده بودند، و وقتی که مردم در حال آماده‌سازی برای سال نو بودند، خیابان‌ها در حال انفجار بود. هر خانه‌ای سفرهٔ هفت سین می‌انداخت.
من گاهی برای پایهٔ موعظات مربوط به سال نو از نمادهای هفت‌سین استفاده می‌کردم. این نمادها به نوعی نشان دهندهٔ اشتیاق عمیق ایرانیان است که در نهایت فقط خدا می‌تواند آن را از طریق مسیح برآورده کند.
در زمان نوروز فروشگاه‌ها پر بودند از شیرینی، آجیل و ماهی قرمز (که به بخشی از سفرهٔ هفت‌سین تبدیل شده بود). در این فصل بسیاری از افراد خانه تکانی می‌کنند، دیوار خانه‌های‌شان را رنگ می‌زنند، و فرش‌های ایرانی‌شان را تمیز می‌کنند. و خرید لباس نو جز رسومات است. در دو هفتهٔ نوروز انگار زندگی از حرکت می‌ایستد. مردم مرخصی می‌گیرند و هر روز به دید و بازدید می‌روند. و این یک فاصله گیری طولانی از مشکلات زندگی است. در روز سیزده به در همه به پیک نیک می‌روند. بعضی‌ها می‌گویند خانه ماندن در روز سیزدهم سال نو بد شگون است. هر دلیلی که پشت این رسم باشد، ایرانیان تقریبا در همه جای دنیا آن را برگزار می‌کنند.
من، پتی، تیم و امیلی که نمی‌خواستیم تنها بمانیم، در بهار ۱۹۸۰ دعوت شدیم تا همراه ریچار و دورین کورلی و چند دوست ایرانی دیگر به اطراف شهر برویم تا جای خوبی برای پیک نیک پیدا کنیم. در اطراف تهران به یک باغ زیبا رسیدم که اطرافش دیوار کوتاهی داشت. قبل از اینکه بتوانم اعتراض کنم، ریچارد کورلی از روی دیوار پرید و به ما هم گفت همین کار را انجام بدهیم. چند گروه دیگر هم برای سیزده به در، در باغ بودند، اما با توجه به حال و هوای آن روز از اینکه بدون دعوت از دیوار باغ‌شان بالا رفتیم ناراحت نشدند. همه داشتند از آن روز لذت می‌بردند.
در یک سالی که در تهران زندگی کردیم، خانوادهٔ کورلی نقش مهمی در زندگی ما ایفا کردند. آنها اعضای فعال کلیسای انگلیسی‌زبان تهران بودند، به همین دلیل

تقریبا هر هفته آنها را می‌دیدیم. اما بزرگترین کمک‌شان به ما این بود که روزهای چهارشنبه ما را برای جلسهٔ دعا و مشارکت به خانه‌شان دعوت می‌کردند. من و پتی اغلب با نگرانی و ترس از آینده‌مان در ایران به خانهٔ آنها می‌رسیدیم. از طرفی دیگر آنها همیشه با اطمینان و آرامش از ما استقبال می‌کردند. خانهٔ آنها به ملجایی برای ما تبدیل شد، چون به ما کمک کردند تا دوباره بر حاکمیت خدا و اطمینان از وعدهٔ او مبنی بر اینکه هرگز ما را ترک یا رها نخواهد کرد، تمرکز کنیم.

وقتی عید قیام فرا رسید، وزارت امور خارجه شروع به تماس‌های مکرر به ما کرد. اول آنها از ما خواستند تا هر چه زودتر ایران را ترک کنیم. اما وقتی متوجه شدند که قصد داریم تا زمانی که خدا به ما نشان دهد که چه زمانی وقت رفتن است، بمانیم، درک بیشتری نشان دادند. و بعد خواستند بدانند که آیا می‌خواهم با دانشجویان گروگانگیر سفارت صحبت کنم. ارتباط برقرار کردن با دانشجویانی که آمریکایی‌ها را گروگان گرفته بودند، چیزی نبود که من از آن استقبال کنم. اما چون آنها اصرار کردند، با اکراه به این شرط موافقت کردم که اگر دولت ایران از این کار حمایت می‌کند آن را انجام می‌دهم. می‌دانستم که برقراری تماس با کسی که مراقب گروگان‌ها بود و می‌توانست از حال آنها خبری بدهد، برای وزارت امور خارجه خیلی سخت بود. در نهایت دولت ایران از این پیشنهاد استقبال نکرد. (بالاخره، یک کشیش ایرانی اجازه پیدا کرد تا گروگان‌ها را ببیند، اما نمی‌دانم که آیا توانست گزارشی به وزارت امور خارجه بدهد یا نه.)

تشویش وجود داشت و جو متشنج بود. و همهٔ ما نفس‌های‌مان را در سینه حبس کرده بودیم تا ببینیم وضعیت سیاسی‌ای که در جریان بود چه تاثیری بر زندگی و خدمت‌مان خواهد گذاشت.

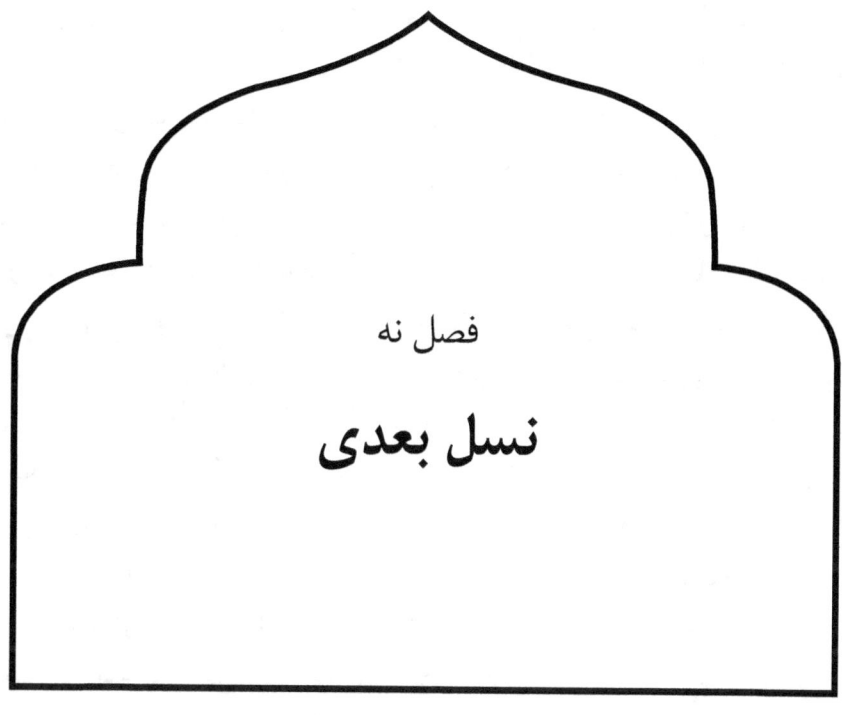

فصل نه

نسل بعدی

انقلاب‌ها مثل زمین‌لرزه هستند. لرزه‌هایی وجود دارد که منظره را خراب می‌کنند و بعد از آنها نوبت به پس‌لرزه‌ها می‌رسد. انقلاب در ایران ناشی از همکاری بسیاری از گروه‌ها برای سرنگونی دشمن مشترک بود: یعنی شاه. با اینکه معتقدم شاه حکومت خود را با این هدف عالی آغاز کرد که ایران را به عصر مدرن برساند، اما با گذشت زمان خیلی چیزها درست پیش نرفت. او شروع به ترس از تمام مخالفان کرد، و به همین دلیل سرویس اطلاعات مخفی‌اش یعنی «ساواک» را تشکیل داد، که بزرگ و قدرتمند شد و همهٔ دشمنان او را از بین می‌برد. پادشاهان در طول تاریخ به دلایلی به مخالفان خود اجازهٔ حرف زدن می‌دادند و آنها

را تحمل می‌کردند و همین باعث تضعیف قدرتشان بود. اما محمدرضا شاه پهلوی هیچ صدای مخالفی را تحمل نکرد. با افزایش تقاضا برای نفت در غرب و ادامهٔ افزایش قیمت، قدرت شاه و همزمان با آن فساد در دولتش بیشتر شد. در سال ۱۹۶۳ آخوندی به نام روح‌الله خمینی که خیلی شناخته شده نبود تظاهراتی علیه دولت ترتیب داد. آن موقع من و پتی در دبیرستان شبانه‌روزی بر حسب اتفاق دربارهٔ انقلاب فرانسه می‌خواندیم. شنیدن صدای تیراندازی در خیابان‌ها و مشاهدهٔ خرابی‌هایی که اوباش خیابانی در تهران به وجود می‌آوردند، هیجان‌برانگیز و در عین حال وحشتناک بود. این اتفاق پس از تبعید خمینی به عراق توسط شاه افتاد، و در آنجا نفرت او از شاه هر روز بیشتر می‌شد. بعدا، صدام حسین او را به فرانسه تبعید کرد. اغلب به این فکر می‌کنم که چقدر از انگیزه‌های خمینی برای نابودی شاه بیشتر مربوط به یک انتقام شخصی بوده است تا یک اختلاف فلسفی. آیا این موضوع بیشتر برای انتقام و قدرت بود تا داشتن امیدهای معنوی برای ایران؟

هرچند که به نظر می‌رسید خمینی چهرهٔ این شورش علیه شاه بود، اما در واقع اعتراضات متشکل از ائتلاف گروه‌های مخالف بود. آنها جبهه‌ای متحد علیه شاه و دولتش بر این اساس تشکیل داده بودند که همهٔ گروه‌ها جایی در سیاست خواهند داشت. وقتی خمینی به تهران رسید، همه دور او جمع شده بودند، و تا چند ماه آزادی بی‌سابقه‌ای وجود داشت. گروه‌های زیادی مقابل دانشگاه تهران جمع می‌شدند و برای خودشان تبلیغ می‌کردند تا شاید حمایتی به دست بیاورند. در کنار این گروه‌ها، مسیحیانی بودند که ادبیات مسیحی پخش می‌کردند. یک احساس رضایتمندی در همه جا وجود داشت. اما در پاییز ۱۹۷۹، خمینی مقاصد واقعی خود را نشان داد. او جلادان خود را به دانشگاه تهران فرستاد تا صدای هر گروه‌های مخالف را خفه کنند. مخالفین او بد ضربه‌ای خورده بودند. خانهٔ ما نزدیک بیمارستان هزار تخت‌خوابی، بزرگترین بیمارستان تهران، بود. در جریان سرکوب‌ها که توسط یاران خمینی انجام می‌شد، شبانه‌روز صدای آژیر آمبولانس که دانشجویان مجروح و در حال مرگ را به بیمارستان می‌آورد به گوش می‌رسید. بعدا فهمیدم که صدها خانواده به بیمارستان هجوم

بردند تا بدانند اعضای خانواده‌شان که مجروح شده بودند کجا هستند. ماه‌ها بعد از اینکه تمام مخالفین سرکوب شدند، از مردم ایران خواسته شد تا به تاسیس جمهوری اسلامی ایران که خمینی خودش را ولی وفقیه آن اعلام کرده بود رای بدهند، که بر اساس آن او اقتدار نهایی در حکومت ایران بود و در نتیجه، حکومت دینی امروزی را پایه‌گذاری کرد و صدای او صدای خود خدا شد.

این حوادث پر تلاطم چه تاثیری بر کلیسای ملی ایران گذاشت؟ مطمئنم افراد بسیاری که از من حکیم‌تر هستند می‌توانند پاسخ بهتری به این سوال بدهند، اما چون در آن زمان در ایران زندگی می‌کردم اطمینان دارم که برخی از مشاهدات من برای بحث در مورد این موضوع که به احتمال زیاد سال‌ها ادامه خواهد یافت، مفید خواهد بود. همانطور که قبلا نوشتم، من و پتی در سال ۱۹۷۹، درست پنج ماه بعد از بازگشت چشمگیر خمینی به ایران، به آنجا رفتیم تا من مسئولیت شبانی کلیسای انگلیسی‌زبان تهران را به عهده بگیرم. اولین چیزی که برای ما روشن شد این بود که چون سپاه پاسداران شاه را دست‌نشاندهٔ آمریکا می‌دانست، ارتباط با آمریکا تابو بود. پرچم آمریکا را لگدمال می‌کردند، در هر موقعیتی که پیش می‌آمد آن را آتش می‌زدند، و ماکت رئیس جمهور وقت، کارتر، را می‌سوزاندند. اینها چه تاثیری بر کلیسای ایرانی داشت؟ این موضوع برای کلیسای انجیلی (پرزبیتری) مشکل‌ساز شد، چون آنها از آمریکا کمک مالی دریافت می‌کردند، و حالا با یک خدمت‌گزار جدید آمریکایی هم سر و کار داشتند.

کاملا روشن شده بود که من در ایران بودم تا شبان کلیسای آمریکایی باشم؛ کلیسایی که با تخلیهٔ ناگهانی بیش از ۵۰ هزار آمریکایی نابود شده بود. کلیسای ایرانی اکنون می‌توانست نفسی عمیق از سر آسودگی بکشد و امیدوار باشد که آمدن من به فهرست رو به رشدی از چالش‌هایی که با آنها روبرو بود و با رژیم جدید اسلامی در آینده روبرو می‌شد، اضافه نخواهد کرد. با همین افکار در ذهن، از من پرسیدند که آیا می‌خواهم

به عنوان مشاور جوانان در چهار جماعت خواهر تهران خدمت کنم، که با اشتیاق پذیرفتم. به هر حال، من برای خدمت به مسیحیان غربی به ایران برنگشته بودم، بلکه برای خدمت به کلیسای ایرانی که احساس می‌کردم از کودکی عضو آن بودم. کلیسای انجیلی ایران از کلیسای پرزبیتری آمریکا الگو گرفته و از سه پرزبیتری زیر نظر یک شورا تشکیل شده بود. اما آنچه منحصر به ایران است این بود که سه پرزبیتری بر اساس زبان کلیساهای هر یک، سازماندهی شده بودند. دو کلیسای فارسی‌زبان، یک کلیسای ارمنی‌زبان، و یک کلیسای آشوری‌زبان. هر کدام از اینها به زبان مادری خود عبادت می‌کردند اما فارسی، زبان ملی بود که همه می‌بایست بدانند. وقتی از کلیسای ارامنه بازدید کردم، به زبان فارسی تعلیم می‌دادم، چون زبان مشترک همه بود.

از خیلی جهات، زندگی در سطح کف خیابان‌های تهران تغییر نکرده بود. ویترین مغازه‌های اطراف کلیسای پطرس مملو از خریداران بود، خیابان‌ها پر از ماشین بود، و اعضای کلیسا از هر پس‌زمینه‌ای در مراسم پرستشی شرکت می‌کردند. من هفته‌ای یک بار به دفتر سازمان در قوام‌السلطنه سر می‌زدم تا نامه‌ها را از صندوق پستی‌مان بردارم و اغلب به دفاتر انجمن کتاب‌مقدس ایران و شورای کلیساهای انجیلی هم سر می‌زدم. آنها اغلب من را برای چای و گپ دعوت می‌کردند. یکشنبه‌ها خانواده‌ام را به کلیسا می‌بردم و اجازه داشتم ماشینم را درون محوطهٔ کلیسا ببرم.

هر بار بازدید از کلیسای پطرس، خاطرات خاصی را زنده می‌کرد. سال‌ها قبل، وقتی من کلاس ششم بودم، کلیسای انگلیسی‌زبان تهران صبح‌های یکشنبه در آنجا تشکیل جلسه می‌داد. همهٔ ما بچه‌های مدرسهٔ شبانه‌روزی با صف وارد می‌شدیم و یک ردیف کامل را پر می‌کردیم. گاهی کنار پتی می‌نشستم. اولین بار آنجا بود که از عشای ربانی گرفتم، و انضباط روحانی گوش دادن به موعظه‌هایی که نمی‌فهمیدم را یاد گرفتم. خوشبختانه جلسات به موقع به پایان می‌رسید و می‌توانستیم به محوطهٔ زیبای کلیسا برویم و با دوستان‌مان بازی کنیم. سال‌ها بعد وقتی کلاس یازدهم بودم، با یکی از همکلاسی‌هایم در اقامتگاه مبشران سابق که به چند آپارتمان تبدیل شده بود زندگی می‌کردم. دورانی بود

که به تنهایی می‌گذشت چون کار زیادی جز درس خواندن نبود. یک رادیو داشتم و اغلب به رادیوی نیروهای مسلح گوش می‌دادم. بهترین زمان هفته وقتی بود که آهنگ‌های برتر راک اند رول آمریکایی را پخش می‌کردند. ما وعده‌های غذایی‌مان را در مهمانخانه می‌خوردیم که به ما امکان می‌داد با افراد جالبی که در ایران سفر می‌کردند آشنا بشویم و ملاقات کنیم. ماشین ون سازمان مبشرین، ایاب و ذهاب ما به مدرسه را انجام می‌داد. در چنین فضایی بود که با برخی از قهرمانان بشارت پروتستان در ایران آشنا شدم. چندین بار با دکتر جان الدر برخورد داشتم. موهای سفید درخشان او مرا مجذوب می‌کرد. بعدا از کندوکاو در کتاب او به نام «رویکرد کتاب‌مقدسی به مسلمانان» برای نکات حکیمانهٔ عالی در خدمت خودم بسیار لذت بردم. من از اتاق ساده‌ای که دکتر ویلیام میلر آن را خانهٔ خود می‌نامید بازدید کردم و از عدم علاقهٔ او به امکانات مادی و رفاهی تحت تاثیر قرار گرفتم؛ اشتیاق او به کتاب بود. نوشته‌های او همچنین به من آموخت که واکنش یک مسیحی به اسلام باید چطور باشد و مسحور کتاب او به نام «ملاقات ده مسلمان با مسیح» شدم. اغلب با نگاه به گذشته است که شخص متوجه تاثیر شکل‌دهندهٔ دیگران در زندگی خود می‌شود. اکنون می‌دانم که این مردان چه پیشگامان بزرگی در بشارت به مسلمانان بوده‌اند و چطور از بسیاری جهات، زندگی و خدمت آنها زمینه‌ساز بیداری بزرگی است که این روزها شاهد آن هستیم.

یک روز که برای دریافت نامه‌ها رفته بودم، متوجه سه نامه شدم: یکی از طرف دوستی در مصر، و دو نامه از طرف دوستانی در آمریکا. به یاد دارم که زمانی پر اضطراب بود و به آیندهٔمان در ایران فکر می‌کردیم. اما وقتی این نامه‌ها را باز کردم، دوباره با این حقیقت روبرو شدم که زندگی ما در دستان پدر آسمانی‌مان قرار دارد. هر سه نامه حاوی آیه‌ای از مزمور ۹۱: ۱۱ بودند: «فرشتگان خود را دربارهٔ تو امر خواهد فرمود تا در تمامی راه‌هایت تو را حفظ نمایند.» من از این واقعیت غافلگیر شده بودم

که سه نامه از سه نقطهٔ مختلف دنیا، همگی حاوی یک پیام بودند! متقاعد شدم که این یک پیام مستقیم از طرف خدا بود. چه کس دیگری می‌توانست چنین چیزی ترتیب بدهد؟ نیازی به بیان نیست که چقدر از آن نامه‌ها دلگرم شدیم و برکت گرفتیم. من قلبا قدردان آن کلمات بودم و اعتمادم بر خدا بود که پناه و قوت ماست.

یکی از مسئولیت‌های اولیهٔ من این بود که مشاور جوانان باشم و در جلسات آنها شرکت کنم. اما هیچکس به من نگفته بود که وقتی کشیش یا شبان در جلسه‌ای شرکت می‌کند، این انتظار وجود دارد که برای موعظهٔ پیام آماده باشد. من فکر می‌کردم که صرفا می‌توانم جایی آن پشت بشینم و ببینم که در جلسهٔ جوانان چه خبر است. بر خلاف آنچه فکر می‌کردم، به محض اینکه از در وارد شدم همهٔ جوانان سرپا ایستادند و هر کدام به گرمی با من دست دادند و خوشامد گفتند. آنها بلافاصله جلسه را به من سپردند. آنها گروه بزرگی نبودند و خیلی هم صمیمی بودند، اما زبان فارسی من هنوز ضعیف بود و چیزی هم آماده نکرده بودم. در عوض شهادتم را با آنها در میان گذاشتم که به نظر می‌رسید همگی به آن علاقمند بودند. دفعهٔ بعدی که همان گروه من را به کلیسای پطرس دعوت کردند، پیامی آماده کرده بودم. آماده کردن یک پیام کوتاه از کتاب‌مقدس کار سختی برای من نبود، اما آماده شدن برای موعظهٔ آن به فارسی داستان دیگری برایم بود. ساعت‌ها برای جستجوی کلمات در فرهنگ لغات وقت صرف کرده بودم تا بالاخره یک پیام پانزده دقیقه‌ای آماده شد. به هر حال، هر بار که با گروه‌های جوانان آمریکایی صحبت می‌کردم به نظر می‌رسید که پانزده دقیقه حداکثر زمانی بود که می‌توانستم توجه آنها را جلب کنم. به خودم افتخار می‌کردم که حالا پیامی داشتم و آماده بودم برای گروه موعظه کنم. اگرچه با کمی لکنت، اما درس را پیش بردم و به نظر می‌رسید همه از آنچه می‌گفتم خوشحال بودند. وقتی تمام شد، یکی از برادران حاضر که از بقیه صریح‌تر بود، گفت: «همهٔ درس همین بود؟ ما بیشتر می‌خواهیم.» چه زمانی یک گروه جوانان به من گفته بودند که مشتاقند بیشتر بشنوند؟ حالا می‌دانستم که به دردسر افتاده‌ام. حالا باید خیلی سخت‌تر تلاش می‌کردم تا

درس‌های عمیق‌تر و طولانی‌تری آماده کنم. بعد به ذهنم رسید که این جوانان در دوران یکی از بزرگ‌ترین دگرگونی‌های تاریخ کشورشان زندگی می‌کنند و تحت فشار زیادی هستند و در مورد آینده‌شان نگران باشند. آنها روی خط گسل یک زلزلهٔ تاریخی ایستاده بودند. بنیان‌های زندگی آنها دچار تزلزل شده بود. جای تعجب نبود که می‌خواستند بیشتر دربارهٔ خدا و اینکه کجا می‌توانند برای آینده‌شان امید و اطمینانی پیدا کنند، بدانند و بشنوند. ناگهان، در قلبم بار بزرگی برای جوانان مسیحی ایرانی احساس کردم. چه آینده‌ای در انتظار آنها بود؟ آیا کلیسا می‌توانست یک دیدگاه صحیح کتاب‌مقدسی در مورد اینکه خدا کیست را به دیگران منتقل کند؟ و آیا این جوانان آن تعالیم را در طی مسیر آیندهٔ نامعلوم خود حفظ می‌کردند؟ سال‌ها بعد آموختم نسلی که در انقلاب اسلامی به دنیا آمد و رشد کرد، «نسل سوخته» خوانده می‌شد.

حالا می‌دانستم که چرا خدا مرا در چنان زمانی به ایران فرستاد. بعد از آنکه اولین درس را دادم، امیدوارم بودم که بتوانم باز هم این کار را انجام بدهم. در حقیقت آنها مرا به گروه دیگری در شمال شهر، در کلیسای عمانوئیل دعوت کردند که یک جماعت فارسی‌زبان دیگر بود. رویای تاسیس این کلیسا سال‌ها قبل از سوی دکتر ویلیام میلر مطرح شده بود. یادداشت‌هایم را مرور کردم و خیالم راحت شد، چون می‌دانستم در این بار دومی که درس می‌دهم، آن را بهتر انجام خواهم داد. نمی‌دانستم چه فاجعه‌ای در انتظارم است. وارد اتاق که شدم، گروه بسیار بزرگ‌تری از جوانانی خوش‌لباس، همگی به احترام من ایستادند. مخاطبینم را که نگاه کردم، قلبم تقریبا از حرکت ماند. نیمی از جوانان حاضر در اتاق از کلیسای پطرس بودند که من همین هفتهٔ پیش آنجا بودم. آنها همگی تصمیم گرفته بودند تا هر جا که من تعلیم می‌دهم، تعقیبم کنند. هم افتخار می‌کردم و هم خجالت‌زده بودم که قرار است همان درسی را بشنوند که به آنها داده بودم. اما همهٔ آنها بسیار مهربان بودند. یکی از جوانان به امید تشویق من با صدای بلند گفت: «این بار

دوم خیلی بهتر درس دادید.» این تجربیات اولیه با جوانان کلیسای انجیلی تنها سرآغاز دوستی‌های شگفت‌انگیز زیادی بود که یک عمر ادامه پیدا کردند. یکی از این دوستی‌ها را در همان روزهای اولیهٔ حضورمان در ایران شکل دادم. ما افتخار آشنایی با اسقف کلیسای انگلیکن، اسقف دهقانی تفتی را پیدا کردیم. او را در روستای کوچکی در دامنهٔ کوه باشکوه دماوند، در فشم، دیدیم. خانم جین دولیتل (Jane Doolittle) که همهٔ عمر خود را به بشارت در ایران گذرانده بود، کلبهٔ کوچکی در آنجا داشت. کلبه در کنار نهری قرار داشت که از آب سرد برف‌ها، آب شیرین شهر تهران را تامین می‌کرد. از آنجا که هوای تهران در تابستان گرم است، از دعوت خانم دولیتل که از دوران جوانی با او آشنا بودیم، استقبال کردیم. وقتی که رسیدیم و از نهر عبور کردیم، بلافاصله متوجه شدیم که خانم دولیتل مهمان دیگری هم دارد. او ما را به اسقف دهقانی معرفی کرد و بعد در کنار چای داغ و شیرینی‌های خوشمزه، نشستیم و به صحبت‌های اسقف گوش دادیم. طولی نکشید که از فشارهای شدید بر کلیسای انگلیکن مطلع شدیم.

در همان سال اول پس از انقلاب اسلامی، اسقف دهقانی و کلیسای انگلیکن بیش از حد متحمل سختی شدند. یک سوءقصد به جان او صورت گرفت که خدا به طور معجزه‌آسایی اسقف را از آن نجات داد. در تاریخ ۶ می ۱۹۸۰ (۱۵ اردیبهشت ۱۳۵۹)، بهرام دهقانی تفتی، خبرنگار بی‌بی‌سی و معلمی محبوب و تنها پسر اسقف دهقانی، در حال رانندگی به سوی منزل بود که ماشین او را به زور از جاده منحرف می‌کنند. بعد او را گرفته و به منطقه‌ای متروک در نزدیکی زندان اوین می‌برند که آنجا با شلیک گلوله کشته می‌شود. مادر بهرام، مارگارت، دختر مبشرین انگلیسی بود و بنابراین بهرام زبان انگلیسی را عالی و روان صحبت می‌کرد. قتل بهرام قطعا برای ارسال پیامی قدرتمند به اسقف بود: اینکه در آیندهٔ ایران جایی برای یک اسقف مسلمان‌زاده وجود ندارد. مرگ او همچنین پیامی گسترده‌تر برای مسیحیان فارسی‌زبان در ایران داشت که در جمهوری اسلامی تحمل نخواهند شد، و ترسی در جامعهٔ مسیحی انداخت. افراد زیادی از این موضوع تعجب کرده بودند که چرا کلیسای انگلیکن مورد هدف رژیم اسلامی قرار گرفت، چون چنین خصومتی در مورد کلیساهای دیگر

پروتستان اعمال نشد. چیزی که من در آن روزها شنیدم این بود که چون اسقف مسلمان‌زاده بود و بعد از ایمان نام خود را عوض نکرده بود که نشان‌دهندهٔ تغییر مذهبش باشد و همچنان نام اسلامی سابق خود را حفظ کرده بود، باعث خشم رهبران رژیم شد. او همچنین در مورد حقوق شهروندی خود به عنوان یک ایرانی بسیار رک و صریح بود، و پا به پای آنها می‌آمد. او در ایمان خود قوی و شجاع بود و در برابر رژیم مقاومت می‌کرد. این مسئله برای رژیم غیر قابل تحمل بود چون در اسلام هر کسی که از دین خارج شود محکوم است و باید مجازات شود. فرقه‌های دیگر توسط شبانان ارمنی راهبری می‌شدند و به همین دلیل، از خشم رژیم در امان بودند. اگرچه، با گذشت زمان همهٔ کلیساهای مسیحی مورد حمله قرار می‌گرفتند و نهایتا درهای آنها به روی تمام مسیحیان مسلمان‌زاده بسته می‌شد.

مراسم یادبود بهرام در کلیسای انگلیکن پطرس مقدس در تهران برگزار شد. وارد سالن بزرگ کلیسا شدم که پر از مردم بود. بلافاصله از دیدن خانم‌های چادری تعجب‌زده شدم اما خیلی زود متوجه شدم که مسلمانان زیادی به خاطر علاقهٔشان به بهرام در این مراسم شرکت کرده‌اند. به اسقف دهقانی توصیه شده بود که ایران را ترک کند، و بنابراین او در مراسم حضور نداشت. بخشی از مراسم که بیشتر به چشم آمد و طوری به یادم مانده که انگار همین دیروز بود، زمانی بود که یکی از سروده‌های اسقف دهقانی با صدای بلند خوانده شد. بر خلاف تشییع جنازهٔ مسلمانان که خواستار انتقام می‌شدند، اسقف در شعر خود توضیح می‌داد که چطور فقدان پسرش و درد ناشی از آن، او را به یاد دردی می‌انداخت که خدای پدر باید با دیدن مرگ پسر مصلوبش متحمل شده باشد. همانطور که شعر خوانده می‌شد، احساس کردم روح‌القدس آن سالن مملو از جمعیت را فرا گرفته و متوجه صدای گریه شدم. مطمئن هستم که بخش عمدهٔ آن به خاطر غم و درد فقدان بهرام بود، اما همچنین به نظرم رسید که خداوند ما در بین ما حاضر بود و با قدرتی

که در کل خانوادهٔ دهقانی به نمایش گذاشته بود، در قلب ما حضور داشت. آسمان مشخص خواهد کرد که انجیل قلب چه تعداد از آن زنان چادری را لمس کرده است، چون پدر آسمانی ما یک بار دیگر آنچه را که برای شرارت در نظر گرفته شده بود به چیزی تبدیل می‌کرد که پادشاهی او را گسترش می‌داد و جلال او را آشکار می‌کرد. روح‌القدس عمیقا مرا تحت تاثیر قرار داد و با درک عمیق‌تری از فیض خدا و اشتیاق تازه‌ای برای به اشتراک گذاشتن ایمانم با مسلمانان، از آنجا بیرون آمدم. (سال‌ها بعد اسقف دهقانی کتابی دربارهٔ رنج‌های خود به نام «بیداری سخت» نوشت.)

یک دوست ارزشمند دیگری، کشیش پطرس سبحانی بود. کشیش سبحانی در آن سال شبان کلیسای عمانوئیل بود. او مرا زیر بال خود گرفت و به من آموزش داد که چطور به جماعت او خدمت کنم. دربارهٔ اینکه چطور از نظر فرهنگی حساسیت بیشتری داشته باشم چیزهای زیادی یاد گرفتم، و این درسی بود که در سال‌های بعدی و زمانی که می‌آموختم چگونه به شکلی موثر به ایرانیان خدمت کنم، برایم بسیار مفید بود. من چندین بار او را در ملاقات اعضای کلیسایش همراهی کردم، و اغلب هدایای کوچکی به آنها می‌داد. او بسیار سخاوتمند و مهربان، و همچنین به کتاب‌مقدس مسلط بود، و دوست داشت در مورد سال‌هایی که با دکتر میلر گذرانده بود و چیزهایی که از او آموخته بود صحبت کند. او به من یادآوری کرد که چطور دکتر میلر از نزدیک‌ترین شاگردان خود دعوت می‌کرد تا با او در «باغ بشارت» زندگی کنند و چطور نه تنها کتاب‌مقدس را با هم مطالعه می‌کردند، بلکه یاد می‌گرفتند که چگونه با ایمان جدیدشان سازگاری پیدا کنند و با عزت نفس رفتار کنند. من واقعا از زمانی که دکتر میلر در گروهی از مردان منتخب خود سرمایه‌گذاری کرده بود تحت تاثیر قرار گرفتم و با خودم فکر می‌کردم که واقعا چند مبشر دیگر چنین زمانی را به ایمانداران ایرانی اختصاص داده‌اند؟ این مسئله باید تاثیر عمیقی بر من گذاشته باشد، چون سال‌ها بعد زمانی که خدمتم به ایرانیان را شروع کردم، همیشه در پی آن بودم که تا حد امکان با آنها زندگی کنم. ایرانی‌ها جمله‌ای دارند که می‌گوید: «اگر واقعا می‌خواهی کسی را بشناسی، با او سفر کن» و من هم باید به این جمله اضافه

کنم که: «یا مدتی با آنها زندگی کن.»

اندکی بعد، کشیش سبحانی از من خواست که راهبری گروه جوانان کلیسای او را بر عهده بگیرم. یک گروه جوانان کلیسایی ایرانی، معمولا متشکل از نوجوانان و جوانانی بود که هنوز مجرد هستند، و این بر خلاف تجربهٔ من بود که اغلب بر کار با دانش‌آموزان دبیرستانی تمرکز داشت. خیلی زود متوجه شدم که انقلاب، این گروه جوانان را پراکنده کرده بود و بنابراین باید دوباره آنها را جمع می‌کردیم. جوانان زیادی به کلیسا می‌آمدند و در مراسم شرکت می‌کردند، اما خدمت چندانی که مخصوص آنها باشد وجود نداشت. من موافقت کردم که یک چنین خدمتی را شروع کنم و بعدازظهرهای جمعه را به عنوان زمان تشکیل جلسات تعیین کردیم. صبح‌ها مسئول ادارهٔ پرستش در کلیسای انگلیسی‌زبان تهران بودم و بعدازظهر به سوی کلیسای عمانوئیل رانندگی می‌کردم. در اولین جلسه، فقط هشت نفر شرکت کرده بودند. با همراهی یکی از دختران که گیتار می‌زد، سرودهای شکرگزاری خواندیم و بعد من سعی کردم با فارسی شکسته و بسته‌ام یک درس بدهم. دعا کردیم و از خدا خواستیم که جوانان دیگری را هم به جمع ما اضافه کند. با گذشت زمان، تعداد ما به بیش از شصت جوان رسید. بخش اعظم آن سال، خدمت من شامل راهبری این گروه بود اما در موارد متعددی هم از من دعوت شد تا با گروه‌های بزرگ‌تر و فعال‌تر جوانان کلیسای پرزبیتری آشوری و کلیسای پرزبیتری ارمنی صحبت کنم.

شرکت در کنفرانس‌های تابستانی کلیسا چیزی بود که همیشه جوانان مشتاقانه در انتظارش بودند. انقلاب چنین گردهمایی‌هایی را به حالت تعلیق درآورده بود، اما حالا دوباره امیدی وجود داشت که شاید بتوانیم کنفرانس‌ها را از سر بگیریم. با مشورت سایر کلیساها، با سازماندهی یک کمیتهٔ برنامه‌ریزی از راهبران کلیدی که موافقت کردند به طور منظم با من برای برنامه‌ریزی و دعا ملاقات کنند، شروع کردیم. من به آن روزها به عنوان یکی از مهم‌ترین کارهایی که انجام دادم نگاه می‌کنم.

ای کاش می‌توانستم همهٔ افرادی که در آن گروه بودند را به یاد بیاورم، اما یادم می‌آید که فلورنس اسحاق نقش بسیار مهمی داشت؛ همچنین دکتر شهرام حبیب‌زاده و دیبا بت‌دانیال کمک بزرگی برای من بودند. کنفرانس برای اواسط ژوئن ۱۹۸۰ برنامه‌ریزی شده بود. همچنین خانواده و دوستان زیادی را در آمریکا به صف کرده بودم تا برای بیداری جوانان کلیسا دعا کنند.

قبل از کنفرانس، من و دکتر شهرام یک روز را در باغ بشارت گذراندیم تا مقدمات لازم را فراهم کنیم. دیوار جلوی باغ ریخته بود و یک دیوار فلزی را موقتا جایگزین آن کرده بودند. تصمیم گرفتیم که دیوار فلزی به رنگ‌آمیزی احتیاج دارد و چند ساعت برای آن وقت گذاشتیم. بعد اتاق‌های خوابگاه را که اغلب کف‌شان خاکی بود جارو زدیم و همهٔ سر و روی‌مان غبارآلود شد. چه دوران خوب و ارزنده‌ای با دکتر شهرام داشتم! ما با هم دوستان خوبی شده بودیم و روحیهٔ شاد او به دیگران هم سرایت می‌کرد. او اغلب به دفتر من می‌آمد و همراه خودش دسته دسته نامه‌های کسانی را می‌آورد که به دورهٔ مکاتباتی کتاب‌مقدس پاسخ می‌دادند، و ما با هم برای‌شان دعا می‌کردیم و از خدا می‌خواستیم که روحش را بر آنها جاری کند. یک روز، وقتی برای ملاقات آمد، به طرز عجیبی مضطرب به نظر می‌رسید. خیلی زود سر صحبت را باز کرد و نگرانی عمیق خود را برای خواهرش شیوا که در زندان بود با من در میان گذاشت. رژیم او را به دلیل فعالیت‌های کمونیستی زندانی کرده بود. دکتر شهرام پرسید: «می‌توانیم برای او دعا کنیم؟» و پاسخ دادم: «بله، حتما!» سال‌ها بعد متوجه شدم که شیوا مدتی بعد از این دعا، در زندان رویایی از مسیح دیده و قلبش را به خداوند سپرده بود. چند سال بعد، او از زندان آزاد شد و دیگر نه یک مدافع کمونیسم، بلکه جنگجویی برای مسیح بود. خدا او را به طور منحصر به فردی برای یک زندگی جدید و مملو از آموزش و شاگردسازی آماده کرد. در اواخر دههٔ ۱۹۹۰، از من خواسته شد که برای یک گردهمایی ویژه از راهبران کلیسای انجیلی ایران که در جزیرهٔ قبرس برگزار می‌شد، در مورد شاگردسازی تدریس کنم. بیش از بیست سال از حضور من در ایران می‌گذشت و بسیاری از شرکت‌کنندگان در این کنفرانس از نسلی کاملا متفاوت با نسلی بودند که در

زمان حضورم در ایران می‌شناختم. اما در کمال خوشحالی، شیوا هم در آن کنفرانس بود. زمانی که او جلسهٔ دعای صبحگاهی را راهبری می‌کرد به او گوش دادم و از پختگی و بینش روحانی او تحت تاثیر قرار گرفتم. انسان همیشه این فرصت را ندارد که از دیدن نتیجهٔ دعاهایش لذت ببرد، اما وقتی یادم آمد که با برادرش در دفتر تهرانم کنار هم برای او دعا کردیم، اشک از چشمانم سرازیر شد.

زمانی که پتی، تیمی، امیلی، و من برای کنفرانس وارد محوطهٔ باغ شدیم، کاملا می‌توانستیم هیجانی را که در فضا قرار داشت احساس کنیم؛ شرکت‌کنندگان نه تنها از تهران، بلکه از مشهد، شیراز، و اصفهان می‌رسیدند. علیرغم سردرگمی معمولی که در مورد مستقر شدن در اتاق‌ها وجود داشت، اما شادی و محبت در هوا موج می‌زد. ما با چندین چالش فوری مواجه شدیم. یک دوش آب سرد برای ۹۷ شرکت‌کننده و چند نفر پرسنل وجود داشت. یک استخر شنا وجود داشت که کمک می‌کرد؛ اما غذا دادن به این جمعیت ما را با چالش دشواتری مواجه کرد. از آنجایی که در شهر کمبود مواد غذایی وجود داشت، اجازهٔ خرید به مقدار زیاد را نداشتیم. اغلب، صبح زود با یکی از برادران بیدار می‌شدیم و به چند نانوایی مختلف می‌رفتیم تا بتوانیم نان کافی برای صبحانه بخریم. بعد اگر مثلا آشپز گوشت مرغ می‌خواست، مجبور می‌شدیم چند نفر را به قصابی‌های مختلف بفرستیم تا مرغ کافی برای همه تهیه بشود. با وجود تمام آن چالش‌ها، خدا همیشه غذای کافی برای همه فراهم می‌کرد.

با ادامهٔ کنفرانس، خیلی زود متوجه شدم که این کنفرانس با همهٔ آنهای دیگری که پیش‌تر مسئولیت‌شان با من بوده فرق می‌کند. شرکت‌کنندگان عاشق زمان مطالعهٔ کتاب‌مقدس بودند. من درس‌هایی را از انجیل مرقس و رسالهٔ رومیان آماده کرده بودم. گروه‌های کوچکی شکل دادیم و در کلام خدا غرق شدیم. وقتی که زمان تفریح می‌رسید، مقاومت می‌شد چون می‌خواستند به مطالعهٔ کلام خدا ادامه بدهند! زمان‌های

طولانی دعا وجود داشت و مشاهدهٔ آنچه خدا انجام می‌داد الهام‌بخش بود. اردو را به تیم‌های مختلف تقسیم کرده بودم و مسابقات مختلفی مثل پیدا کردن آیات کتاب‌مقدس ترتیب دادیم. اسمش را المپیک انجیلی گذاشته بودیم. بازی شکار لاشخور را به جوانان معرفی کردم که بیشتر افراد نمی‌دانستند چیست. گفتم که باید بزرگترین جفت کفش در باغ را پیدا کنند. از آنجایی که کفش سایز ۴۷ می‌پوشیدم، مجبور شدم کفش‌های خودم را از بازی کنار بگذارم. پتی ستارهٔ مسابقات بود، چون تنها کسی در کل اردو بود که می‌توانست با زبان بینی خودش را لمس کند. در یک مورد، متوجه شدم که بسیاری از شرکت‌کنندگان، تقلب می‌کنند و بازی را خراب می‌کنند. به طرز عجیبی عصبانی شدم و به همگی دستور دادم به اتاق‌های‌شان بروند و آیات کتاب‌مقدس دربارهٔ راستگویی را حفظ کنند. با وجود ناراحتی من، سرزنش‌هایم را پذیرفتند و روحیهٔ بهتری در میان آنها حاکم شد.

کنفرانس‌های جوانان مسیحی ایرانی بعد از انقلاب، برکات زیادی داشت. زمانی برای مشارکت و معاشرت با جوانان دیگر کلیساهای تهران و همچنین ایمانداران بود که از شهرهای دیگر می‌آمدند. اما حتی مهم‌تر از این، مسئله‌ای بود که به آیندهٔ آنها مربوط می‌شد و آن هم فرصت ملاقات با سایر ایمانداران از جنس مخالف در یک محیط کنترل‌شده بود. من زوج‌هایی را دیدم که کنار هم نشسته بودند و صحبت می‌کردند و با خودم فکر می‌کردم که آیا به زودی یک مراسم ازدواج خواهیم داشت؟ همچنین به این فکر می‌کردم که چند ازدواج در طول سالیان، از باغ بشارت آغاز شدند.

مثل اکثر کنفرانس‌ها، شب آخر نقطهٔ اوج بود. به عنوان یک معلم جوان از آمریکا، باور نداشتم که بشود یک اردو را بدون جمع شدن دور آتش تمام کرد. آیا اینکه دمای هوا ۳۸ درجه بود اهمیتی داشت؟ به هیچوجه! مطمئنم که چند نفر فکرده کرده‌اند من باید عقلم را از دست داده باشم. اما شب آخر دور یک آتش فروزان جمع شدیم. به تک تک افراد کارت‌هایی دادم و از آنها خواستم تا جایی خلوت در باغ پیدا کنند که با خدا وقت بگذرانند. آنها باید از خدا می‌پرسیدند «چه چیزی من را از تسلیم کامل زندگی‌ام به تو باز می‌دارد؟»

وقتی خدا به آنها نشان می‌داد که آن مانع چه بود، باید آن را روی کارت می‌نوشتند و به دور آتش بر می‌گشتند. بعد از نیم ساعت اکثر آنها به دور آتش برگشتند و من از آنها دعوت کردم که اگر آماده هستند زندگی خود را به طور کامل وقف خداوندی عیسی و خدمت به او کنند، کارت را در آتش بیندازند. به مدت بیست دقیقهٔ بعدی، در حالی که سرود می‌خواندیم کارت‌ها، سیگارها، و سایر اقلام در آتش انداخته می‌شدند. حالا بسیاری زانو زده بودند، برخی گریه می‌کردند، و بعضی دیگر هم سرود می‌خواندند. اما همهٔ ۹۷ شرکت‌کننده به نوعی زندگی خود را وقف عیسی کرده بودند. در تمام سال‌های خدمتم، موردی مانند این ندیده بودم. مانند آن بود که روح‌القدس بر همهٔ ما قرار گرفته باشد. با نگاهی به گذشته، کوشیده‌ام که آنچه رخ داد را تحلیل کنم. به احتمال زیاد دلیلش این بود که آنها اولین نسل از جوانان مسیحی بودند که زندگی تحت رژیم اسلامی در ایران را تجربه می‌کردند، و بنابراین باید نگرانی زیادی در مورد آینده‌شان داشته‌اند.

با این حال، در میان همهٔ این ترس‌ها و نگرانی‌ها، شرکت‌کنندگان در کنفرانس داشتند در مسیح آرامش می‌یافتند که نتیجهٔ دعای افراد زیادی برای آنها بود. اما مهم‌تر از همه، این وفاداری خدا بود که می‌خواست کلیسای خود را برای آنچه در پیش بود آماده کند. در طول دههٔ ۱۹۷۰، کلیسای انجیلی دچار رکود شده و به شدت نیازمند بیداری و احیای مجدد بود. خدا یک بار دیگر از دشواری‌های تاریخ استفاده کرد تا قوم خود را به سوی خودش برگرداند. آنچه در تابستان ۱۹۸۰ در باغ بشارت شروع شد، در ماه‌ها و سال‌های بعد به کلیساها سرازیر شد. این جوانان با آتشی در دل برای مسیح که خاموش‌شدنی نبود به کلیساهای‌شان برگشتند. آنها راهبری پرستش را به عهده گرفتند، موعظه کردند، شهادت دادند، و شاگردسازی کردند. تا همین امروز هم شاهد ثمرات آنچه خدا در باغ بشارت انجام داد هستیم. بیان اینکه چقدر از خدا سپاسگزارم که اجازه داد پتی و من بتوانیم شاهد این بیداری و احیا باشیم

و نقش کوچکی در آن داشته باشیم، دشوار است. این رخداد زندگی ما را عمیقا تغییر داد. ما شاهد کار خدا بودیم و برای بیشتر دیدن تشنگی داشتیم. تاریخ ایران اغلب به عنوان رقابتی بین خاندان‌های حاکم و روحانیون اسلامی توصیف شده است. گاه شاهان ایران، قدرت روحانیون را تحت سلطهٔ خود در می‌آوردند. رضاشاه، بنیانگذار سلسلهٔ پهلوی، به دلیل بی‌اعتنایی به چادر و دیگر نمادهای اسلامی شهرت داشت. چادر از نظر او مخالف پیشرفت ملی بود و رضاشاه مکررا به سربازان خود دستور می‌داد که برای تحقیر زنان، چادر از سر آنها بکشند. از انقلاب ۱۳۵۷، چادر به نماد انقلاب تبدیل شد. وقتی مشخص شد که ایران در حال دگرگونی از تمایل فرهنگی خود به غرب است و به زمان چادرپوشی بر می‌گردد، زنان ایران از آنچه در پیش بود ترسیدند. آنها می‌دانستند که از نظر قانونی به عنوان نیمی از مرد به حساب خواهند آمد، بسیاری از آزادی‌هایی که داشتند سلب خواهد شد، شوهران‌شان حق قانونی حضانت فرزندان را خواهند داشت، و بدون اجازهٔ پدر یا شوهر برای آنها گذرنامه‌ای صادر نخواهد شد تا بتوانند به خارج از کشور سفر کنند. آنها دیدند که چطور آزادی‌هایشان از بین رفته و ناآرامی بزرگی در میان زنان طبقات بالاتر جامعهٔ ایران به وجود آمد. بسیاری از آنها ترجیح دادند به جای تحمل تحقیرهایی که بر آنها تحمیل شده بود، کشور خود را ترک کنند.

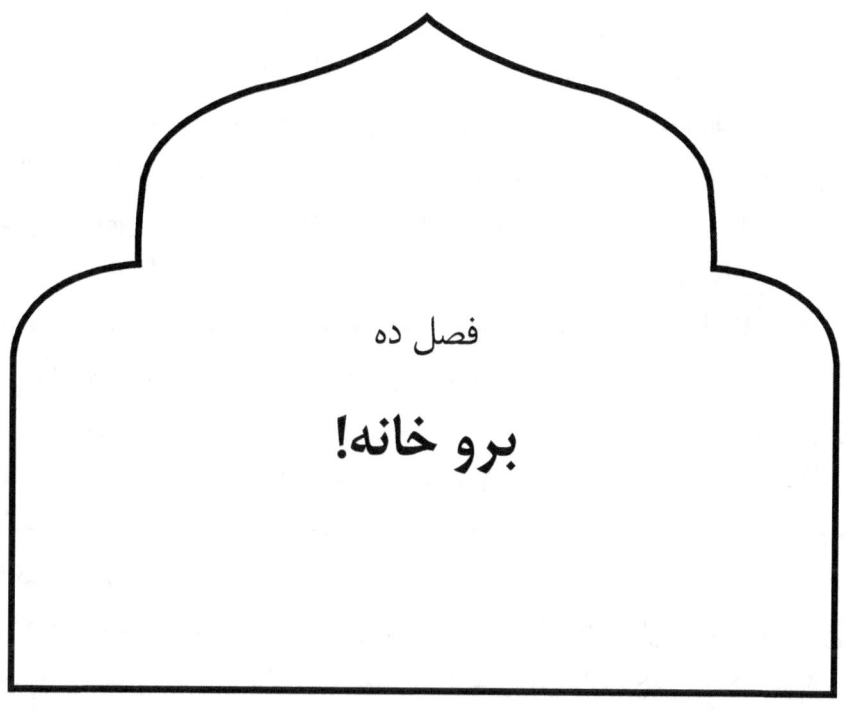

فصل ده

برو خانه!

حالا کنفرانس را پشت سر گذاشته بودیم، و بنابراین فرصت داشتیم که بر روی آینده‌مان در ایران تمرکز کنیم. بحران گروگانگیری داشت بغرنج‌تر می‌شد و گروگان‌ها به مکان جدیدی منتقل شده بودند. ژوئیهٔ ۱۹۸۰ (تیرماه ۱۳۵۹) اولین سالگرد ورودمان به ایران بود. روال عادی کار اینطور بود که سازمان بشارتی حامی ما گذرنامه‌های‌مان را برای پلیس بفرستد و با پرداخت مبلغی نه‌چندان زیاد، اجازهٔ اقامت‌مان را تمدید کنیم. آنها به ما اطمینان دادند که این یک امر معمول است و نگران نباشیم. روز بعد، تماسی از دفتر سازمان بشارتی‌مان دریافت کردیم که به من اطلاع دادند باید شخصا در دفتر یکی از مقامات دولتی ایران حاضر شوم.

سازمان از یکی از اعضای کلیسای ایران که وکیل بود درخواست کرد تا من را همراهی کند. او ایمانداری با پیش‌زمینهٔ یهودی بود و بنابراین خطر اینکه به عنوان یک مسلمان مسیحی‌شده متهم شود وجود نداشت. به موقع رسیدیم، ما را به اتاق انتظار بردند و با چای از ما پذیرایی شد. به نظر می‌رسید که در دفتر حسابی مشغول هستند، اما وقتی پرسیدیم که چه زمانی نوبت به ملاقات ما خواهد رسید، مطلع شدیم که مقام مسئول هنوز نیامده است. قرار ملاقات‌ها در ایران به اندازهٔ ایالات متحده وقت‌شناسانه نیستند، بنابراین انتظار کشیدن امری غیر عادی نبود. بعد از چند استکان چای، حوالی ظهر، من را صدا زدند تا در مقابل مردی ریش‌و حاضر شوم که لباسی خاکستری پوشیده و پشت میزی بزرگ نشسته بود. او با یک زبان انگلیسی عالی فریاد زد: «پاسپورت‌ها». من با احترام گذرنامه‌ها را به او دادم. نگاهی به آنها انداخت و بعد بدون اینکه حتی سرش را بلند کند، گفت: «ما از بالا دستور داریم که از شما بخواهیم ایران را ترک کنید. ده روز فرصت دارید که از ایران بروید.» و بعد گذرنامه‌هایمان را به من پس داد. با تمام احترامی که می‌توانستم، گفتم: «قربان، می‌توانم چیزی بگویم؟» حالا داشت واقعا به من نگاه می‌کرد و گفت: «چی؟»

گفتم: «فقط خواستم به شما اطلاع بدهم که دلیل وجودمان در کشور عزیز شما چیست. ما به اینجا آمدیم چون مردم و سرزمین شما را دوست داریم. آمدیم تا محبت خدا را با آنها در میان بگذاریم. همچنین می‌خواهم بدانید که خدای ما به ما دستور می‌دهد که به رهبران حکومت احترام بگذاریم و از آنها اطاعت کنیم، بنابراین ما تمام تلاش‌مان را می‌کنیم تا همانطور که شما دستور داده‌اید، ایران را ترک کنیم.» و بعد اضافه کردم: «همچنین می‌خواهم بدانید که ما به هیچ‌وجه با دولت آمریکا ارتباط نداریم. ما نمایندهٔ مسیحیان آمریکا هستیم.» من کاملا از حرف‌هایم راضی بودم، اما او اصلا تحت تاثیر قرار نگرفت. بعد، یک سوال دیگر هم پرسیدم: «چطور می‌توانم طی ده روز آینده بلیط پیدا کنم؟» او جواب داد: «نگران نباشید، ایران ایر برای شما جایی پیدا خواهد کرد.» با این حرف‌ها در مورد ترک ایران، به بیرون هدایت شدم. با دوست وکیلم خداحافظی کردم و بعد، لحظه‌ای شوکه و مبهوت، ایستادم.

در حالی که از پله‌های آن ادارۀ دولتی پایین می‌رفتم، کوشیدم آنچه را که رخ داده بود در ذهنم مرور و پردازش کنم. به من دستور داده بودند که از ایران بروم. من به ایران آمده بودم که زندگی کنم، به مردم آن خدمت کنم، و محبت خدا را با آنها در میان بگذارم. همین یک سال پیش بود که من و پتی تمام اسباب و اثاثیه‌مان را در آمریکا فروختیم و با بچه‌های‌مان به ایران آمدیم. ما با خانواده و کشورمان خداحافظی کرده بودیم و حالا به ما گفته بودند که باید وسایل‌مان را جمع کنیم و به خانه برگردیم. تازه داشتم می‌دیدم که خدمتم در حال رشد است و حتی در اوت همان سال دعوت داشتم که در کلیسای پطرس موعظه کنم. مثل یک کابوس بود. چطور خدا می‌توانست اجازه بدهد که چنین اتفاقی بیفتد؟ پتی چه احساسی در مورد رفتن از ایران می‌داشت؟ اعضای کلیسای جامع به این خبر که کلیسا بسته می‌شد چه واکنشی نشان می‌دادند؟ به همۀ جوانانی که با آنها کار کرده بودم فکر کردم، و با خودم می‌گفتم که این خبر چه تاثیری بر آنها خواهد داشت؟ بسیاری از چهره‌های مهربان آنها از جلوی چشمانم می‌گذشت و می‌ترسیدم خداحافظی با من و پتی برای‌شان خیلی سخت باشد. احساس می‌کردم یک حملۀ عصبی در انتظارم است، اما به تدریج توانستم بر احساساتم مسلط بشوم. می‌توانستم حضور خدا را به طور ملموسی احساس کنم، که او آرامش و اطمینان خواهد بخشید و بر تمام اوضاع مسلط است.

زمانی که در پیاده‌رو ایستاده بودم، به نظر می‌رسید زمان هم ایستاده بود. اما بعد، جایی در اعماق ذهنم این فکر جرقه زد: اگر به عنوان یک شهروند آمریکایی در مشکل هستی و سفارت آمریکا در دسترس نیست، به سفارت سوئیس برو و کمک بخواه! اینجا وسط ایران اسلامی بودم و دانشجویان انقلابی سفارت من را تسخیر کرده بودند. یک تاکسی گرفتم و به سمت سفارت سوئیس رفتم. مسیر آنقدر طولانی به نظر می‌رسید که انگار هرگز به آنجا نمی‌رسیدم. دیدن پرچم سوئیس به من آرامش داد، چون به شدت به یک دوست احتیاج داشتم. زنگ در

را زدم و به داخل اسکورت شدم. یک خانم مهربان با لهجۀ غلیظ فرانسوی از من پرسید که چطور می‌تواند کمک کند. او با دقت گوش داد و من وضعیت بدم را توضیح دادم. جواب داد: «اجازه بدهید به سفیر خبر بدهم و ببینم چه کاری می‌تواند انجام بدهد.» بعد از تماسی کوتاه با سفیر، او مرا به انتهای راهرویی هدایت کرد و در بزرگ سیاه رنگی باز شد و ناگهان، خودم را در مقابل میز بزرگ دیگری ایستاده دیدم؛ این بار اما آقای بسیار متشخصی از من پرسید: «چه کمکی می‌توانم بکنم؟» گذرنامه‌هایمان را به او نشان دادم و وضعیتمان را تشریح کردم. گفتم: «می‌ترسم که به موقع نتوانم یک راه خروج هوایی از ایران پیدا کنم و واقعا نمی‌خواهم با ایران ایر پرواز کنم.» تحریم‌های پرزیدنت کارتر علیه ایران باعث شده بود ایران ایر برای یافتن قطعات یدکی هواپیماهای بوئینگ ۷۴۷ خود با مشکل مواجه شود و بسیاری از مکانیک‌هایی که ناوگان ایران ایر را تعمیر و نگهداری می‌کردند، کره‌ای‌هایی بودند که ایران را ترک کرده بودند و بنابراین، من نگران امنیتمان بودم. آقای سفیر با لبخند نگاهی کرد و پرسید: «چه روزی می‌خواهید از ایران بروید؟» می‌دانستم که نمی‌خواهم رفتنمان را به روز آخر موکول کنم، چون ممکن بود مشکلی احتمالی پیش بیاید که ما را با دولت ایران درگیر کند. گفتم: «روز هفتم چطور است؟» به نظر می‌آمد که این تصمیم معقولی باشد. او تلفن را برداشت و با سوئیس ایر تماس گرفت و اساسا به آنها گفت تا در تاریخی که بر سر آن توافق کرده بودیم، جایی برای خانوادۀ استیوارت نگه دارند. بی‌اندازه از او تشکر کردم و با امیدی تازه، از دفترش بیرون رفتم.

با در دست داشتن بلیط هواپیما، حالا با چندین چالش دردناک روبرو بودم. چطور باید خانواده‌ام را برای چنین خروج فوری‌ای از ایران آماده می‌کردم؟ چطور باید به اعضای کلیسایم اطلاع می‌دادم که تنها یک مراسم پرستشی دیگر تا پیش از تعطیلی دائم کلیسا برگزار خواهد شد؟ با تمام پرونده‌ها و کتاب‌هایی که به کلیسا تعلق داشتند چه باید می‌کردم؟ با اسباب و اثاثیه‌ای که از آمریکا آورده بودیم باید چه می‌کردیم؟ چطور باید با جوانان خوب کلیسای «انجیلی» که تبدیل به دوستانی صمیمی با آنها شده بودیم خداحافظی می‌کردیم؟

وقتی جمعه رسید، برای آخرین ملاقات در کلیسای آلمانی جمع شدیم. با هم عشای ربانی داشتیم و من از قسمتی از اشعیا موعظه کردم که خدا می‌گوید کار جدیدی انجام می‌دهد و آن همین الان به ظهور می‌آید (اشعیا ۴۳: ۱۹). مطمئن نبودم که خدا چطور می‌خواهد از این موعظه استفاده کند، اما او قطعا زندگی ما و اعضای کلیسای‌مان را تغییر می‌داد. یک ناهار به یادماندنی در کنار هم خوردیم و سپس در حالی که اشک از چشمان‌مان سرازیر بود، خداحافظی کردیم. بعضی از اعضای‌مان زبان فارسی را می‌دانستند و می‌توانستند کلیسای دیگری پیدا کنند، اما برای آنانی که فارسی نمی‌دانستند، کلیسای دیگری وجود نداشت.

حالا مجبور بودیم اسباب و اثاثیه‌مان را دور بریزیم. زمان کمی برای انجام این کار داشتیم و به همین خاطر، از دوستان‌مان دعوت کردیم که برای خداحافظی بیایند و هرچه می‌خواهند را ببرند. زمانی که افراد با انبوهی از لوازم خانه، لباس، و اسباب‌بازی منزل ما را ترک می‌کردند، متوجه شدیم بیشتری از آنچه تصور می‌کردیم دوستان زیادی داشتیم! آپارتمان ما حالا تقریبا خالی شده بود.

آنچه باقی ماند، در مجموع بیشتر از هزار جلد کتاب‌های مسیحی بود که من از تعداد زیادی مسیحی، درست زمانی که پیش از انقلاب ایران را ترک کرده بودند جمع‌آوری کرده بودم. آنها باید در اتاق کار من در منزل‌مان می‌ماندند. بعد از خروج ما، آپارتمان‌مان به دو خواهر مسیحی اجاره داده شد که بسیار برای خداوند فعال بودند؛ در طی دوره‌ای که تجارت و رابطه بین ایران و آمریکا وجود نداشت، این کتاب‌ها منبع بزرگی برای آنها و جوانان کلیسای «انجیلی» شدند که شامل تفاسیر، کتب الاهیاتی، و بیوگرافی‌های فراوانی بودند. سال‌ها بعد، این کتاب‌ها به محوطهٔ کلیسای پطرس منتقل شدند و بخشی از یک مجموعهٔ ارزشمند از کتاب‌های تاریخی شدند. بعدها متوجه شدم که این کتاب‌ها در آن روزهای سخت، چقدر برای سلامت روحانی کلیسا ارزشمند بوده‌اند.

هفتهٔ آخر ما در تهران، بسیار پرمشغله بود. پیکان استیشن کلیسای جامع

را به کلیسای انجیلی بخشیدم. اما مهم‌ترین چالشی که با آن روبرو بودم، این بود که با حساب بانکی کلیسای جامع که ۵۰۰۰۰ هزار دلار در آن وجود داشت چه کنم. می‌دانستم که نمی‌خواهم جمهوری اسلامی صاحب این پولی که به خداوند تعلق داشت بشود. از یک دوست خوبم که تاجر بود خواستم تا بانک من را همراهی کند و در برداشت معادل ریالی این مبلغ به من کمک کند. وقتی به بانک رسیدیم و فرم‌های مربوط به برداشت را پر کردیم، به ما گفتند که شمارش و آماده‌سازی پول‌ها چند ساعتی طول خواهد کشید. در نهایت پول‌ها را دریافت کردیم و آنها را در یک کیف بزرگ گذاشتیم. هرگز در زندگی‌ام این همه پول ندیده بودم و بار مسئولیت سنگینی احساس می‌کردم. ما تصمیم گرفتیم به سراغ سازمان‌های خدمتی اصلی برویم و این پول را به آنها بدهیم. به انجمن کتاب‌مقدس، شورای کلیساهای انجیلی، کمپس کروسید، و باغ بشارت رفتیم و در مجموع، معادل ۴۹۰۰۰ دلار را بین آنها تقسیم کردم. یک چک ۱۰۰۰ دلاری با خودم به نیویورک بردم و به عنوان پول اولیه برای تاسیس کلیسای انگلیسی‌زبان جدید در تهران، به دفتر خدمات بشارتی کلیسای پرزبیتری (□□□□) دادم. نکتۀ تکان‌دهنده‌ای که در مورد این داستان وجود دارد این است که دو هفته بعد از اینکه من آن مبلغ را بین سازمان‌های خدمتی در تهران توزیع کردم، پرزیدنت کارتر هرگونه نقل و انتقال پول آمریکایی‌ها به ایران را ممنوع کرد. آن پول‌ها، حقوق بسیاری از مسیحیان ایرانی را در آن دوران پر فراز و نشیب تامین کرد.

اندکی بعد از خروج ما، متوجه شدیم که نمایندگان دولت در ورودی‌های کلیساهای پروتستان مستقر شده‌اند و از همۀ کسانی که می‌خواهند برای پرستش وارد کلیسا بشوند، کارت شناسایی می‌خواهند. از آنجایی که حالا مسیحی شدن برای مسلمان‌ها غیر قانونی بود، جلوی هر کسی که با نام اسلامی می‌خواست در مراسم شرکت کند گرفته می‌شد. ارمنی‌ها و آشوری‌ها چون مسلمان‌زاده نبودند از این محدودیت‌ها مستثنی بودند، بنابراین افراد با نام‌های ارمنی یا آشوری می‌توانستند برای پرستش وارد کلیسا بشوند. بعدها، این مسئله که نمایندگان دولت در جلسات پرستشی برای یافتن و گزارش کردن ایمانداران مسلمان‌زاده

حاضر باشند، رایج شد. بعضی از ایماندارانی که به کلیسا می‌رفتند گزارش داده بودند که می‌توانستند صدای بی‌سیم ماموران را در حین جلسات پرستشی بشنوند.

جفا به سراغ کلیسا آمد

بالاخره روز خروج ما از ایران رسید. پرواز ما ساعت ۸ صبح بود اما باید ساعت ۴ صبح در فرودگاه می‌بودیم. ماه ژوئیه ۱۹۸۰ بود. صاحب‌خانه‌مان چمدان‌های ما را در اتومبیل لندرورش گذاشت و ما هم پشت سر او در یک تاکسی به راه افتادیم. با چراغ‌های خاموش حرکت می‌کردیم که جلب توجه نکنیم. تیمی و امیلی روی صندلی عقب عمیقا خواب بودند. وقتی به فرودگاه رسیدیم، از دیدن بیش از بیست نفر از جوانان کلیسای انجیلی که شب را در فرودگاه به روزه و دعا برای سفر بی‌خطر ما گذرانده بودند، غافلگیر شدیم. بعضی از آنها چند هفته قبل در روزنامه خوانده بودند که جاسوسان آمریکایی در ایران هستند و به زودی اخراج خواهند شد. آنها متوجه شده بودند که ما آن «جاسوسان» هستیم و نگران بودند که نتوانیم به سلامت کشور را ترک کنیم. بدون شک قوت قلب زیادی بود که با انبوهی از جوانان که بارها و فرزندان ما را حمل می‌کردند وارد فرودگاه شدیم. هیچ چیز نمی‌توانست ما را برای هرج و مرجی که در بدو ورود به فرودگاه با آن روبرو شدیم آماده کند: فرودگاه مملو از ایرانیانی بود که از وطن خود فرار می‌کردند. چندین نقطهٔ بازرسی وجود داشت که در یکی از آنها، من و بچه‌ها عبور کردیم اما به پتی اجازهٔ عبور نمی‌دادند؛ لحظهٔ پراضطرابی بود. وقتی متوجه شدند که فارسی صحبت می‌کند و جواب نه از طرف آنها را نمی‌پذیرد، اجازه دادند که او هم رد شود. باید چمدان‌های‌مان را روی میز بزرگی قرار می‌دادیم و آنها را برای بازرسی باز می‌کردیم. فراموش کرده بودم که یکی از قوانین جدید این بود که فرش ایرانی نمی‌تواند از مملکت خارج شود. وقتی یکی از چمدان‌های ما را باز کردند، درست روی همه

چیز، فرش کوچکی قرار داشت که یک سال پیش با خودم به ایران آورده بودم. این فرش سال‌ها پیش در زیرزمین‌مان در تبریز توسط یک ایماندار مسلمان‌زاده بافته شده بود که کار پیدا نمی‌کرد، و مادرم او را استخدام کرد تا برای هر کدام از ما بچه‌ها یک قالی ببافد. نگران بودم که حالا ممکن است آن را از ما بگیرند. درست در لحظه‌ای که چمدان باز و فرش نمایان شد، زنی در سوی دیگری از فرودگاه شروع به فریاد زدن کرد و به رژیم فحش می‌داد. او طلا و جواهراتش که مامور گمرک مصرانه می‌خواست از او بگیرد را در مشت گرفته بود. از آنجایی که یک محدودیت هزار دلاری برای ارزش اشیایی که می‌شد از کشور خارج کرد وجود داشت، خانم‌های ثروتمند تمام طلا و جواهرات‌شان را یک‌جا می‌پوشیدند و امیدوار بودند که آنها را بعدا در خارج از کشور بفروشند. زمانی که این خانم شروع به فریاد کشیدن کرد، توجه تمام ماموران حاضر از جمله مامور گمرک ما را به سمت خودش جلب کرد که چمدان ما را بست و حتی متوجه فرش هم نشد. نقطۀ بازرسی بعدی فقط برای کسانی بود که بلیط داشتند و افراد دیگر نمی‌توانستند ما را همراهی کنند. در آن لحظه، یکی از مردان جوان مسلمان‌زاده‌ای که در جلسات جوانان ما در کلیسای عمانوئیل شرکت می‌کرد، مرا در آغوش گرفت و در گوشم گفت: «فقط می‌خواستم بدانید که من قلبم را به عیسی داده‌ام!» اینها، آخرین کلماتی بودند که من از جماعتم در خاک ایران شنیدم. اشک در چشمانم حلقه زد و خدا را به خاطر لطفش که به من اجازه داد این جمله را از آن برادر بشنوم، شکر کردم. این جملۀ آخر مانند آن بود که خدا به من می‌گوید: «تت، با آرامش برو؛ تو می‌روی، اما من اینجا خواهم بود.»

بعد از اینکه من و پتی و بچه‌ها از بازرسی بلیط عبور کردیم، ما را به اتاق کوچکی با چند صندلی و دو مرد پشت رایانه‌های‌شان بردند. بلافاصله متوجه شدم که پاسدار هستند. از ما گذرنامه‌های‌مان را خواستند تا اطلاعات را وارد رایانه کنند. باز هم خدا به ما رحمت نشان داد، چون آنها آذری صحبت می‌کردند که من متوجه می‌شدم، و تلاش داشتند دلیلی برای جریمه یا عقب انداختن خروج ما پیدا کنند. بچه‌های ما در تمام این مدت، از همه جا بی‌خبر، روی کاشی‌های سرد زمین خوابیده بودند. پاسدارها از اینکه نتوانسته بودند چیزی پیدا کنند، ناامید

شده بودند. ما در مدت زندگی‌مان در ایران، هیچ کدام از قوانین کشور را زیر پا نگذاشته بودیم؛ مالیات‌مان را پرداخته بودیم و حالا هم طبق دستور از کشور خارج می‌شدیم. بالاخره، با انزجار به ما اجازه دادند که برویم. فکر می‌کردیم دیگر می‌توانیم آرام باشیم، اما هنوز یک مانع دیگر باقی مانده بود. به گیت رسیده بودیم و قرار بود با یک اتوبوس تا پای هواپیما برویم. همین که در محوطهٔ انتظار نشستیم، از بلندگو اعلام شد: «لطفا خانوادهٔ استیوارت از صف خارج بشوند.» به ما دستور داده شد که به باجهٔ سوئیس ایر برویم. پتی مطمئن بود که حالا ما را بیرون می‌برند و تیرباران می‌کنند. به او نگاه کردم و می‌توانستم دلهره‌اش را ببینم. آیا بالاخره دلیلی برای جریمه یا جلوگیری از خروج‌مان از ایران پیدا کرده بودند؟ با حالتی عصبی به سمت باجهٔ سوئیس ایر رفتم و انتظار شنیدن بدترین‌ها را داشتم. به من گفته شد: «آقای استیوارت، ما مجبور شدیم بلیط شما را تغییر بدهیم. امیدواریم مشکلی نداشته باشید که مجبور شدیم شما را در قسمت فرست کلاس بگذاریم.» به سختی می‌توانستم چیزی که شنیدم را باور کنم. نفس عمیقی از سر آسودگی کشیدم و از آنها تشکر کردم. ما قبلا هرگز در قسمت فرست کلاس پرواز نکرده بودیم.

وقتی از پله‌ها بالا می‌رفتیم تا سوار هواپیمای بوئینگ ۷۲۷ بشویم که ما را به زوریخ می‌برد تا از آنجا با پرواز دیگری به نیویورک برویم، مکثی کردم و به تهران که طی یک سال گذشته خانهٔ ما بود نگاه کردم. از اینکه اکنون از کنترل رژیمی که به شدت با مسیحیت مخالفت می‌کرد رها می‌شدیم احساس آرامش می‌کردم، اما در عین حال از آنچه برادران و خواهران ما در مسیح با آن روبرو می‌شدند دلهره‌ای عظیم داشتم. البته ما هیچ راهی نداشتیم که بدانیم چه چیزی در انتظار آنهاست. اما به طور شهودی می‌دانستیم که با روزهای سختی روبرو خواهند شد. نمی‌دانستیم که خدا چطور از جمهوری اسلامی برای شعله‌ور ساختن بزرگترین بیداری روحانی تاریخ‌شان استفاده خواهد کرد. سال‌ها

بعد بود که متوجه شدم چطور شاهد شکل‌گیری تاریخ بوده‌ایم، و در حالی که در خیابان‌های تهران قدم می‌زده‌ایم، خداوند فصل جدیدی را در تاریخ ایران آغاز می‌کرد. خدا به ما فرصت داده بود تا شاهد ظهور این «جنبش مردمی» بزرگ باشیم که مسلمانان ایرانی به خداوند عیسای مسیح ایمان می‌آوردند. با گذشت زمان و دید وسیع‌تری که نسبت به تمام آنچه در طول یک سال حضورمان در ایران گذشت به دست آوردم، متوجه شدم سال ۱۹۷۹ سالی بود که در آن چیزی به طرزی چشمگیر، در آسمان برای ایران تغییر کرد. گویی خدا روزنه‌های آسمان را گشود و روح خود را به شیوه‌های تازه‌ای بر مردم ایران جاری کرد. او کار جدیدی در ایران انجام می‌داد. به یاد دارم که پدر و مادرم با احساس ناامیدی فراوان به من می‌گفتند که چطور در بیش از بیست سالی که در ایران خدمت کرده‌اند، تنها پنج مسلمان را دیدند که به مسیح ایمان آوردند. در آن سال‌های منتهی به انقلاب، به ندرت شنیده می‌شد که مسلمانان به مسیح ایمان بیاورند. بله، نوایمانانی بودند، اما تعدادشان بسیار کم بود. اما پس از انقلاب، تعداد کسانی که خواب و رویایی از مسیح دیدند، سر به فلک کشید. شهادت شفاهای معجزه‌آسا افزایش پیدا کرد و زندگی افراد بسیاری تحت تاثیر قرار گرفت. عجایب و آیاتی وجود داشت که با موعظهٔ کلام همراه بود. شیر یهودا پیش می‌رفت و دروازه‌های جهنم نمی‌توانستند بر او چیره شوند.

بازگشت به آمریکا هم بدون چالش نبود. ما از بعضی قوانین جدیدی که دولت کارتر تصویب کرده بود خبر نداشتیم. یکی از آن قوانین این بود که آمریکایی‌ها اجازهٔ سفر به ایران نداشتند. وقتی مامور گمرک از ما پرسید که از کدام کشور آمده‌ایم، با افتخار به او گفتیم: «ایران!» او قاطعانه جواب داد که: «این امکان ندارد.» بعد در حالی که تلاش می‌کرد چند فرم مخصوصی که باید پر می‌شد را پیدا کند، همهٔ ما را از صف خارج کرد. به او گفتیم که پیش از تصویب قانون به ایران سفر کرده بودیم. ما خسته از مصیبت بیداری طولانی در تمام شب پیش از خروجمان از ایران، و همهٔ آنچه که برای خروج از ایران پشت سر گذاشته بودیم، نگران و مضطرب آنجا انتظار می‌کشیدیم و نگران بودیم که آیا کشور خودمان به ما اجازهٔ ورود خواهد داد؟ خوشبختانه، مامور گمرک

فرم‌هـای لازم را پیـدا کـرد و نهایتـا بـه مـا اجـازه داده شـد تـا وارد خـاک آمریـکا بشـویم. در حالـی کـه منتظـر تاکسـی بودیـم تـا مـا را بـه هتل‌مـان ببـرد، پسـرم تیـم کنـار شـلوارم را کشـید و گفـت: «بابـا، ببیـن، پرچـم آمریـکا کـه آتـش نگرفتـه!» در ماه‌هـای گذشـته، تنهـا پرچم‌هـای آمریـکا کـه دیـده بودیـم یـا در آتـش می‌سـوختند و یـا بـا بی‌احترامـی پایمـال می‌شـدند. پـس از یـک سـال زندگـی در کشـوری کـه خـود را حکومـت اسـلامی اعـلام کـرده و شـهروندانش را بـرای انحـراف از دسـتورات دیکتاتورانـه‌اش سـرکوب می‌کـرد، مطمئنـا احسـاس خوبـی بـود کـه بـه آمریـکا برگشـته بودیـم؛ جایـی کـه می‌توانسـتیم بـدون تـرس حرف‌های‌مـان را بیـان کنیـم و بـا آزادی، مطابـق وجدان‌مـان پرسـتش کنیـم. افسـوس کـه اغلـب فقـدان آزادی‌هایـی کـه در آمریـکا بدیهـی می‌دانیـم، بـرای قدردانـی و محافظـت کامـل از آنهـا لازم اسـت.

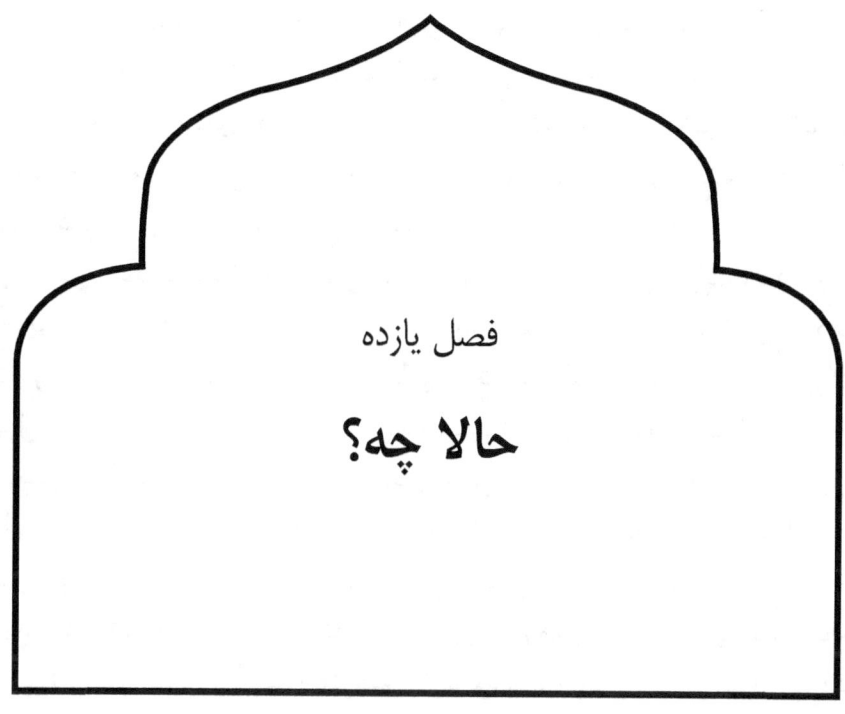

فصل یازده

حالا چه؟

در روزهـای بعـد از برگشـت بـه آمریـکا، سـازمان خدمتی‌مـان مـا را بـرای بازگشـت بـه زندگـی در آمریـکا آمـاده کـرد. آنهـا رحمـت خـدا را بـه مـا یـادآوری کردنـد کـه در یـک محیـط بسـیار خصمانـه و ضدآمریکایـی از مـا محافظـت کـرده بـود. آنهـا دربارۀ اختـلال اضطراب پـس از سـانحه به مـا توضیـح دادند و گفتنـد کـه احتمـالا بـه گذشـته و روزهایـی کـه خیلـی ترسـیده بودیـم یـا اضطـراب شـدید داشـتیم، فکـر خواهیـم کـرد. مـا وقـت داشـتیم تـا بتوانیـم بـر آنچـه کـه اخیـرا در ایـران تجربـه کـرده بودیـم و اینکـه چطـور ممکـن اسـت بـر آینده‌مـان اثـر بگـذارد، فکـر کنیـم و از ایـن بابـت سپاسـگزار بودیـم. مشـاوره در ایـن مـورد بـه مـا کمـک کـرد تـا متوجـه بشـویم کـه چـرا مـن و

پتی بعد از برگشت به آمریکا به سختی می‌توانستیم بخوابیم. هر وقت صدای اگزوز ماشین‌ها که مثل صدای تیر است را می‌شنیدم آشفته می‌شدم و به یاد تیراندازی در خیابان‌های تهران می‌افتادم. در آن جلسه، آنها گفتند که تا شش ماه آینده به ما حقوق خواهند داد، و من در آن مدت می‌توانستم در کلیساهای مختلف دربارهٔ تجربهٔ ایران صحبت کنم.

من و پتی باید با تمام چیزهایی که سال گذشته از سر گذرانده بودیم کنار می‌آمدیم. ابتدا، باید با این واقعیت روبرو می‌شدیم که آنچه تجربه کردیم بسیار وحشتناک بود و زمان می‌برد تا بهتر شویم. قبل از رفتن به تهران تمام وسایل‌مان را فروخته بودیم؛ و حالا باید دوباره شروع به خرید وسیله برای خانهٔ جدیدمان می‌کردیم. با کلیسای آمریکایی‌مان خداحافظی کرده بودیم و تازه در شبانی یک کلیسای جدید و روابطی کاملا تازه جا افتاده بودیم. ما در حال تطبیق دوباره با زندگی در تهران و یادگیری زبان فارسی بودیم. در واقع، به نقطهٔ شروع برگشتیم. دوم، با سوالات بی‌پاسخ زیادی مواجه بودیم؛ آیا دعوت خدا برای رفتن به ایران را اشتباه متوجه شده بودیم؟ زمانی که در ایران گذراندیم چه فایده‌ای برای ملکوت خدا داشت؟ اینها سوالات مهمی بودند که مرتب در ذهنم پیش می‌آمدند و نمی‌گذاشتند که شب‌ها بخوابم.

سوم، ما با این موضوع دست و پنجه نرم می‌کردیم که قدمی بعدی چه باید باشد. احساس کردم که دیگر حامی‌ای نداریم. آیا خدا دیگر مرا برای خدمت به ایرانیان نمی‌خواند؟ آیا می‌خواست که برگردم و در کلیسای آمریکایی خدمت کنم؟ اوضاع بسیار سردرگم‌کننده‌ای برای من و پتی بود. در دعا از خدا می‌خواستیم که به ما نشان دهد قدم بعدی‌مان چه باید باشد؟ جمعیت ایرانیان آمریکا در آن زمان خیلی کمتر از حالا بود، و مدام این سوال در ذهنم بود که حالا که به آمریکا برگشته‌ایم آیا راهی وجود دارد که بتوانیم خواندگی‌مان برای خدمت به ایران را انجام بدهیم؟

چهارم، حالا با آمریکایی مواجه بودیم که به خاطر بحران گروگان‌گیری نسبت به ایران و مردمش خیلی خشمگین بودند. و این سوال پیش می‌آمد که آیا می‌توانم سازمان خدمتی‌ای را پیدا کنم که رویایی برای خدمت به ایرانیان

در آمریکا داشته باشد؟ در روزهای اول در آمریکا، چند خبرنگار با من تماس گرفتند و سوالاتی دربارهٔ تجربه‌ام در ایران پرسیدند. ظاهرا، خیلی از جواب‌ها آن چیزی نبود که دنبالش بودند، چون هرگز از من نقل قول نکردند یا در موردم ننوشتند. من حقیقت را به آنها گفتم که اکثر مردم ایران با ما بسیار مهربان بودند و به ما کمک می‌کردند و این را فهمیدیم که این رژیم ایران است که نسبت به آمریکا خشمگین است نه مردم. مشخص بود که آنها می‌خواستند دربارهٔ کشمکش‌ها و اراذل و اوباش خشمگین بشنوند نه همزیستی مسالمت‌آمیز. همین باعث شد همهٔ گزارش‌هایی را که در روزنامه‌ها دربارهٔ ایران می‌خواندم زیر سوال ببرم چون به نظر می‌رسید دستور کار رسانه‌ها برانگیختن دشمنی و نفرت نسبت به ایران بود. تسخیر سفارت آمریکا توسط دانشجویان در ۴ نوامبر ۱۹۷۹ آخرین ضربه بود که دولت آمریکا را کاملا تحقیر کرد. این اقدام تجاوزکارانه خشم مطبوعات را برانگیخته بود و به همین دلیل خبرنگاران به دنبال داستان‌های هیجان‌انگیزی بودند که نشان بدهد در ایران چطور با آمریکایی‌ها بد رفتاری می‌شود. آنها علاقه‌ای نداشتند تا دربارهٔ مهربانی‌ای که خیلی از آمریکایی‌ها در آن روزهای چالش‌برانگیز از طرف مردم عادی ایران تجربه کرده بودند بشنوند. آنها همچنین به دنبال هر داستانی بودند که به خشمی که در دل آمریکایی‌ها بود دامن بزند؛ آمریکایی‌هایی که هر روز عصر گویندهٔ خبر را می‌دیدند که به طور رسمی اعلام می‌کند امروز چندمین روز گروگان‌گیری است. من ترجیح دادم تا آنجایی که ممکن است، از اخبار آمریکا دوری کنم.

از آنجایی که در زمان بحران گروگان‌گیری با نفرت و تحقیر کشور خودمان نسبت به ایران مواجه بودیم، معمولا به دو جهت کشیده می‌شدیم. تمام ناامیدی‌ای که بحران طولانی گروگان‌گیری برای هموطنان آمریکایی‌مان به همراه داشت را می‌توانستیم درک کنیم. به نظر می‌رسید این ماجرا آن روی بعضی از افراد را بالا آورده بود. یک بار پتی دربارهٔ زمانی که در ایران بودیم با یکی از اعضای کلیسا حرف زده

بود، و او گفته بود «باید همهٔ آنها را با بمب اتم می‌کشتیم.» پتی با اعتراض جواب داده بود: «اما ما هم آنجا زندگی می‌کردیم و می‌مردیم.» و او اینطور جواب داده بود: «اوه، باشه!» همچنین زمانی که در کلورادو زندگی می‌کردیم چند اتفاق خشونت‌آمیز افتاد. یک نفر عمدا از بالکن خانه‌اش در طبقهٔ دوم مبلی را پایین انداخته بود تا روی سر یک دانشجوی ایرانی بیفتد؛ اما خوشبختانه مبل به او نخورده بود. آن روزها، که آمریکا هر شب برای شنیدن گزارشات و اخبار آماده می‌شد، صدای طبل دشمنی بلندتر می‌شد. گویندگان خبری اینطور گزارش می‌دادند: «گروگان‌گیری آمریکا، روز...» (بحران گروگان‌گیری ۴۴۴ روز طول کشید.)

در آن روزها مردم از ما می‌پرسیدند: «در زمان گروگان‌گیری زندگی در ایران به عنوان یک آمریکایی چطور بود؟» ما همیشه به این سوال با صداقت جواب می‌دادیم. و جواب ما این بود که واکنش‌های مختلفی نسبت به حضور ما در آنجا وجود داشت. دوستان ایرانی غیر مسیحی‌ای داشتیم که نگران حال مان بودند. معمولا با ما تماس می‌گرفتند تا جویای احوال‌مان شوند و پیشنهاد می‌دادند تا اجناسی که در مغازه‌ها به سختی پیدا می‌شد را برای‌مان بخرند، و به ما خبر می‌دادند که چه روزهایی بهتر است در خانه بمانیم. بعضی از آنها ما را به خانه‌شان دعوت می‌کردند. در روزهای اول گروگان‌گیری وقتی پتی به لندن رفته بود، به خانهٔ یک خانوادهٔ مسلمان که از تاجرین بازار تهران بودند، دعوت شدم. فکر می‌کنم آنها چندین مغازهٔ پارچه فروشی داشتند. چون مسیر منزل‌شان را بلد نبودم، پسرشان به دنبالم آمد. وقتی به خانهٔ آنها رسیدم، متوجه چند تفنگ نیمه اتوماتیک شدم که در سالن پذیرایی خانه‌شان قرار داشت. باید اعتراف کنم که صحنهٔ آزاردهنده‌ای بود. اما آنها با چنان شوق و ذوقی از من استقبال کردند که خیلی زود آنچه دیده بودم را فراموش کردم. کفش‌هایم را درآوردم، وارد خانه شدم و روی کاناپه‌ای راحت نشستم و برایم چای آوردند. با گوشهٔ چشم دیدم که تلویزیون روشن است و بچه‌ها در حال تماشای برنامهٔ کودک هستند و متوجه شدم که تفنگ نقاشی می‌کنند. این برنامه برای بچه‌ها کمی به نظرم عجیب آمد. بعد شنیدیم که مجری برنامه که سر تا

پا سیاه پوشیده بود و حجاب اسلامی داشت اینطور گفت: «بچه‌ها، ما این تفنگ‌ها را می‌کشیم تا وقتی که شما بزرگ شدید بتوانید با آنها آمریکایی‌ها که دشمن درجه یک ما و شیطان بزرگ هستند را بکشید.» دیدن اینکه در چنین سن تاثیرپذیری چه چیزهایی یعنی نفرت نسبت به آمریکا به این بچه‌ها و هزاران کودک ایرانی دیگر آموزش داده می‌شد واقعا ترسناک بود. حدود ساعت ۱۰ شب مرد خانه که همه او را حاج آقا صدا می‌زدیم به خانه آمد و شام کشیده شد. تقریبا بیست نفر دور میز که پر از غذاهای خوشمزهٔ ایرانی بود نشسته بودند. حاج آقا از من پرسید: «مگه شما کشیش نیستی؟» گفتم: «هستم.» و پرسید: «می‌تونی لطفا برای غذا دعا کنی؟» انتظار چنین چیزی را نداشتم، اما از همه خواستم چون با خدای زنده حرف می‌زنم، سرهای‌شان را خم کنند. روح‌القدس با فیض خودش مرا در دعا هدایت کرد تا خدا را بابت محبتش که از طریق زندگی و کار عیسای مسیح به ما آشکار کرده شکر کنم، و بعد برای برقراری صلح بین ملت‌های‌مان دعا کردم. وقتی دعا را با «آمین» تمام کردم، همه همراه من آمین گفتند. و بعد از آن خوشمزه‌ترین غذا را همراه دوستان خوردیم و خیلی خندیدیم.

من و پتی با آمریکایی‌ها و ایرانی‌هایی مواجه شدیم که مشکلات روحانی مشابهی داشتند؛ آنها تسلیم نفرت شده بودند. در بعضی موارد، با گروگان‌ها و خانوادهٔ آنها همدلی می‌شد و رهبران ایران را تحقیر می‌کردند. و در موارد دیگر، تعصب مذهبی نسبت به اسلام و نفرت از شاه و هر دولتی که از او حمایت کرده بود، تحریک می‌شد. ریشهٔ این مسائل هرچه که بود، ویرانگر بود و یک بار دیگر نیاز به قدرت تبدیل‌کنندهٔ انجیل را تایید می‌کرد. چون قبلا به خانهٔ مسلمان متعصب رفته بودم می‌دانستم که ممکن است چه رفتار و برخوردی ببینم، اما در آنجا نسبت به خودم و ایمانم احترام دیده بودم. و این مرا نسبت به آیندهٔ مردم ایران که غرق در نفرت بودند، امیدوار کرد. این به من در مورد آمریکایی‌هایی امید می‌داد که علیرغم شرایط چالش‌برانگیز بحران

گروگان‌ها، تسلیم مسیر خودویرانگر نفرت نمی‌شدند. در طول سال‌ها خدمت، کار مسیح در میان ایرانی‌ها و آمریکایی‌ها را دیده‌ایم. چندین بار، بعد از اینکه در کلیسای آمریکایی دربارهٔ کار خدا در ایران صحبت کردم، آمریکایی‌های مسیحی آمدند و به من گفتند می‌خواهند به خاطر اینکه ایران را تحقیر کرده‌اند توبه کنند. در عین حال، نفرتی که بسیاری از ایرانی‌ها در اوایل انقلاب نسبت به آمریکا داشتند از بین رفته است. امروز می‌بینیم که اکثر ایرانیان آمریکا را دوست دارند و آزادی‌ای که ما داریم را ارزشمند می‌دانند.

وقتی از ایران برگشتیم، جایی نداشتیم که برویم؛ به همین دلیل با خوشحالی به دنور رفتیم تا با خانوادهٔ پتی زندگی کنیم. در کمال تعجب، آنها با مهربانی به یک آپارتمان نقل مکان کردند تا ما بتوانیم سال اول برگشت به آمریکا را در خانهٔ آنها زندگی کنیم. بچه‌های‌مان را در مدرسهٔ مسیحی ثبت نام کردیم و به زندگی عادی برگشتیم. از طرف چند کلیسا در سراسر کشور از من دعوت شد برای سخنرانی بروم. و البته موضوع مهمی که همیشه به آن فکر می‌کردیم این بود، که باید چه کاری انجام بدهیم؟ مبشرینی که از کشورهایی که در آنها خدمت می‌کردند اخراج شده بودند چه می‌کردند؟ عجب معضلی داشتیم!

در ماه‌های اولی که در دنور بودیم، چند سازمان خدمتی که با دانشجویان خارجی کار می‌کردند با من تماس گرفتند تا تمایل من برای کار با آنها را جویا شوند. شاید این مسیری بود که می‌توانستم بروم، اما قویا معتقد بودم که خدا مرا برای خدمت شبانی خوانده است. به دعا ادامه دادم و صبر کردم تا ببینم خدا چطور ما را هدایت می‌کند. در سفری به کالیفرنیا با چند خانواده و افراد جوان که از کلیسای انجیلی ایران بودند آشنا شدم. وقتی به خانهٔ آنها رفتم و به ملاقات بعضی دیگر در دانشگاه رفتم، به ذهنم خطور کرد شاید بخواهند شبانی داشته باشند که نیازهای فرهنگی آنها را می‌شناسد و می‌تواند به زبان آنها صحبت کند. اگرچه تعداد آنها کم بود، اما آن موقع نمی‌توانستم حتی تصور کنم که در سال‌های آینده چقدر این جمعیت رشد خواهد کرد.

در آن زمان نمی‌دانستم مسیحیانی که از ایران بیرون می‌آیند به دلیل طرد شدن از طرف کلیسای آمریکایی که هیچ رویایی برای برآورده کردن نیازهای

شبانی آنها نداشتند، چه احساسی خواهند داشت. این ایمانداران متوجه شدند که جایی در کلیسای آمریکایی ندارند. آنها به دنبال تجربه‌ای که از کلیسا در ایران داشتند بودند، یعنی یک خانوادهٔ ایمانی؛ نه فقط یک کلیسا برای شرکت کردن در آن. آنها مشتاق مشارکت و دوستی بودند، و بسیاری از کلیساهای آمریکایی این نیاز آنها را برآورده نمی‌کردند. برخی دیگر از لیبرال بودن کلیسای پرزبیتری آمریکا شوکه شده بودند. کلیسای انجیلی در ایران، عمدتا اعتقادات اوانجلیکال و مطابق کتاب‌مقدس داشت. آنها به اعتقادنامهٔ وست‌مینستر پایبند بودند و اقتدار کتاب‌مقدس را زیر سوال نمی‌بردند، و باور داشتند که برای نجات فقط باید به مسیح ایمان داشت، و نمی‌توانستند درک کنند که چرا کلیسای لیبرال در آمریکا ایمان کتاب‌مقدسی را به یک جنبش سیاسی تبدیل کرده بود. و نتیجهٔ واضح اینکه، افرادی که ممکن بود به کلیسای آمریکایی بپیوندند از آن دور شدند. برخی دیگر هم به کلیساهای دیگر رفتند، و اغلب آن تعلیم اصلاح‌شده‌ای که در ایران داشتند را کنار گذاشتند.

وقتی به دیدارم با مهاجران اولیه از ایران و به موج ایرانیانی که به آمریکا آمدند فکر می‌کنم، نمی‌توانم به این فکر نکنم که اگر کلیسای آمریکایی رویایی برای شبانی آنها داشت، شرایط چطور فرق می‌کرد. در اولین سفرم به کالیفرنیا از چند کلیسای برجستهٔ پرزبیتری دیدن کردم و از آنها پرسیدم که آیا تمایل دارند کارمندی داشته باشند که بتواند با ایرانیان مسیحی که از ظلم در ایران فرار می‌کنند، ارتباط برقرار کند؟ پاسخی که مرتب می‌شنیدم این بود: «ما برای این کار بودجه نداریم.» به نظر می‌رسید کسی علاقه‌ای نداشت که راه‌های تامین مالی برای چنین خدمت جدیدی را بررسی کند. درها بسته شدند. فقط خدا می‌داند که چقدر از این واکنش‌ها به موضوع ایمانداران ایرانی، به دلیل وضعیت سیاسی مربوط به گروگان‌گیری بود. اما این موضوع ضربه‌ای به ایمان من بود. آیا حالا کلیسا از دنبال کردن اهداف ملکوت خدا به دلیل ملی‌گرایی، می‌ترسید؟ پس نور و نمک کلیسا بودن چه می‌شد؟ به

ایمان‌داران ایرانی‌ای که می‌شناختم و هر روز با تهدید رژیمی مواجه بودند که می‌توانست بدون دلیل آنها را به زندان بیاندازد، فکر می‌کردم. آنها با در میان گذاشتن ایمان‌شان با مسلمانان به اطاعت از مسیح ادامه دادند. اما چرا کلیسای من در آمریکا برای برقراری ارتباط با گروهی از مردم که ثمرۀ سال‌ها تلاش بشارتی در ایران بودند و حالا در جامعۀ خود آنها زندگی می‌کردند، رویای مشابهی نداشت؟ و نتیجۀ همۀ اینها، این است که امروز بسیاری از کلیساهای آمریکایی در کالیفرنیا اعضای ایرانی دارند، اما خیلی از اعضا هم کاملا از کلیسا جدا شده‌اند. در قدم بعدی با موسسۀ تازه تاسیس سموئیل زوئیمر قرار ملاقات گذاشتم. کمی امیدوار شدم، چون فکر می‌کردم قطعا افرادی که آنجا کار می‌کردند می‌توانستند مرا راهنمایی کنند. اگر کلیسای من علاقه‌ای به برقراری ارتباط با ایرانیان ایماندار یا مسلمانان بسیاری که وارد کشور می‌شدند نداشت، قطعا آنها داشتند. من مورد استقبال مدیر آنجا قرار گرفتم و موسسه را به شکل با شکوهی به من نشان دادند. تصور اینکه چنین سازمانی هست که به مطالعات جامع دربارۀ اسلام و بشارت پرشور و شاگردی‌سازی ایمانداران با پیش‌زمینۀ اسلام اختصاص دارد، بسیار تاثیرگذار بود، اما کاملا مشخص شد که پیدا کردن منابع سخت خواهد بود. واقعا نمی‌دانستم چطور می‌توانستم از تجربیاتم بدون حمایت مالی استفاده کنم.

گاهی اوقات با حقیقتی مواجه می‌شویم که راه انتخابی خدا برای ما نیست اما به نظرمان منطقی می‌آید. در به سوی کالیفرنیا بسته شد، اما من قلبم را به سمت خدا بردم و از او خواستم ما را هدایت کند. او ما را به منطقۀ واشنگتن دی. سی در حومۀ مریلند هدایت کرد.

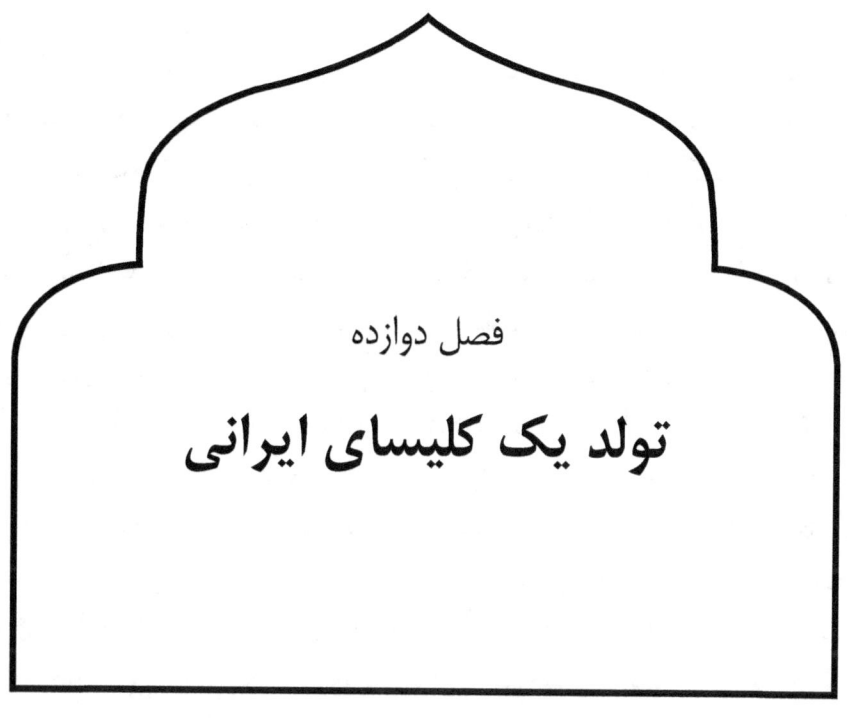

فصل دوازده

تولد یک کلیسای ایرانی

وقتـی کـه تمـام درهـا بـرای پیـدا کـردن خدمتـی کـه بـه مـن ایـن اجـازه را بدهـد بـه خدمتـم بـه ایرانیـان ادامـه دهـم بـه رویـم بسـته شـد، خـدا در دیگری را بـاز کـرد. در تابسـتانی کـه تـازه از ایـران برگشـته بودیـم، کلیسـای اتونمـت در سـیلور اسـپرینگ ایالـت مریلنـد، بـه دنبـال یـک کشـیش جدیـد می‌گشـت. اسـمم را بـه عنـوان کاندیـد داده بودنـد و از مـن دعـوت کردنـد تـا بـا هیئتـی کـه بـرای ایـن کار بـود ملاقـات کنـم. بعـدا فهمیـدم اولیـن نفـری بـودم کـه مصاحبـه شـده‌ام. بـا اطلاعـات کمـی در مـورد آنهـا و حـس کرختـی‌ای کـه از آمـدن ناگهانی‌مـان از ایـران داشـتم، در آرامـش و بـا حالتـی خنثـی بـه مصاحبـه رفتـم. مطمئـن نبـودم کـه خـدا مـا را چطـور هدایـت می‌کنـد، بـه همیـن دلیـل

سعی نکردم که آن شغل را به دست بیاورم. بعد از چند ماه و بررسی رزومه‌ها به لطف خدا آنها با من تماس گرفتند و خواستند که کشیش آنها بشوم. در آن زمان دکتر ویلیام میلر دیگر شیخ کلیسا نبود، اما گاهی اوقات برایم نامه‌های دلگرم کننده می‌فرستاد. بعد از چندین سال که در کلیسای اتونمنت بودم، او برایم نامه فرستاد و یک ایرانی مسیحی به نام سعید میربها که با او در ارتباط بود را به من معرفی کرد و خواست که با او تماس بگیرم. آقای میربها را که مردی فربه بود و همیشه لبخند به لب داشت به جلسۀ پرستشی‌مان دعوت کردم. روزی که به کلیسای‌مان آمد از او دعوت کردیم تا بعد از جلسه با هم غذا بخوریم. یک روز سرد در ماه فوریه بود؛ او شهادتش را با ما در میان گذاشت و از یک مشارکت گرم لذت بردیم. او در ایران به عیسی ایمان آورده بود، و به ما گفت که چطور اسقف ویلیام تامپسون که اسقفی دوست داشتنی در کلیسای انگلیکن ایران بود، را ملاقات کرده است. آقای میربها به امید تعمید گرفتن راه زیادی رفته بود، اما اسقف تامپسون بدون اینکه کاملا او را بشناساند، عاقلانه از این کار خودداری کرد. اما آقای میربها به راحتی منصرف نشد و به اسقف گفت که فیلیپس خواجه‌سرای حبشی را بدون اینکه از او بخواهد که چند ماه خودش را آماده کند تعمید داد. ظاهرا حرف‌های او به اندازۀ کافی قانع کننده بود که آقای میربها به مسیح ایمان آورده است، و به همین دلیل اسقف او را تعمید داد. آقای میربها کتاب‌مقدس فارسی‌اش را باز کرد و امضای اسقف تامپسون را نشان داد. آن روز قبل از رفتن با هم دعا کردیم، و چیزی که خدا در قلب هر دوی ما گذاشته بود این بود که روح‌القدس ما را به سمت ایرانیان دیگر هدایت کند تا شاید بتوانیم خدمتی را با هم شروع کنیم. و بعد از آن آقای میربها با خنده‌ای بر لب خداحافظی کرد.

مدتی بعد، او با من تماس گرفت و گفت یک خانم ایرانی از دست شوهرش که او را اذیت می‌کرده فرار کرده و به کلیسایی در منطقۀ ما پناه آورده. کلیسا به او کمک کرده بود تا جای امنی برای زندگی پیدا کند؛ و آقای میربها از من پرسید که آیا می‌توانم به ملاقات او بروم؟ از آنجایی که احساس کردم درست نباشد که به تنهایی به دیدن او بروم، با دخترم امیلی رفتم. او در یک آپارتمان کوچک

بدون وسیله زندگی می‌کرد. دختر نوزادش را با پتویی کوچک پوشانده و روی زمین خوابانده بود. او به گرمی از ما استقبال کرد، ما هم با او روی زمین نشستیم و داستان غم‌انگیزش را تعریف کرد. ظاهرا شوهرش از اینکه او باردار است و می‌خواهد بچه را نگه دارد عصبانی شده بود؛ و با لگد زدن به شکمش سعی کرده بود نوزاد را سقط کند. وقتی درمورد این صحبت کرد که چطور با ترس زیاد فرار کرده، انگار تمام آن اتفاق وحشتناک دوباره برایش پیش آمد. درمورد انجیل با او صحبت کردم، و او مشتاق بود تا برای نجات و آینده‌اش به عیسی اعتماد کند. در مورد او با آقای میربها صحبت کردم، و با هم برایش دعا کردیم و از خدا برای اولین عضو کلیسای‌مان تشکر کردیم. آیا افرادی دیگری هم به کلیسا می‌آمدند؟

ما تصور چندانی از شیوهٔ کار خدا در میان ایرانیانی که در جامعهٔ ما بودند نداشتیم. اغلب از من می‌پرسیدند خدمت به ایرانیان را چطور می‌خواهی شروع کنی؟ وقتی به آن روزها نگاه می‌کنم، متوجه می‌شوم که دربارهٔ خدمت به آنها چقدر کم می‌دانستم. دعا در این مورد نقش بزرگی را ایفا کرد. ما ایرانیان زیادی را نمی‌شناختیم، اما به خدا گفتیم هدایت او را می‌پذیریم. دوباره، یک ایرانی دیگر با ما تماس گرفت. خانمی به اسم نوشی پشت خط بود. او گفت که چطور مسیحی شده و اینکه احتمالا تنها ایرانی مسلمان است که تا به حال به مسیح ایمان آورده. از آنجایی که در آن روزها مسلمانان کسی به مسیح ایمان می‌آوردند، چنین واکنشی غیرمعمول نبود. وقتی به او دربارهٔ کلیسا در ایران، کتاب‌مقدس و کتاب سرودی فارسی گفتم، هیجانی را در صدایش و اشتیاقی برای ملاقات با ما احساس کردم. بعدا نوشی و همسرش ماریو شهادت‌شان را برای ما گفتند. ماریو که یک آمریکایی لاتین بود مسیحی شده بود، و به همین دلیل نوشی هم تصمیم گرفته بود در مقابل این کار او یک مسلمان دو آتشه شود. او شروع به نماز و قرآن خواندن کرد. اما وقتی شوهرش در سفر بود، نوشی از روی کنجکاوی و برای اینکه بداند همسرش به چیزی

اعتقاد دارد و چه چیزهایی می‌شنود به کلیسای او رفت. او گفت که یک رویا یا یک اتفاق ماورای طبیعی او را به سمت مسیح نبرد؛ بلکه این اتفاق یک روز صبح که از خواب بیدار شده بود افتاد، آن روز باور عمیقی داشت که آنچه کتاب‌مقدس می‌گوید حقیقت دارد و بی سر و صدا زندگی‌اش را به مسیح سپرد. و حالا ما سومین عضو کلیسای کوچک‌مان را داشتیم.

نفر بعدی که خداوند به جمع نوپای ما اضافه کرد آقایی بود به اسم سعید رشدی. او مردی میان‌سال و متاهل بود و سه فرزند بزرگ داشت، و گفت که قبلا معلم قرآن بوده است. او وقتی به دیدن دوستانش به تگزاس رفته بود، خوابی دید که در آن یک شخص نورانی که نمی‌دانست چه کسی است به ملاقاتش آمد و او را در راهی قرار داد که بیشتر دربارهٔ خدا یاد بگیرد. از آنجایی که قرآن آموز بود، اینطور یاد گرفته بود که در قرآن آیاتی وجود دارد که اگر آنها را حفظ و تکرار کند، خدا مجبور می‌شود که به دعاهیش پاسخ بدهد. آقای رشدی درگیر عصبانیت شدید بود؛ او می‌دانست که این موضوع منبع مهم اضطراب در روابطش با خانواده و دوستان است. او تصمیم گرفت دو روز روزه بگیرد، آیات خاصی از قرآن را تکرار کند، و از خدا بخواهد تا شخصیت او را تغییر بدهد. او گفت: «من از خدا موفقیت یا ثروت نخواستم، فقط خواستم که مرا تغییر دهد.» دو روز گذشت، و او سرشار از حس خوش‌بینی بود که تغییر کرده است. روز سوم، او از اتاقش بیرون آمد و این انتظار و اعتماد را داشت که حالا انسان جدیدی است. او گفت که یکی از اعضای خانواده‌اش گلدانی را شکست و آقای رشدی قبل از اینکه بفهمد چه اتفاقی افتاده دید که دارد با عصبانیت فریاد می‌زند. و ناگهان قلبش شکست، نه به خاطر یک گلدان شکسته بلکه به این دلیل که تغییر نکرده بود. او ایمان خود را امتحان کرده بود، و ایمانش او را سرشکسته کرده بود. او در یک افسردگی عمیق فرو رفت، برایش جای سوال داشت که مبادا با یک دروغ بزرگ زندگی و دیگران را هم گمراه می‌کرده تا امید خود را بر دینی بگذارند که دروغین است.

بعد از آن ادراک در هم شکننده، او به سمت اقیانوس رانندگی کرد. و در این فکر بود که ماشینش را به دریا بیاندازد و به زندگی‌اش پایان دهد. احساس

شکست، افسردگی و سردرگمی داشت. تاریکی افسردگی‌اش با تاریکی شب بیشتر می‌شد. او تابلوی یک مسافرخانه را دید و تصمیم گرفت شب را در آنجا بماند و فردا به نقشه‌اش برای خودکشی ادامه دهد. به اتاقش در مسافرخانه رفت، تنها با غم‌هایش آنجا نشست و کسی نبود که او را راهنمایی کند، چشمش به یک نوشتهٔ کوچک روی میز کنار تخت افتاد «یک هدیهٔ کوچک برای شما.» یک لحظه به این فکر کرد که چه کسی می‌دانسته من امشب اینجا هستم. با کنجکاوی آن را برداشت و دید که کتاب‌مقدس است. آن را باز کرد و مشغول خواندن داستانی در انجیل دربارهٔ بیرون کردن شریر از یک پسر توسط عیسی شد. او که با حیرت تحت تاثیر کار عیسی قرار گرفته بود گفت: «مشکل من این است. باید از شریر رها شوم.» روی زانوهایش نشست و در حضور عیسی اینطور دعا کرد: «عیسی، اگر توانستی آن پسر را از شریر رها کنی، مرا هم از شریر رها کن.» افسردگی از بین رفته بود، و در عین شگفتی او احساس می‌کرد که کاملا پاک است. آنقدر احساس تغییر داشت که هتل را ترک کرد و به خانه برگشت. صبح روز بعد، همهٔ اعضای خانواده را جمع کرد و به آنها گفت: «عیسی مرا تغییر داد، و برای اثبات این موضوع اگر هر کدام از شما توانست مرا عصبانی کند صد دلار به او خواهم داد.» می‌توانم تصور کنم که خانواده‌اش چه احساسی داشتند. پسرش با پوزخند گفت: «پدر کیف پولت را آماده کن، چون خیلی طول نمی‌کشد که چیزی تو را عصبانی کند.» بیشتر از یک ساه به شکل معجزه‌آسایی، هیچ چیز آقای رشدی را عصبانی نکرد (بعد از یک ماه پیروزی بر عصبانیت، او متوجه شد که این یک فیض کوتاه مدت بوده، و حالا باید یاد بگیرد که روزانه چطور به شیوهٔ خدا با هر خشمی دست و پنجه نرم کند. مگر نه اینکه همهٔ ما باید این کار را بکنیم؟) بعدا آقای رشدی متوجه شد که رویایی که سال‌ها قبل دیده عیسی بوده.

تغییری که عیسی در آقای رشدی به وجود آورد، تاثیر زیادی نسبت به

مسیح بر خانواده‌اش داشت. من افتخار تعمید دادن همسر او عفت را داشتم، که کمی بعد به مسیح ایمان آورد. او تا روز مرگش زندگی قدرتمندی برای شهادت به مسیح داشت. در سال‌های آخر زندگی‌اش چندین پرستار ایرانی داشت. او اصرار داشت که تمام روز کانال تلویزیونی ست سون پارس روشن باشد، به همین دلیل تمام پرستارها نه تنها شاهد زندگی او بودند و شهادتش را شنیدند، بلکه در معرض ساعت‌ها برنامهٔ مسیحی هم قرار داشتند. بسیاری از پرستاران ایرانی به مسیح ایمان آوردند. این افتخار را داشتم که در روزهای آخر زندگی عفت به دیدار او بروم. وقتی با هم دعا کردیم، چهره‌اش درخشندگی بسیار زیبایی داشت.

خدا به انجام تغییرات بزرگ در زنان و مردان ادامه می‌داد و از طریق آنها افراد دیگر را قانع می‌کرد که مسیح واقعیت دارد. آقای رشدی شیخ کلیسا شد و بعد هم توسط کلیسای بپتیست برای بشارت انجیل دستگذاری شد. در خانهٔ او سال‌ها برای جلسات دعای هفتگی باز بود و تا زمانی که خداوند او را نزد خودش ببرد، به خداوند خدمت کرد.

در روزهای اول، ما جلسات بسیاری هم در خانهٔ خودمان داشتیم. خدا افراد خارق‌العاده‌ای را به زندگی ما آورد که اگر بخواهم داستان آنها را بگویم باید یک کتاب دیگر بنویسم. یکی از افرادی که برای جلسات مطالعهٔ کتاب‌مقدس به خانهٔ ما می‌آمد خانمی بود که آقای رشدی او را آورده بود. او زنی مهربان و بخشنده بود. در طی این جلسات او زندگیش را به مسیح داد. کمی بعد او از من پرسید که آیا باید دربارهٔ ایمان آوردنش به همسرش بگوید یا نه؟ او یک مسلمان معتقد بود، و قبل از اینکه به آمریکا بیایند برای محکم‌کاری که مبادا دیگر به خاور میانه برنگردد، به مکه رفته بود. این موضوع سوالی چالش برانگیز برای ما به وجود آورد. به این نتیجه رسیدیم که بهتر است فعلا چیزی به او نگوید، اما روی این کار کند که مسیح را در خودش پروش دهد، و رفتار و کارهایش شهادتی بر ایمانش باشد و دعا کند که چه زمانی باید به او بگوید. بعد از شش ماه، به این نتیجه رسید زمان گفتن رسیده است.

او یک روز را انتخاب کرد تا به شوهرش بگوید به مسیح ایمان آورده است.

همهٔ ما برایش دعا می‌کردیم. او غذای مورد علاقهٔ همسرش را پخت، بهترین لباسش را پوشید، خانه را تمیز کرد، و منتظر شوهرش شد. بعد از اینکه به گرمی از او استقبال کرد، با هم غذای خوشمزه‌ای را که حاضر کرده بود خوردند. بعد از غذا او تمام شجاعت خود را جمع کرد و گفت: «باید موضوع مهمی را به تو بگویم که ممکن است به خاطر آن بخواهی از من جدا شوی.» می‌توانم تصور کنم که چه چیزهایی از فکر مرد بیچاره گذشته. یعنی همسرم چه کاری انجام داده که بخواهم او را طلاق بدهم؟ او حالا که مطمئن بود تمام توجه شوهرش را جلب کرده، گفت: «من به جلسات مطالعهٔ کتاب‌مقدس می‌رفتم و مسیحی شده‌ام.» و خودش را برای واکنش او آماده کرد. شوهرش در کمال ناباوری خندید، و این باعث ناراحتی خانم شد و به او گفت: «تو حرف مرا جدی نمی‌گیری و مسخره‌ام می‌کنی.» او در میان خنده‌هایش گفت: «نه! نه! به این دلیل می‌خندم که خوشحالم! من خودم هم مسیحی شده‌ام.» و گفت که نگران بوده چطور این موضوع را به او بگوید که اخیرا در یک دورهٔ مکاتبه‌ای کتاب‌مقدس شرکت کرده و به عیسی هم ایمان دارد. لازم نیست که بگویم، آن روز به خوبی و با شادی بسیار در خداوند تمام شد. آنها خانواده‌ای مهم در تاسیس کلیسای ما بودند. پسر آنها در زندان ایمان آورد و من افتخار این را داشتم که در کلیسای زندان در یک روز شنبهٔ قبل از عید قیام او را به زبان مادری‌اش یعنی فارسی تعمید دهم. تاسیس یک کلیسا برای مهاجرانی که از پیش زمینهٔ اسلام می‌آیند کار زمان‌بری است. ما آمریکایی‌های زیادی که بتوانند به ما کمک کنند را نمی‌شناختیم. من هنوز کشیش کلیسای اتونمنت بودم، و به همین دلیل زمانی که برای این خدمت جدید می‌توانستم بگذارم محدود بود. خدا مرد جوانی به اسم لَری کلرمونت که با ایرانیان دوستی داشت را به کمک ما آورد و او به خدمت ما پیوست. او با وفاداری سال‌ها در کنار ما خدمت کرد. در نهایت، به این نتیجه رسیدیم که باید به جای جمع شدن در خانه در ساختمان کلیسا جمع شویم. اولین جلسه‌مان بعد از

ظهر را در یکی از کلاس‌های کلیسای اتونمنت برگزار کردیم. از آنجایی که کسی را نداشتیم که تجربهٔ راهبری پرستش به فارسی را داشته باشد، موزیک نداشتیم، اما یک کتاب سرود کوچک داشتیم؛ و روزی که پتی پشت ارگش ایستاد و ما را برای خواندن سرود فارسی راهبری کرد را به یاد می‌آورم. این موضوع قبل از این بود که اینترنت بیاید، و پتی باید به اعضای کلیسا یاد می‌داد که چطور سرود بخوانند. ایرانی‌ها به خاطر فرهنگ‌شان ترجیح می‌دهند به جای خواندن در گروه تک خوانی کنند. اوایل هر کس برای خودش می‌خواهند و موزیک صدای بدی داشت. و چون آنها موزیک را نادیده می‌گرفتند، پتی باید به آنها یاد می‌داد که تا صدای او را دنبال کنند. پتی به تدریج به آنها سرودهای بیشتری یاد داد، و کلیسای کوچک ما در لذت پرستش خدا رشد کرد. بعدا ما جلسه‌های‌مان را به شکل مباحثه دائر کردیم، دور یک میز می‌نشستیم و بیشتر وقت را صرف پاسخ دادن به سوالات و آموزش اصول ایمان مسیحی می‌کردم. بعد از آن در سالن عبادت پرستشی رسمی‌تر داشتیم و در ادامه با هم معاشرت می‌کردیم و چای و شیرینی ایرانی می‌خوردیم. همراهان ما در سال‌های اول بین پانزده تا هجده نفر بودند.

در اوایل سال ۱۹۹۰، احساس کردم که خدا در قلبم گذاشته که در خدمت ایرانیان بیشتر دخیل شوم. گاهی دعوت می‌شدم تا در کنفرانس‌های مسیحی بین‌المللی ایرانیان سخنرانی کنم. می‌توانستم احساس کنم که خدا کار جدیدی در میان ایرانیان انجام می‌دهد و برایم هنوز جای سوال داشت که آیا خدا از من دعوت می‌کند که مسئولیتی به عهده بگیرم یا نه؟ چندین اتفاق باعث شد که به این باور برسم خدا می‌خواهد او را در میان ایرانیان خدمت کنم. اولین مورد شنیدن این آمار بود که برای هر یک میلیون ایرانی یک راهبر وجود دارد و مرا شوکه کرد. تعداد راهبران مسیحی ایرانی‌ای که می‌شناختم را به اندازهٔ انگشت‌های دست بودند و برایم جای سوال داشت که آیا خدا از من دعوت می‌کند که به آنها بپیوندم؟ بعدا خواندم که تعداد بسیاری از راهبران مسیحی تعلیم دیده با افراد انگلیسی زبان کار می‌کنند. این حقایق بیشتر آزارم می‌داد چون دو زبان از زبان‌های مردم ایران را حرف می‌زدم و از آنها استفاده نمی‌کردم (لوقا ۱۲:

۴۸). زمانی که مقابل خداوند می‌ایستادم و او می‌پرسید با استعدادهایی که به من داده چه کاری انجام داده‌ام، چه بهانه‌ای می‌توانستم بیاورم؟ متوجه شدم که کشیش‌های واجد شرایط بسیاری وجود دارند که بتوانند در دنیای انگلیسی زبان مسئولیتی به عهده بگیرند. این عوامل مرا به سمت دعا و جستجو برای راه خدا برد.

خدتم در کلیسای اتونمنت پرثمر بود، و می‌توانستم با خوشحالی تا زمان بازنشستگی آنجا بمانم. هر روز با هیجان برای خدمتی که خدا به من عطا کرده بود، دو چهار راه را تا سر کار پیاده می‌رفتم. در هر صورت به دعا ادامه دادم تا خدا به من نشان دهد که آیا می‌خواد به ایرانیان خدمت کنم یا نه. یک روز که به در کلیسا رسیدم احساس کردم که دعوتم برای خدمت به مسیح در کلیسای اتونمنت دیگر وجود ندارد. توضیحش سخت است، اما احساس رهایی داشتم، و قلبم با چیزی بیشتر از دوازده سال بود، فرق داشت. اول گیج بودم و نمی‌دانستم واقعا چطور با این احساس جدید کنار بیایم. برای اینکه بسنجم که آیا این حس واقعا از طرف خدا است یا نه، تصمیم گرفتم با چند راهبر ایرانی که به آنها اعتماد داشتم مشورت کنم. از آنها خواستم تا نظرشان را صادقانه دربارهٔ احساس من برای خواندگی و کار در بین ایرانیان بگویند. در طول چندین ماه، با هر راهبر ایرانی‌ای که صحبت کردم، خواندگی‌ام را تایید کرد. بعد از این تصمیم گرفتم که با هیئت مدیرهٔ سازمان خدمتی‌ام صحبت کنم. من بیشتر از نه سال با هیئت مدیرهٔ سازمان خدمتی «شاهد دنیا» کار کرده بودم. من خودم به عنوان رئیس هیئت مدیره خدمت کرده بودم و بسیاری از اعضا را شخصا می‌شناختم. اما سازمان خدمتی شاهد دنیا خدمتی برای ایرانیان نداشت. آماده شدم تا در مورد امکان خواندگی من و پتی برای آغاز خدمت به ایرانیان با آنها صحبت کنم و یک نامه در مورد نحوهٔ کار خدا در ایران و اینکه چطور احساس می‌کردم که من و پتی به طور منحصر به فردی برای چنین خدمتی واجد شرایط هستیم نوشتم. نامه‌ام را به آنها دادم و منتظر شدم تا جوابی از آنها بشنوم. آنها

گفتند که رویایی برای کار با ایرانیان نداشتند اما این طور احساس کردند حالا که خدا ما را به سمت آنها آورده و مرا هم به خوبی می‌شناسند، از ما دعوت می‌کنند تا به صورت تمام وقت خدمت کنیم. آنها عنوان «مدیر خدمت فارسی» را به من دادند، هر چند هنوز کسی نبود که آنها را مدیریت کنم. کمی بعد، به مشایخ کلیسای اتونمنت اطلاع دادم، که من و پتی توسط سازمان خدمتی شاهد دنیا دعوت شده‌ایم تا در دنیای فارسی زبان خدمت کنیم.

حالا آزاد بودم تا تمام وقتم را به جمع کوچک هجده نفرهٔ ایمانداران با پیش‌زمینهٔ اسلام که در کلیسای اتونمنت ملاقات کردم، اختصاص دهم. در این زمان، ما با واکنش‌های مختلفی از طرف دوستان و همکاران مواجه شدیم. یک دوست خیلی عزیز گفت که تصمیم بسیار بدی گرفته‌ام. او گفت که این یک خودکشی حرفه‌ای است؛ چون من دیگر دیده نخواهم شد و کسی درباره‌ام نخواهد شنید. به روزهای‌مان در کارترت فکر کردم، که وقتی رفتن‌مان به ایران را اعلام کردیم چقدر بعضی‌ها عکس‌العمل منفی نشان دادند، و بعدا که از ایران اخراج شدیم و سعی می‌کردیم تا سازمانی را پیدا کنیم تا ما را استخدام کنند، برخی از مسیحیان چطور به ما جواب دادند. اما با این باور که خدا ما را به انجام این کار خوانده است، اطاعت کردیم. و چقدر خوشحالم که این کار را انجام دادم. ما انتخاب کردیم تا به خدا گوش دهیم، و او این تصمیم را بیشتر از آنچه که تصورش را می‌کردیم برکت داد.

با زمان بیشتری که برای انجام خدمت داشتم، شروع به پی‌ریزی پایه‌هایی برای تبدیل شدن‌مان به یک کلیسای رسمی کردم. می‌دانستم یکی از بزرگترین چالش‌هایی که با آن روبرو خواهم شد، سر و کار داشتن با افرادی بود که می‌خواستند صرفا برای مقاصد مهاجرتی تعمید بگیرند. خوشبختانه دولت آمریکا مهاجران را به کشوری که در آن مورد آزار قرار می‌گرفتند، پس نمی‌فرستاد. از مدت‌ها قبل اینطور بود که اگر ایران در یک مسلمان هستید و مسیحی می‌شوید و می‌خواهید به صورت آشکار آن را بیان کنید، به احتمال خیلی زیاد با آزار و اذیت مواجه می‌شوید. این باعث شد تا افراد زیادی به طور دائم به کلیسای ما بیایند. برخی از وکلای مهاجرت در منطقهٔ واشنگتن دی سی به

مراجعین خود می‌گفتند که به کلیسای ما بیایند. درحالیکه باید مطمئن می‌شدم آنهایی که تعمید می‌گیرند ایمانداران واقعی هستند، می‌دانستم به برنامه‌ای نیاز دارم که چطور شاهدی برای ملاقات کنندگان باشم. اولین سیاستی که به عنوان کلیسا در پیش گرفتیم این بود که هیچ کس را تا شش ماه بعد از دعای توبه تعمید ندهیم. سیاست دوم این بود که به ایرانیان ایماندار اجازه بدهیم که به عنوان آزمونی برای سنجش ایمانداران جدید عمل کنند. برای انجام این کار، جلسات هفتگی مطالعهٔ کتاب‌مقدس را در سه منطقهٔ بالتی‌مور، ویرجینای شمالی، و سیلور اسپرینگ شروع کردم. به کلیسا اطلاع دادم که خودم در طول هفته در این جلسات حضور خواهم داشت و اگر می‌خواهند در ایمان رشد کنند باید به نزدیک‌ترین جلسه به خانه‌شان بیایند. جلسات ما معمولا تا دیر وقت طول می‌کشید، چون سرود می‌خواندیم و خدا را پرستش می‌کردیم، کلام او را می‌خواندیم، و با هم معاشرت می‌کردیم. می‌دانستم اگر این کلیسا بخواهد سرپا بماند، ایمانداران باید مثل دوستان صمیمی به هم گره بخورند. می‌دانستم دوستی در فرهنگ ایرانی چقدر قدرتمند است و معتقد بودم که بسیاری از کلیساهای ایرانی به دلیل تمایل اعضا برای داشتن رابطه با کشیش و نه با یکدیگر شکست می‌خورند. وقتی کشیش‌ها در مرکز توجه قرار می‌گیرند، موقعیت‌های ناسالم پیش می‌آید. به طور مثال، اگر کشیش شخصی را آزرده خاطر کند، آن فرد آسیب دیده معمولا دیگر به کلیسا نمی‌آید. با این حال، اگر اعضا دوستی عمیقی در داخل کلیسا داشته باشند، احتمال اینکه دل‌خوری‌ها منجر به دوری شوند، کمتر است. به همین دلیل، دیدن اینکه اعضای کلیسا در گروه‌های کوچک جمع می‌شوند، خوب بود. در ابتدا، بیشتر راهبری با من بود. با گذشت زمان، از دیگران دعوت کردم، تا زمان دعا را هدایت یا جلسات را در خانه‌های‌شان برگزار کنند. این سیستم به ما امکان داد تا آنهایی را که می‌خواستند تعمید بگیرند بشناسیم و به سوالات بسیار آنها پاسخ دهیم. همچنین به ما زمان داد تا جدیت و

تعهد آنها را بیازماییم، چون من نمی‌خواستم آنها را فقط در پرستش روز یکشنبه ببینم و می‌خواستم ببینم که در جلسات مطالعهٔ کتاب‌مقدس در وسط هفته چطور تعامل دارند.

یکی از افراد مهم در این مرحله از بنای کلیسا برادر عزیزم جواد بود. جواد یک نو ایمان بود، و ما رابطه‌ای عمیق با هم برقرار کردیم. اولین باری که دربارهٔ او شنیدم زمانی بود که یک دانشجوی دانشکدهٔ کتاب‌مقدس برایم نوشت که به جواد یک کتاب‌مقدس فارسی داده و فکر می‌کند که او نسبت به کتاب‌مقدس باز است. یک دعوت‌نامهٔ رسمی به همراه نقشه‌ای که نشان می‌داد کلیسای ما کجاست برای او فرستادم و جواد را جلسهٔ فارسی دعوت کردم. او یکشنبهٔ بعد به کلیسا آمد. او انتظار داشت که کلیسا پر از مسیحیان ارمنی باشد، و وقتی آن روز از برادر محمد خواستم کتاب‌مقدس بخواند، جواد شوکه شده بود. او یک شاگرد عالی کتاب‌مقدس بود و به مسیح ایمان داشت، و من افتخار تعمید دادن او را داشتم. وقتی جلسات گروه‌های کوچک را شروع کردیم، جواد با من می‌آمد. ما ساعت‌های زیادی را با هم می‌گذراندیم و دربارهٔ قسمت‌های مختلف کتاب‌مقدس و نیازهای کلیسا صحبت می‌کردیم. او از تمام تعالیم من یادداشت‌های زیادی برمی‌داشت. طولی نکشید که متوجه شدم او یک مرد خداست و یک راهبر خوب خواهد شد.

در حالیکه کلیسای ما رشد می‌کرد، می‌دانستم که به یک تیم راهبری نیاز داریم؛ و به جای اینکه به آنها شیخ بگوییم، به اولین راهبران‌مان «خدمت‌گزاران» خداوند گفتیم. تصمیم گرفتم به طور منظم همدیگر را ببینیم و با هم تصمیم بگیریم. از این گذشته چون پیش‌زمینهٔ پرزبیتری داشتیم، کار درست این بود. در اولین جلسه‌مان درس مهمی یاد گرفتم، که چطور آنها را در تصمیم‌گیری گروهی هدایت کنم. یک موضوع در دستور کار داشتیم و آن این بود که آیا باید هدیه جمع‌آوری کنیم یا نه؟ به نظر من مسئلهٔ قابل بحثی نبود، اما می‌خواستم به عنوان یک تیم با هم تصمیم بگیریم. دعا کردیم و من قسمتی از کتاب‌مقدس که دربارهٔ احترام گذاشتن به یکدیگر بود را خواندم و موضوع مورد بحث را مطرح کردم. سه ساعت بعد ما هنوز به نتیجه‌ای نرسیده بودیم.

هیچ کدام از این ایمانداران عزیز نمی‌توانست با پیشنهادی که توسط دیگری مطرح می‌شد موافقت کند. بالاخره، در ناامیدی گفتم: «شروع به جمع‌آوری هدایا خواهیم کرد.» همهٔ آنها لبخند زدند و گفتند که مشکلی نیست. این چه معنایی برای آینده داشت؟ آیا راهی وجود داشت تا آنها قانع شوند که حکمت دیگران را ببینند؟ حالا متوجه شده بودم که باید راه دیگری یاد بگیرم تا به آنها نشان دهم به عنوان راهبر چطور عمل کنند. مشتاق بودم که نظر آنها را بدانم؛ هر چه باشد من ایرانی نبودم، و به درک فرهنگی آنها نیاز داشتم. خداوند روشی جدید به من یاد داد تا بدون اینکه بحث‌های آزار دهندهٔ طولانی دربارهٔ مسائل داشته باشیم و به نتیجه نرسیم، حکمت آنها را بدانم. هر وقت که مسائل بزرگی داشتیم که دربارهٔ آنها تصمیم بگیریم، با هر یک از اعضای تیم راهبری به طور جداگانه ملاقات می‌کردم و نظرات و دیدگاه‌شان را می‌شنیدم. و بعد بر اساس نظرات آنها که جمع‌آوری کرده بودم پیشنهادی ارائه می‌دادم. و اکثر مواقع به پیشنهاد مطرح شده رای مثبت می‌دادند چون همه در آن مشارکت کرده بودند و در عین حال با دیدن مخالفت دیگران با نظرات‌شان اعتبار خود را از دست نمی‌دادند.

فرهنگ ایران بر پایهٔ شرم است. ریشه‌های این شرم به باغ عدن و زمانی که آدم و حوا بعد از نافرمانی از خدا با شرمساری از او پنهان شدند، برمی‌گردد. شرم، احساس از دست دادن ارزش و نیکویی است. در فرهنگی که بر پایهٔ شرم و احترام است، مهمترین مسئله در زندگی یک فرد احترام و وحشتناک‌ترین تجربه زمانی است که یک نفر شرمنده می‌شود. احترام با سابقهٔ خانوادگی، تحصیلات، ازدواج، ثروت، و عنوان یا موقعیت فرد به دست می‌آید. عناوین بسیار مهم هستند و باید سعی کرد تا افراد را با عنوان درست خطاب کرد تا به آنها بی احترامی

نشود. زبان محبت برای احترام، مهمان‌نوازی است، و به همین دلیل دعوت شدن به منزل دیگران مایهٔ افتخار است، همچنین آمدن مهمانی مهم به خانهٔ شما به همان اندازه مهم است (پاسخ زکی به عیسی در لوقا ۱۹: ۵ که خود را به خانهٔ او دعوت کرد را در نظر بگیرید). احترام با بلند شدن جلوی افرادی که وارد یک اتاق می‌شوند و سلام کردن به همه نشان داده می‌شود. بی احترامی یعنی به زبان آوردن عدم موفقیت افراد در ملاءعام، توهین کلامی، توهین به پدر و مادر، تمسخر و با کنایه حرف زدن. بزرگترین شکل بی احترامی زمانی است که یک فرد به کلی نادیده گرفته می‌شود. این توهین شدید می‌تواند باعث شود فردی که تحقیر شده بخواهد با پشت سر آنها حرف زدن انتقام بگیرد. مطمئنا نمی‌خواستم باعث شوم که هیچیک از اعضای کلیسایمان اعتبارشان را از دست بدهند و با این کار به آنها توهین کنم، چون این موضوع می‌توانست تاثیر بزرگی داشته باشد و در نهایت خانوادهٔ رو به رشد کلیسای ما را از بین ببرد.

بعد از اینکه تیم راهبری را تشکیل دادم، قدم بعدی تعیین معیارهایی برای عضویت در کلیسا بود. برای تمام افرادی که تعمید می‌گرفتند از اعترافنامهٔ ایمانی استفاده می‌کردیم، و آنها را عضوی از کلیسا می‌دانستیم. با این حال، احساس کردیم که باید سیستمی داشته باشیم که بتوانیم به وسیلهٔ آن با هم پیمان عضویت ببندیم. چندین هفته دربارهٔ این موضوع موعظه کردم که چطور می‌توانیم عضوی مسئول در کلیسای مسیح باشیم. بعدا یک تاریخ مشخص کردیم تا هر ایمانداری که تعمید گرفته بود در آن روز تعهد خود به مسیح و به طور خاص به کلیسای ما را اعلام کند. یک اعترافنامهٔ ایمانی آماده کردیم که همه با هم آن را می‌خواندیم؛ و هر نفر باید به جلو می‌آمد و اسم خود و تاریخ را در یک دفتر جلد چرمی می‌نوشت، و این دفتر بایگانی رسمی از اعضای کلیسای ما بود.

تقریبا ۴۵ نفر دفتر تعهد را امضا کردند. و آن روز نقطهٔ عطفی برای کلیسای ایرانی

مسیحی در واشنگتن دی سی بود.

در سال بعد، موضوعات زیادی دربارهٔ ویژگی‌های شخصیتی که راهبران خداشناس باید داشته باشند و وظایف خاصی که باید در بدن مسیح انجام دهند تعلیم دادم. و سپس در این باره صحبت کردم که مشایخ چطور باید توسط کلیسا انتخاب شود. متوجه شدم که در عهد جدید، در کلیساهای جدید اغلب پولس مشایخ را منصوب می‌کرد؛ و من این گزینه را در نظر گرفتم. اما چون کلیسای ما به بیشتر از ۵۰ عضو رسیده بود، خواستم تا روح‌القدس ما را به سمت مشایخی هدایت کند که خودش آنها را خوانده است. و حالا که عضویت رسمی داشتیم، مشایخ را از بین اعضای‌مان انتخاب می‌کردیم؛ و بر این باور بودیم که خدا ما را هدایت می‌کند تا به عنوان یک کلیسا این کار را انجام دهیم. این کار مشکل افرادی که در کلیسا فعال بودند و برای این منصب کاندید می‌شدند اما حاضر نبودند پیمان عضویت را امضا کنند، حل کرد. من هفته‌های زیادی تا قبل از شروع انتخاباب دربارهٔ شرایط کتاب‌مقدسی برای مشایخ تعلیم داده بودم.
یکشنبهٔ قبل از انتخابات برای مشایخ کلیسا، روند آن را برای اعضا توضیح دادم. و گفتم ما از روش معمول انتخابات که اعضا از فهرست انتخاباتی فردی را انتخاب می‌کنند استفاده نمی‌کنیم. معتقد بودم که این روش در فرهنگی که بر اساس شرم/احترام است کار نمی‌کند. آنهایی که انتخاب نشوند احساس شرمساری می‌کنند، و احتمالا همین باعث می‌شود تا کلیسا را ترک کنند. باور دارم که خدا مرا به سمت روش دیگری هدایت کرد. ما یک کلیسای کوچک بودیم و سه شیخ برای خدمت به ما کافی بود و تیم راهبری هم با این موضوع موافقت کردند. از اعضای کلیسا خواستم تا در هفتهٔ پیش رو برای هدایت روح‌القدس در انتخاب مشایخ دعا کنند. آنها این فرصت را داشتند که سه نفر از اعضا به جز خودشان را به عنوان کاندید معرفی کنند. سه نفری که بیشترین رای را می‌آوردند

همان‌هایی بودند که روح‌القدس انتخاب کرده بود. یکشنبهٔ بعد، جلسهٔ پرستشی را انجام دادیم و سپس انتخابات را شروع کردیم. به هر عضو یک کاغذ داده شد و از آنها خواستیم تا اسم افرادی که فکر می‌کنند خدا می‌خواهد کلیسای‌مان را هدایت کنند بنویسند. از آنجایی که تعداد کاغذهایی که پخش کرده بودیم را می‌دانستیم، افراد لازم نبود اسم‌شان را روی آنها بنویسند. وقتی چهار نفر از اعضای تیم راهبری آرا را می‌شمردند و ما منتظر شنیدن نتایج بودیم حضور پررنگ خداوند را احساس کردیم. سه نفر بیشترین آرا را به دست آوردند. احساس آرامش خیال کردم چون هیچ شکی نبود که چه کسانی قرار بود مشایخ ما شوند. روح‌القدس حرف زده بود. اعضا ایستادند دست زدند و همه با هم خدا را ستایش کردیم.

علیرغم تمام تلاش‌های ما، همه از نتایج راضی نبودند. یک برادر مطمئن بود که خدا او را انتخاب کرده تا راهبر کلیسای ما باشد و با عصبانیت بیرون کلیسا ایستاده بود و به اعضا می‌گفت که چون انتخاب نشده این انتخابات شیطانی بوده. از اینکه او انتخاب نشده بود خیالم راحت شد. در طول ماه‌هایی که به کلیسای ما می‌آمد شیوهٔ راهبری‌اش این بود که برای افراد کاری انجام دهد تا آنها را مدیون خودش کند. او با چاپلوسی معنوی می‌خواست جایی در دیگران پیدا کند. او پیشنهاد داد تا به خانهٔ افراد برود و برای آنها دعا کند، و این کارش بسیاری را تحت تاثیر قرار داد. من مجبور بودم تا با اصرار او بجنگم و مانع شیخ شدنش شوم. کار خوبی بود که اجازه دادم روح‌القدس او را کنار بگذارد؛ او نمی‌توانست برای نتایج مرا مقصر بداند، اما باید با تصمیم کل کلیسا مواجه می‌شد. این درس بزرگی برای کلیسا بود. اجازه بدهید مسیح کلیسایش را بسازد! او کار بسیار بهتری از ما انجام می‌دهد!

حالا می‌خواهم دربارهٔ جنگ‌های روحانی‌ای صحبت کنم که وقتی دربارهٔ مسیح با مسلمانان صحبت می‌کنیم و به دنبال بنای کلیسای هستیم، اتفاق می‌افتند. گفتن تمام حملات دشمن علیه ما در زمان خدمت‌مان در واشنگتن از حوصلهٔ این کتاب خارج است. اما فکر می‌کنم برایم مهم است که تاکیید کنم بنای این

کلیسا بدون حملات بزرگ دشمن نبود. اولین میدان جنگ، حملهٔ مدوام به کلام خدا بود. موضوعاتی مثل ذات گناه‌کار انسان، غضب خدا، تثلیث، بخشیدن دیگران تنها چند موردی بودند که مدام بر سر آنها مشاجره بود. دشمن اغلب از طریق افراد مختلف در کلیسای ما کار می‌کرد. یک روز یکشنبه دربارهٔ ذات گناهکار موعظه کردم و شیخی که دستیارم در پرستش بود بعد از موعظه پشت منبر آمد و به خاط موعظهٔ عالی از من تشکر کرد؛ و رو به اعضا گفت وقتی من گفتم که همه گناه کرده‌اند منظورم آنها نبوده است. یک آقای دیگر از عهد عتیق متنفر بود خواندن مزامیر در یکشنبه‌ها را قبول نمی‌کرد. یک روز یکشنبه درست قبل از شروع موعظه او ایستاد و با صدای بلند گفت که اعضا نباید به موعظهٔ من گوش کنند چون من سعی دارم همهٔ آنها را یهودی کنم. بعد از این کار او، برقراری نظم کمی زمان برد. یک برادر دیگر مرا برای ناهار به خانه‌اش دعوت کرد و بعد از خوردن غذای خوشمزه یک کاغذ آورد که روی آن بیست و هفت گناهی که من مرتکب شده بودم را نوشته بود! به طور مثال، موقع دعا دستم را در جیبم گذاشتم و با این کار به خدا بی احترامی کرده بودم. بدون هیچ اظهار نظری به بقیهٔ فهرست او گوش دادم. می‌دانستم که او یک مرد عصبی است و بحث با او یا دفاع کردن از خودم بی فایده بود.

یکی دیگر از ابزاری که دشمن استفاده کرد ایجاد کشمکش در بین ما بود. در فرهنگی که بر پایهٔ شرم است من به عنوان یک آمریکایی، حتی متوجه نبودم که رفتارهایم چطور خواهران و برادران ایرانی‌ام را ناراحت کرده بود، و فکر می‌کنم که آنها هم متوجه نبودند که چطور مرا ناراحت می‌کردند. متوجه شدم که وقتی ایرانیان به مسیح ایمان می‌آورند و بخشی از بدن مسیح می‌شوند معمولا به وجد می‌آیند. آنها روابط نزدیک را دوست دارند و به خانهٔ هم می‌روند. اما اینجاست که فرهنگ با اصول پادشاهی خدا تقابل پیدا می‌کند. آنها برای این حقیقت آماده نیستند که همه در کلیسا از قوانین دوستی فرهنگ ایرانی

پیروی نمی‌کنند. به طور مثال، اینطور می‌گویند که اگر ما یک خانوادهٔ بزرگ هستیم، چرا یک خانواده، خانوادهٔ مرا به جشن تولد بچه‌اش دعوت نکرد؟ این بی احترامی محسوب می‌شود، و کشمکش‌های زیادی را ایجاد می‌کند. مشاورین ایرانی‌ام به من توصیه کردند زیاد با اعضای کلیسایم تعامل نداشته باشم. اگر شخصی به طور خاص مرا به خانه‌اش دعوت می‌کرد، می‌رفتم، اما من و پتی در دام رفت و آمد با چند خانوادهٔ خاص نیفتادیم. یک اتفاق دیگر باعث درگیری شد این بود که دو مرد برای صرفه‌جویی در هزینه‌ها تصمیم گرفتند هم‌خانه شوند. بعد از اینکه دیدیم یک دوستی چقدر سریع می‌تواند به یک درگیری بزرگ تبدیل شود، یک قانون در کلیسا تصویب کردیم، بر اساس آن با هر دو طرف ملاقات کردیم و قراردادی نوشتیم که در آن همراه مسائل دیگر مشخص شد چه کسی مسئول پرداخت اجاره و قبض آب و برق است و اینکه کارهای خانه چطور باید تقسیم شوند. آنها قرارداد را امضا کردند، و یک نسخه از آن هم در کلیسا ماند. در بیشتر موارد این قانون به خوبی عمل کرد. یکی از بزرگترین منابع درگیری‌ها مدیریت پول بود. مهاجرین جدید اغلب به پول نیاز داشتند، و می‌خواستند از اعضایی که ثبات بیشتری داشتند پول قرض بگیرند. این موضوع اغلب مانع حضور فعال ایرانیان بالغ‌تر و با سابقه‌تر در کلیساهای ایرانی بود. اگر آنها به اعضای نیازمند پول قرض می‌دادند، آن اعضا احساس می‌کردند به آنها بدهکار هستند و وقتی نمی‌توانستند قرض‌شان را پس بدهند، معمولا به دلیل شرمساری از رو به رو شدن با فردی که به او بدهکار بودند، به کلیسا نمی‌آمدند. و چون بدهی پرداخت نشده بود کسی که پول را قرض داده بود هم ناراحت و عصبانی می‌شد. ما باید راه‌حلی برای این مشکل پیدا می‌کردیم. می‌خواستم به اعضایی که در مضیقهٔ مالی بودند کمک کنیم. بعد از گفتگوهای طولانی با مشایخ، به اعضای کلیسا اعلام کردیم که نباید از هم پول قرض بگیرند؛ و به جای آن نیازهای مالی‌شان را به مشایخ اطلاع دهند. به آنها گفتیم که کلیسا مثل بانک وام دهنده نیست، اما در هر صورت بعد از ارزیابی نیازهای‌شان به آنها کمک مالی خواهیم کرد. اگر کسی می‌خواست به عضوی کمک کند، باید پول را به کلیسا می‌داد و اسم فرد مورد نظر را مشخص می‌کرد، اما کلیسا

به آن فرد می‌گفت که کمک از طرف کلیسا است؛ و به آن فرد گفته می‌شد که این هدیه برای یک بار از طرف کلیسا است و آنها به کلیسا بدهکار نیستند. با این حال، زمانی که از نظر مالی توانایی داشتند، آنها را تشویق می‌کردیم تا هدیه‌ای به کلیسا بدهند تا کلیسا هم به افراد نیازمند دیگر کمک کند.

نمونه‌های بسیار دیگری از چالش‌های فرهنگی در کلیسای جدید ما وجود داشت، اما در هر موردی که دشمن به دنبال ایجاد تفرقه بود، روح‌القدس بینش و منابعی را برای حفظ صلح و اتحاد کلیسا در اختیار ما قرار داد.

فصل سیزده

ایرانیان پراکنده در جهان

امروزه، ایرانیان را تقریبا در همه جای دنیا می‌توان یافت، اما همیشه اینطور نبوده است. موج اول ایرانیانی که در دهه‌های ۱۹۵۰ و ۱۹۶۰ ایران را ترک کردند، عمدتا برای پیگیری اهداف تحصیلی بود. روشنفکران ایران طرفدار نظام آموزشی فرانسه بودند که تاثیر بسزایی در نظام آموزشی ایران داشت. برخی دیگر، برای دستیابی به تحصیلات عالی عملی، به آمریکا روی آوردند. آنها می‌خواستند در رشته‌های پزشکی، مهندسی، و فناوری مدرک بگیرند و امیدوار بودند که به ایران برگردند تا از مهارت‌های خود برای پیشرفت کشورشان استفاده کنند. بعدتر، ایرانیان برای تحصیل در رشته‌های مرتبط با نفت به آمریکا آمدند و بسیاری

از این دانشجویان به تکزاس رفتند. با رشد فزایندهٔ درآمد ایران از نفت، شاه ایرانیان بسیاری را به آمریکا فرستاد تا توسط نیروی هوایی آمریکا آموزش ببینند. این اولین موج مهاجرت ایرانیان به غرب بود و به این ترتیب، آغازگر دیاسپورای مدرن ایرانی شد.

موج دوم مهاجرت گسترده و دسته‌جمعی، در ماه‌های منتهی به انقلاب اسلامی و در سال اول آن رخ داد. مطمئن نیستم که راه دقیقی برای گزارش تعداد ایرانیانی که از ایران گریخته‌اند وجود دارد یا خیر. بدیهی است که افراد مرتبط با حکومت شاه تعداد زیادی از این مهاجرین را تشکیل می‌دهند، اما افراد دیگر هم کشور را ترک کردند. خیلی‌ها به هر روی به سبک زندگی غربی عادت کرده بودند و شرایط و امکانات ترک کشور برایشان فراهم بود. اقلیت‌هایی مانند ارمنی‌ها و آشوری‌ها دسته دسته کشور را ترک کردند. امروز، شنیده‌ام که ۷۵ درصد آشوری‌ها به آمریکا و استرالیا مهاجرت کرده‌اند. همچنین، ۵۰ درصد از ارامنه نیز کشور را ترک کرده‌اند. در سال‌های اولیهٔ انقلاب، مسیحیان پروتستان نیز به این روند مهاجرت پیوستند. اسقف دهقانی و خانوادهٔ او بعد از اینکه پسرش بهرام به قتل رسید، کشور را ترک کردند. از آنجایی که من اولین سال بعد از انقلاب اسلامی (۸۰-۱۹۷۹) را در تهران بودم، تقریبا به طور هفتگی شاهد مهاجرت ایمانداران کلیسای انجیلی ایران، و نیز جفایی بودم که روز به روز فراگیرتر می‌شد.

موج سوم مهاجرت، طولانی‌تر بود و از بسیاری جهات هنوز ادامه دارد. دلایل زیادی وجود دارد که ایرانیان همچنان به ترک وطن خود ادامه می‌دهند. بعضی از دشواری‌های زندگی در ایران امروزی خسته شده‌اند. برخی دیگر به دلیل مشکلات اقتصادی و برای شروع یک زندگی جدید به ترکیه گریخته‌اند. بعضی دیگر از سوی رژیم مورد آزار و اذیت قرار گرفته و مجبور به فرار از ایران شده‌اند، و بخش عمده‌ای از این افراد ایمانداران مسیحی بوده‌اند. در ابتدا، بیشتر این افراد به ترکیه رفتند که در آنجا می‌توانستند به عنوان پناهنده در سازمان ملل ثبت نام شوند و احتمالا، به غرب مهاجرت کنند.

دیاسپورای بزرگ ایرانی، تاثیر زیادی بر نحوهٔ خدمت ما به ایرانیان داشت. دیگر

خدمـت محـدود بـه یـک موقعیـت جغرافیایـی خـاص در داخـل مرزهـای ایـران نبـود، چـرا کـه هـزاران ایرانـی دیگـر در ایـران زندگـی نمی‌کردنـد و آنجـا را تـرک کـرده بودنـد. نـه تنهـا حـوزهٔ جغرافیایـی خدمـت، بلکـه کلیسـا نیـز تغییـر کـرده بـود. بـا مهاجـرت مسیحیـان ایرانـی، کشـورهایی ماننـد آلمـان، انگلیـس، و آمریـکا بـه مراکـز جدیـد خدمـت در بیـن فارسی‌زبانـان تبدیـل شـدند. آن دسـته از راهبـران کلیسـا کـه ایـران را تـرک کـرده بودنـد، اکنـون در تبعیـد جماعـات کلیسـایی را اداره می‌کردنـد. همزمـان، مسلمان‌زادگـان نیـز در خـارج از ایـران بـه مسـیح ایمـان می‌آوردنـد و آنهـا نیـز جماعت‌هـای کوچـک را راهبـری می‌کردنـد. مـن بـا بـرادری در نـروژ آشـنا شـدم کـه در یـک کلیسـای لوتـری نـروژی فعـال بـود و همزمـان گـروه کوچکـی از ایرانیـان ایمانـدار در نـروژ را نیـز شـبانی می‌کـرد. چنـد روزی را بـا او در خیابان‌هـای اسـلو قـدم زدم و دربـارهٔ سـفر روحانـی او آموختـم. او بـه مـن گفـت کـه در ایـران بـه خاطـر فعالیت‌هـای سیاسـی‌اش زندانـی شـده بـود. ظاهـرا او عضـو گروهـی بـود کـه فعالانـه بـا رژیـم مبـارزه می‌کردنـد. شـاید هـم بـه ناحـق و بـه طـور سـاختگی بـه فعالیت‌هـای ضـد دولتـی متهـم شـده باشـد. در ایـران، سربه‌نیسـت کـردن افـراد بـا انتسـاب اتهامـات جعلـی بـه آنهـا امـری رایـج اسـت. زمانـی کـه در زنـدان بـود، بـا یـک زندانـی آمریکایـی آشـنا می‌شـود کـه بـه اتهـام خریـد و فـروش مـواد مخـدر زندانـی بـود. ایـن آمریکایـی در جوانـی بـه کلاس‌هـای مطالعـهٔ کتاب‌مقـدس رفتـه بـود و از همیـن رو، منبـع بسـیار خوبـی از داستان‌هـای کتاب‌مقـدس بـود. صرفـا بـرای اینکـه زمـان بگـذرد، دوسـت مـن از مـرد آمریکایـی می‌خواهـد تـا در مـورد مسـیحیت برایـش صحبـت کنـد و اطلاعاتـی بـه او بدهـد. او بعـدا بـه نـروژ فـرار می‌کنـد و در کمـپ پناهنـدگان سـاکن می‌شـود. یـک کلیسـای محلـی نـروژی پناهنـدگان را دعـوت می‌کنـد کـه در جلسـات پرستشـی هفتگـی آنهـا شـرکت کننـد؛ دوسـت مـن بـدون درنـگ ایـن دعـوت را قبـول می‌کنـد و می‌خواسـت بـاز هـم از داستان‌هـای کتاب‌مقـدس بشـنود کـه در زنـدان شـنیده بـود. زمانـی کـه از در پشـتی وارد سـاختمان کلیسـا می‌شـد، در حـال عبـور از آشـپزخانه مـرد سـالمندی را دیـد

غریبهٔ آشنا / ۱۶۹

که در حال شستشوی فنجان‌های قهوه بود. از یکی پرسید: «آن مرد کیست؟» و پاسخی که شنید، زندگی او را تغییر داد: «او شبان ماست.» در آن لحظه با خود فکر می‌کند که می‌خواهم خدای این مرد را بشناسم.

تغییر دیگری که پیدا شد این بود که ایمانداران در دیاسپورا کم‌کم متوجه این نکته شدند که اکنون می‌توانند به دیگر ایمانداران در غربت و همچنین داخل کشور خدمت کنند. نه تنها حوزهٔ جغرافیایی خدمت تغییر کرده بود، بلکه نوع جدیدی از جنبش بشارتی نیز در حال شکل‌گیری بود. اگرچه در داخل ایران بشارت دادن به دیگران مخاطره‌آمیزتر شده بود، اما در خارج از کشور اینطور نبود. در حقیقت، به نظر می‌رسید که یک نوع جسارت روحانی در ایرانیان به وجود آمده بود تا در مورد مسیح به خانواده و دوستان خود بگویند. طی یکی از سفرهایم به سوییس، خانواده‌ای را ملاقات کردم که همگی به مسیح ایمان آورده بودند. آنچه باعث حیرت من شد این بود که آنها هرگز مسیحی ایرانی دیگری را ندیده بودند! هرگز یک کتاب‌مقدس فارسی ندیده بودند و هرگز یک سرود پرستشی به زبان فارسی نشنیده بودند. آنها همهٔ آنچه دربارهٔ مسیح می‌دانستند را از طریق تماس تلفنی با یک دوست ایرانی ساکن کانادا آموخته بودند که بشارت انجیل را به گوش‌شان رسانده بود. چه لذتی برای آنها داشت که بدانند در ایمان خود تنها نیستند و می‌توانند سرودها و تعالیم را به زبان خودشان بشنوند.

فناوری‌هایی مانند شبکه‌های تلویزیونی ماهواره‌ای و اینترنت، بعد از مهاجرت گستردهٔ ایرانیان به خارج از کشور پا به عرصه گذاشتند و نقش بسیار مهم‌تری در تحقق ماموریت بزرگ داشتند. اولین وب‌سایت مسیحی فارسی‌زبانی که ایجاد شد، سایت فارسی‌نت بود. این وب‌سایت شامل آگهی‌های تجاری، موعظه‌های مسیحی، و طرح‌هایی برای مطالعهٔ کتاب‌مقدس در یک سال بود. یکی از جنبه‌های بسیار مفید فارسی‌نت، فهرست کلیساهای ایرانی در سراسر جهان بود. امروزه، تعداد زیادی وب‌سایت‌های مسیحی ایرانی وجود دارد.

من معتقدم که همکاری‌ام با شبکهٔ ستسون پارس یکی از ارزشمندترین جنبه‌های خدمتم بود. ستسون پارس یک خدمت ماهواره‌ای مسیحی ۲۴ ساعته به زبان فارسی است. ستسون پارس در میان خانوادهٔ بزرگتر شبکه‌های

تلویزیونی ست‌سون قرار می‌گیرد و از خط مشی آنها پیروی می‌کند که ارائهٔ برنامه‌های مسیحی منطبق بر کتاب‌مقدس است و توسط فارسی‌زبانان برای دنیای فارسی‌زبان تهیه می‌شود. ایدهٔ اصلی در مورد این شبکه آن است که وقتی مثلا یک ایرانی در تهران به تماشای این برنامه‌ها می‌نشیند، فارسی‌زبانانی را می‌بینند که در مورد اینکه چطور ایمان مسیحی برای چالش‌های منحصر به فرد زندگی آنها پاسخ‌هایی دارد صحبت می‌کنند؛ بنابراین، می‌توانند ببینند که مسیحیت یک باور غربی نیست که به جهان آنها حمله کرده است، بلکه یک حقیقت جهان‌شمول است که در مورد آنها نیز صدق می‌کند. نکتهٔ قابل توجه دیگر این است که آنها به تعلیم آموزه‌های اساسی مسیحیت می‌پردازند و از مسائل و نکات بحث‌برانگیز فرقه‌ای اجتناب می‌کنند. زمانی که موضوعات بحث‌برانگیز مطرح می‌شوند، معلم می‌تواند توضیح بدهد که مسیحیان سرسپرده چطور با این موارد برخوردهای متفاوتی دارند. سپس معلم با دلایلی این تفاوت‌ها را توضیح می‌دهد و به این ترتیب، یک حس احترام به دیگر سنت‌های مسیحی را حفظ می‌کند. چیزی که در مورد ست‌سون پارس خیلی دوست دارم، این است که تمام برنامه‌هایش را خودش کنترل می‌کند؛ یعنی بر خلاف دیگر شبکه‌های ماهواره‌ای مسیحی که به سازمان‌ها و خدمات مختلف زمان پخش می‌فروشند، ست‌سون پارس یکپارچگی را در تعالیم و برنامه‌هایش حفظ می‌کند. از من دعوت شد تا بخشی از هیئت مدیره باشم که زمینه را برای شکل‌گیری شبکهٔ امروزی، تنظیم و فراهم کرد. ما ابتدا با چند ساعت پخش برنامه در هفته از کانال ست‌سون عربی شروع کردیم. خانم سارا افشاری که بسیار توانمند است، در انگلستان الاهیات خوانده و در کلیسای انگلیکن مبشر بود، ما را هدایت کرد. جلسه‌ای که در آن نام شبکهٔ خود را انتخاب کردیم، در دبی برگزار شد؛ ما در یک مهمانخانهٔ کره‌ای اقامت داشتیم. کشیش مارک ادگار که سال‌ها با وفاداری در کنار من خدمت کرد، نام ست‌سون پارس را پیشنهاد داد. با کمی بحث و گفتگو، این نام

پذیرفته شد.
در همان ابتدا از من خواسته شد به عنوان رئیس هیئت مدیره خدمت کنم که برای من افتخار بزرگی بود. اما آنچه باعث بیشترین لذت برایم بود، زمان‌هایی بود که از من می‌خواستند جلوی دوربین تدریس کنم. از من خواسته شد که ادارهٔ برنامه‌ای دربارهٔ شاگردسازی مسیحی به نام DOTA را به عهده بگیرم (مخفف Discipleship on the Air ،DOTA.net). این دوره در ابتدا برای خدمت به جنبش کلیسای خانگی در چین ایجاد شد، و پاسخی به این پرسش بود که چطور می‌توان به یک جنبش کلیسای خانگی کمک کرد تا زمانی که معلمان آموزش‌دیده‌ای وجود ندارند، رشد کند و در مسیر هدف خود باقی بماند. این سیستم از روشی کتاب‌مقدس محور استفاده می‌کرد که به یک گروه آموزش می‌داد چگونه با هم مطالعه کنند. از من خواسته شد تا این روش را به همراه شش فرد ایرانی اجرا کنم تا کسانی که در ایران هستند نه تنها دربارهٔ این روش مطالعه کنند، بلکه آن را در عمل هم ببینند. نود ساعت تدریس من در این باره ضبط شد و چندین بار برای پخش روی آنتن رفت. این یکی از موثرترین ابزارهایی است که تا به حال برای شاگردسازی دیده‌ام. بعدتر از من خواسته شد که طی یک برنامهٔ سیزده قسمتی، دربارهٔ ازدواج در ستسون پارس تعلیم بدهم. من از یک زوج ایرانی که سال‌ها پیش انجام مراسم ازدواجشان را بر عهده داشتم دعوت کردم تا برای کمک به من در این مورد، با هم به فنلاند برویم که این برنامه را در آنجا ضبط کردیم. چه زمان عالی و دورهٔ پرقدرتی بود که من اصول کتاب‌مقدسی ازدواج را همراه با شهادت و بصیرت این زوج تعلیم می‌دادم! مطمئنم که در آینده پیشرفت‌های بیشتری در فن‌آوری خواهیم داشت و بنابراین، مشاهدهٔ اینکه خدا چطور از آنها برای آنکه انجیل به گوش افراد بیشتر و بیشتری برسد استفاده می‌کند، هیجان‌انگیز خواهد بود!
از آنجایی که ایران برای انجام هرگونه خدمت شخصی به روی ما بسته بود، احساس کردم که خدا مرا هدایت می‌کند تا احتمال ملاقات با ایمانداران ایرانی در سفرهای بشارتی و خدمتی در ترکیه را بررسی کنم. به نظر می‌رسید علیرغم رشد روزافزون جمعیت ایرانی در آنجا، تعداد کمی روی ترکیه متمرکز شده‌اند

کشیش کورلی در استانبول زندگی می‌کرد و جماعتی کوچک از ایرانیانی که در یک کلیسای ارمنی قدیمی در نزدیکی بازار بزرگ جمع می‌شدند را شبانی می‌کرد. آقای کورلی از من خواست که به مدت دو هفته به استانبول بروم تا او بتواند به مرخصی برود؛ قرار بود من این مدت را در آپارتمان او اقامت داشته باشم و به جای او موعظه کنم و ادارهٔ جلسات دعا را هم به عهده بگیرم. من پذیرفتم، اما تصمیم گرفتم که یک ایماندار بالغ ایرانی را هم همراه خودم ببرم. کلیسای ایرانیان در سن حوزه، برادر فرید را به من معرفی کرد که پذیرفت در این سفر همراه من باشد؛ ما در استانبول ملاقات کردیم و خیلی زود، به دوستانی خوب تبدیل شدیم. اتفاقا، دو دانشجوی آمریکایی هم بودند که برای چند هفته‌ای به استانبول آمده بودند و در هتلی کوچک اقامت داشتند و برای ایرانی‌ها دعا می‌کردند و می‌کوشیدند که با آنها رابطهٔ دوستی ایجاد کنند؛ ما تصمیم گرفتیم که سری هم به آنها بزنیم. هتل، کوچک و شلوغ بود و تنها یک توالت برای هر طبقه وجود داشت. اکثر مسافران هتل ایرانی بودند و کاملا واضح بود که از نظر مالی در محدودیت هستند. با این حال، برای شنیدن انجیل بسیار آماده و گشاده‌رو به نظر می‌رسیدند. بیشتر روزها در لابی هتل می‌نشستم و مردم برای ملاقات با من و تعریف داستان‌های‌شان صف می‌کشیدند. آنها با دقت به آنچه من از انجیل برای‌شان می‌گفتم گوش می‌دادند. طی آن سفر دو هفته‌ای، من و برادر فرید بیشتر وقت‌مان را با مسافران همین هتل سپری کردیم. با نزدیک‌تر شدن به این افراد، اغلب با آنها همسفره می‌شدیم. ما مقداری کمک نقدی انجام می‌دادیم، و آنها هم آشپزی را انجام می‌دادند و ما را برای صرف غذا با خودشان دعوت می‌کردند. به طور خاص، در یک غروب وقتی وارد فضای عمومی‌ای شدم که برای شام دور هم جمع می‌شدیم، متوجه مردی شدم که در حالت چمباتمه‌زده، گوشهٔ اتاق نشسته بود. از منظره‌ای که دیدم ناراحت شدم و از دیگران پرسیدم که او کیست. جواب دادند: «اسمش محسن است؛ مدت‌هاست

که افسرده و غمگین است.» در حالی که دیگران در حال صحبت و خنده بودند، من نمی‌توانستم چشمانم را از محسن بردارم. در نهایت، نتوانستم بیشتر تحمل کنم و رفتم کنار او نشستم. به او گفتم: «محسن، من نمی‌دانم چه اتفاق وحشتناکی برای تو افتاده، اما این چیزی است که می‌دانم: اگر اسم عیسای مسیح را صدا بزنی، او می‌تواند به تو کمک کند.» محسن، مطلقا هیچ جوابی نداد. آن شب برایش دعا کردم و با خودم فکر می‌کردم چه کاری می‌توانم انجام بدهم که او را از این افسردگی عمیق نجات بدهد. صبح روز بعد، ساعت ده، همراه برادر فرید به هتل برگشتیم. همین که وارد لابی شدیم، محسن به سمت من دوید. او دوش گرفته بود، لباس خوب و تمیز پوشیده بود، و یک لبخند بزرگ روی صورتش داشت. وقتی مرا دید با صدای بلند گفت: «من مرده بودم، اما حالا زنده‌ام!» من شوکه شده بودم و با تعجب پرسیدم: «چه اتفاقی افتاد؟» محسن جواب داد: «خُب، من دیشب با خودم فکر کردم. اگر یک مرد گندهٔ آمریکایی می‌تواند این همه راه را از آمریکا بیاید به اتاق من، کنارم بشیند و به زبان مادری‌ام با من حرف بزند، پس باید خدایی وجود داشته باشد که اهمیت می‌دهد! بنابراین از عیسی خواستم که به من کمک کند، و او هم کمک کرد!» یک بار دیگر خدا به من اجازه داده بود که شاهد وفاداری کلام او و قدرت آن باشم که فردی در گناه مرده را زنده می‌کند و زندگی تازه‌ای به او می‌بخشد. آن روز احساس کردم که اگر محسن تنها کسی هم بود که به عیسای مسیح ایمان آورد، سفر ما یک موفقیت بزرگ بود.

سال بعد، به همراه گروه بزرگتری به استانبول برگشتم، و بنابراین بیشتر اعضای گروه مجبور شدند در هتل بمانند. زمانی که یکی از اعضای گروهم در حال انجام کارهای پذیرش هتل بود، با مردی ایرانی آشنا شد، انجیل را با او در میان گذاشت، و آن مرد هم برای پذیرش مسیح در قلب خود دعا کرد. مطمئنا این یک شروع عالی و تشویق خوبی برای همهٔ ما بود. همزمان با بررسی اوضاع، از خدا درخواست راهنمایی داشتیم. یکی از برادران خبر داد که صف‌هایی طولانی از ایرانیان در جلوی کنسولگری آمریکا وجود دارد و ایرانی‌های دیگری برای پر کردن فرم‌های مورد نیاز اخذ ویزا، از آنها ۱۰ دلار می‌گیرند. او پیشنهاد داد که ما به

طور رایگان به ایرانیان برای این کار کمک کنیم. متوجه شدیم که هتل روبروی کنسولگری یک چای‌خانهٔ خوب دارد. برنامهٔ ما این بود که به طور رایگان به ایرانی‌ها برای پر کردن فرم‌ها کمک کنیم؛ و بعد از آنها دعوت می‌کردیم تا در چای‌خانه مهمان ما باشند، و آنجا چند عضو تیم‌مان آماده بودند که انجیل را با آنها در میان بگذارند. برنامهٔ ما به زیبایی تمام کار کرد. تا به خودمان آمدیم، دیدیم یک اتاق پر از مردمی داریم که با قلب‌هایی سپاسگزار دور میزها نشسته و به شهادت‌ها گوش می‌دادند و انجیل را می‌شنیدند. خدا از این خدمت استفاده کرد، و تعداد زیادی را دیدیم که به مسیح ایمان آوردند. حالا با چالشی جدید روبرو بودیم: کجا باید برای شاگردسازی این برادران و خواهران جدید جمع می‌شدیم؟ جایی که ما بودیم فاصلهٔ چندانی با کلیسای هلندی نداشت که محل گردهمایی کلیسای بین‌المللی بود؛ بنابراین با شبان آن کلیسا قراری گذاشتم و پرسیدم که آیا ما هم می‌توانیم اتاقی در کلیسای آنها برای شاگردسازی نوایمانان‌مان داشته باشیم؟ او با مهربانی به ما اجازه داد. بدین ترتیب، گام سوم هم در خدمت بشارت ما انجام شد.

یکی از اعضای گروه ما، کشیشی که عطیهٔ تعلیم داشت، کلاس‌های شاگردسازی را در یکی از اتاق‌های کلیسای هلندی ترتیب داد. ما برای شرکت‌کنندگان نوشیدنی و ناهار تهیه دیدیم. این سفر بشارتی منجر به ایمان آوردن بیش از سی ایرانی شد و تعداد اعضای کلیسای محلی ایرانی را دو برابر کرد. همهٔ گروه معتقد بودیم که خدا زمان ما در استانبول را برکت داده و وفادارانه به ما میوه‌های روحانی بخشیده بود.

به عنوان راهبر گروه، درس‌هایی یاد گرفتم که فکر می‌کنم ارزش آن را دارند که اینجا به آنها اشاره کنم. سال اول گروه من تنها یک عضو داشت، اما این بار پنج نفر داشتیم. بعضی از اعضای گروه را پیش‌تر ملاقات نکرده بودم، که بعد مشخص شد کار اشتباهی بود. من تلاش کردم راهنمایی‌هایی برای خدمت اعضای گروه ارائه بدهم، اما اعضای گروهم از بعضی راه‌هایی به احتیاجات ایرانیان مهاجر پاسخ دادند که

من انتظار نداشتم. ظاهرا، گروه ما به عنوان دسته‌ای از ایرانی-آمریکایی‌های بازدیدکننده دیده می‌شد. در حقیقت، بعضی از ایرانی‌های گروه ما نمی‌توانستند فارسی را بدون استفاده از کلمات انگلیسی صحبت کنند. چندین بار پیش آمد که یک ایرانی مقیم استانبول در حال صحبت با یکی از اعضای گروه، به من نگاه کرد و از من پرسید که عضو گروه‌مان چه می‌گوید! اما بزرگترین مشکل، این بود که گروه ما به عنوان افرادی پولدار دیده و تصور می‌شد، و از همین رو، گروه با داستان‌های غم‌انگیز و شکایت‌های فراوانی از سوی ایرانیان مقیم روبرو شد. نتیجه این شد که یکی از اعضای گروه شروع به توزیع اسکناس‌های ۲۰ دلاری به افراد کرد و همانطور که ممکن است حدس زده باشید، خیلی زود جمعیت بزرگی به دنبال او افتادند. وقتی او این جمعیت را به دنبال خود به کلیسای ایرانی آورد، راهبران کلیسا من را کنار کشیدند و در مورد این مسئله با من صحبت کردند. آنها گفتند: «اعضای گروه تو دارند کلیسا را به مسجد تبدیل می‌کنند.» شنیدن این کلمات خیلی سخت بود و بنابراین، مجبور شدیم یک قانون جدید وضع کنیم: «به هیچ عنوان به کسی پول ندهید. می‌توانید برای کسی که گرسنه است غذا بخرید، اما به کسی پول ندهید!»

نقطهٔ اوج این سفر زمانی بود که برای نمایش «فیلم عیسی» در کلیسا برنامه‌ریزی کردیم. قرار بود تمام کسانی را که شناخته بودیم برای تماشای فیلم دعوت کنیم و بعد از آن هم یک شام سبک بخوریم. من نگران این بودم که حضور این تعداد افراد در کنار هم، منجر به برخورد و کشمکشی بشود. همچنین نگران این بودم که مشکلات فنی پیش بیاید، چون در گذشته همیشه هنگام چنین رویدادهایی از این دست مشکلات پیش می‌آمد. من کاملا از نبرد روحانی‌ای که در آن قرار داشتیم آگاه بودم. چند روز پیش‌تر، داشتم به آپارتمان خانوادهٔ کورلی بر می‌گشتم که آنجا اقامت داشتم؛ همین که به بالای پله‌ها رسیدم، دستی نامرئی من را از پلکان به پایین پرت کرد. غیر از چند کبودی و ساعتی که شکست، نسبتا آسیب دیگری ندیدم، اما دید جدیدی نسبت نبرد روحانی‌ای که در آن قرار داشتیم پیدا کردم. از یکی از برادرانی که ساکن استانبول بود خواستم که از آپارتمان کوچک یک اتاقه‌اش به عنوان بالاخانه‌ای برای دعا

در مورد گردهمایی آن شب استفاده کنیم. چند نفر از ما، بیشتر اوقات آن روز را در دعا گذراندیم. وقتی زمان آغاز برنامه رسید، حدودا میزبان شصت نفر مرد و زن و بچه‌ای بودیم که در سالن کلیسای ارمنی جمع شده بودند. یکی از اعضای گروهمان به همه خوشامد گفت و برنامه‌ای که در پیش بود را توضیح داد. چراغ‌ها خاموش شدند و نور پروژکتور روی پردهٔ نمایش افتاد. جمعیت سر جای‌شان نشستند و در طول مدت نمایش فیلم کاملا ساکت بودند. بعد از پایان فیلم، یکی از شبانانی که همراه من بود، جمعیت را مورد خطاب قرار داد. او انجیل را تشریح کرد و مروری هم بر آنچه که در فیلم دیده شد بود، داشت. بعد، از افراد حاضر دعوت کرد که برای توبه با او دعا کنند. بعد از دعا، از افراد خواست تا هر کسی که برای سپردن قلب خود به عیسی دعا کرده، بلند شود. در کمال تعجب همهٔ ما، تک تک افراد شرکت‌کننده بلند شدند و ایستادند. همهٔ ما با شادی برای عیسی کف زدیم!

این سفر بشارتی تاثیر چشم‌گیری بر من داشت. احساس کردم که روح‌القدس به شیوه‌ای بسیار متفاوت از زمانی که خانوادهٔ من و پتی در ایران خدمت می‌کردند در حال کار بین این ملت بود. به نظر می‌رسید که پنجره‌ای از آسمان به روی مردم ایران گشوده شده و خدا در نظر آنها نسبت به گذشته از احترام بیشتری برخوردار شده بود. همچنین متوجه شدم که هنوز خیلی نکات برای یادگیری در مورد چگونگی خدمت موثر در میان ایرانیان برای من وجود دارد. من می‌خواستم از کشیشان و شبانان ایرانی بیاموزم که چطور در میان ایرانیان زندگی کنم و شهادت بدهم، و چطور حقایق کتاب‌مقدسی را به نحو موثرتری توضیح بدهم که ایرانیان بهتر درک کنند. بسیاری از روش‌هایی که در طول دوران خدمتم به کار گرفته‌ام را از مردان خداشناس مورد اعتماد آموخته‌ام. مثلا از گوش دادن به روش شهادت آنها به دیگران، آموختم که استفاده از داستان‌ها و تصاویر مرتبط فرهنگی چقدر اهمیت دارد. من در اتاق هتلی در استانبول نشسته بودم و به یکی از اعضای گروهم دربارهٔ اینکه چرا تجسم مسیح

ضرورت داشت گوش می‌دادم. او از مرد جوانی که شنونده بود پرسید: «اگر پدرت می‌دانست و خبردار می‌شد که تو اینجا در ترکیه گرفتار شدی، چه کار می‌کرد؟ با یکی از دوستانش در استانبول تماس می‌گرفت که به دیدارت بیاید. یا اگر به پول احتیاج داشتی، سعی می‌کرد کسی را پیدا کند که به تو کمک کند. اما بیا فکر کنیم بعد از اینکه دوستش را فرستاد، مشکل تو هنوز حل نشده بود. یک پدر خوب چه کار می‌کند؟ سوار هواپیما می‌شود و خودش برای دیدن تو می‌آید. و این دقیقا همان کاری است که خدا انجام داد. او پیامبرانش را فرستاد اما آنها نتوانستند مشکل ما را حل کنند، بنابراین او خودش جسم پوشید و برای دیدن ما آمد. او تنها کسی است که می‌تواند مشکل ما را حل کند.» همینطور که دوست من در حال صحبت بود و از این تمثیل استفاده می‌کرد، می‌دیدم که انگار چراغی روی سر و صورت جوان شنونده روشن می‌شد و داشت انجیل را درک می‌کرد.

در طول سالیان، صدها شهادت شنیده‌ام که چطور ایرانیان به مسیح ایمان آورده‌اند. من در مورد راه‌های متعدد و مختلفی که خدا خود را به ایرانیان آشکار کرده است، بسیار فکر کرده‌ام. اکثر آنها یک نقطهٔ مشترک دارند: رویایی دربارهٔ عیسی دیده‌اند. پیش از آنکه بعضی از این رویاهای شگفت‌انگیز را با شما در میان بگذارم، اجازه بدهید چند کلمه‌ای با برادران و خواهرانی صحبت کنم که باور ندارند خدا امروزه از رویاها برای آشکار ساختن خود استفاده می‌کند. من خودم هم همیشه نسبت به رویاها شکاک بوده‌ام و در بیشتر عمرم، فایدهٔ روحانی کمی در آنها دیده‌ام. اما، بعد از گوش دادن به ایرانی‌های بی‌شماری که در مورد نقش یک رویا در شنیدن دعوت خدا به ایمان به مسیح شهادت داده‌اند، نظرم تغییر کرده است.

یک بخش شامل کسانی است که مطالعهٔ کتاب‌مقدس را آغاز کرده بودند اما اطمینان نداشتند که آیا حقیقت دارد یا خیر. هرچه باشد، در بیشتر عمرشان به آنها آموزش داده شده که قرآن آخرین کتاب آسمانی و مکاشفهٔ خدا است و چون عهد جدید تحریف شده است، نمی‌توان به آن اعتماد کرد. نکتهٔ بسیار جالب آن بود که رویای آنها از عیسی بعد از مطالعهٔ کتاب‌مقدس روی داده و برای

آنها تاییدی بر این بود که آنچه خوانده‌اند، کلام خدا است. و حتی برای اینکه موضوع متقاعدکننده‌تر شود، این رویاها به دفعات شامل این نکته بوده که عیسی آیه‌ای را نقل کرده که آنها در کتاب‌مقدس خوانده بوده‌اند و اغلب با دعوتی شخصی برای پیروی از او همراه بوده است. این رویاها باعث شده‌اند که عیسی برای آنها شخصی شود. مسلمانان نسبت به این تصور که می‌توانند رابطه‌ای شخصی با خدا داشته باشند، دلسرد هستند؛ بنابراین وقتی با رویایی مواجه می‌شوند که در پی مطالعهٔ کتاب‌مقدس رخ می‌دهد، عمیقا تحت تاثیر قرار می‌گیرند چون متوجه می‌شوند که خدا شخصی است که به آنها کمک می‌کند. بدین ترتیب، مهم است که کلام خدا را به دست دوستان مسلمان‌مان بدهیم.

بخش دیگر شامل رویاهایی است که شخص را بر آن می‌دارد تا به دنبال یک جلد عهد جدید باشند که بیشتر در مورد عیسی بدانند. خانمی در مشهد به من گفت: «عمیقا افسرده و ناامید بودم چون همسرم از من جدا شده بود. همان زمان بود که در خانهٔ یکی از دوستانم متوجه کتاب سیاهی روی میز پذیرایی شدم که انگار من را صدا می‌زد؛ از میزبانم دربارهٔ کتاب پرسیدم و به من گفت که یک کتاب‌مقدس است. از او خواستم که کتاب را یک روز به من قرض بدهد. آن را با خودم به خانه بردم و هنوز پنج دقیقه از مطالعهٔ آن نگذشته بود که اشتیاق شدیدی برای ملاقات با نویسندهٔ آن در من پیدا شد.» همان شب او رویایی می‌بیند. در خواب، خودش را می‌بیند که سرش بر روی زانویی مردی با ردای سفید درخشان قرار دارد. دست مرد روی سرش بود و همینطور که به آرامی موهای او را نوازش می‌کرد، تمام خشم، تلخی، و ناامیدی این خانم نیز از دلش بیرون می‌رفت. بعدا متوجه شدم که او قلبش را به عیسی سپرده و یک کلیسای خانگی هم در منزل خودش شروع کرد. چشمگیرترین رویایی که تا به حال دربارهٔ آن شنیده‌ام، مربوط به برادری است که در دانمارک ملاقات کردم. در یک جلسهٔ خانگی مطالعهٔ

کتاب‌مقدس بودم که به نظرم یکی از مردان شرکت‌کننده، درخشش خاصی در صورتش داشت. شاید درخشش صورت او به اندازهٔ موسی در زمان برگشت از حضور خدا نبود، اما بدون شک این درخشش برجسته بود. او کنار من نشست و خودش را معرفی کرد. سوالی را از او پرسیدم که از صدها ایرانی پرسیده‌ام: «چطور خدا به شما نشان داد که عیسی پسر خداست؟» من هرگز از شنیدن این داستان‌ها خسته نمی‌شوم، و او هم داستانش را برایم تعریف کرد. او ایران را ترک کرده بود چون نمی‌توانست زندگی تحت محدودیت‌های رژیم اسلامی را تحمل کند، و دانمارک را انتخاب کرد چون شنیده بود که دانمارک کشوری سکولار است و مجبور نیست با افراد مذهبی سر و کار داشته باشد. به همین خاطر، وقتی متوجه شد که اکثر همکارانش مسیحی هستند، شوکه شد. این موضوع اگرچه در ابتدا باعث ناراحتی او شد، اما از آنجا که بسیار خوش‌رو بودند صحبت‌های مذهبی آنها را تحمل کرد تا اینکه آنها شروع به شهادت دادن کردند. برای دفاع از خودش تصمیم گرفت که ایمان آنها را به چالش بکشد و می‌خواست به آنها ثابت کند که وقت خودشان و او را تلف می‌کنند. یک شب، در حالی که لبهٔ تختش نشسته بود برای اولین بار در زندگی‌اش دعا کرد: «عیسی، بیا این موضوع را با هم روشن کنیم. من به تو اعتقاد ندارم، اما اگر وجود داری، خودت را به من نشان بده.» او با اطمینان کامل از اینکه هیچ اتفاقی نخواهد افتاد و می‌تواند به همکارانش بگوید که ایمان‌شان بیهوده است، به خواب رفت.

همان شب در خواب دید که با عیسای مصلوب، در هوا روبرو شده است. او که به وضوح از آنچه در خواب دیده بود متاثر شده بود، گفت: «می‌توانستم تاج خار را بر سر عیسی و قطرات خون را روی صورتش ببینم. اما تکان‌دهنده‌تر از هر چیز، چشمان او بود که انگار مثل نور لیزر بود و مستقیما اعماق قلب مرا می‌دید. بعد گفت: "این کار را برای تو انجام دادم." با این جمله، تمام بدنم شروع به لرزیدن کرد و خیس عرق بودم. از تخت روی زمین افتادم و تنها چیزی که می‌توانستم بگویم این بود که: "تسلیم هستم." اینطور شد که به عیسی ایمان آوردم.»

سفرهای بشارتی بسیار بیشتر و خواب‌ها و رویاهای شگفت‌انگیز زیاد دیگری هم

وجود دارند، اما در این یک کتاب نمی‌توان همهٔ آنها را ذکر کرد. اما می‌خواهم در مورد یک سفر بشارتی بسیار ویژه بنویسم که همراه پدرم و برادرم بیل انجام دادیم. اواسط دههٔ ۱۹۹۰ بود که تصمیم گرفتیم با یک مسیحی ایرانی که آذری بود و ریشهٔ خانوادگی‌اش به شهر گنجه بر می‌گشت، به باکوی آذربایجان برویم. با خط هوایی تورکیش پرواز کردیم که پیش از رسیدن به باکو، یک شب در استانبول توقف داشت. آذربایجان هنوز در روند خروج از سلطهٔ هفتاد سالهٔ دست آهنین دوران استالین قرار داشت. فقر، در همه جا آشکار بود. به ما پیشنهاد شده بود آپارتمانی را اجاره کنیم که متعلق به یک افسر ارتش آذربایجان بود؛ او به قدری فقیر بود که خانواده‌اش را به روستای‌شان برد تا آپارتمان را هفته‌ای ۱۰۰ دلار به ما اجاره بدهد. ما از پله‌های ساختمانی بالا رفتیم که به نظر می‌آمد از یک بمباران مستقیم جان سالم به در برده باشد. بالاخره بعد از بالا رفتن از پله‌ها به در آپارتمان رسیدیم. یک در محافظ آهنی بود و ما پنج کلید مختلف برای باز کردن آن داشتیم. وقتی وارد شدیم، با اتاق‌هایی گرد گرفته و مبلمانی شکسته مواجه شدیم. یک اتاق خواب با دو تخت وجود داشت و آشپزخانه‌ای با چند قابلمه و بشقاب هم بود. دلسردکننده‌ترین قسمت ماجرا این بود که آب قطع بود! ما تلاش کردیم که مستقر بشویم و کمی استراحت کنیم. صبح روز بعد، آب داشتیم اما رنگ آب کاملا قهوه‌ای بود. از آنجا که پدرم در چالش‌های مربوط به کشورهای جهان سوم استاد و کهنه‌کار بود، وان را از آب پر کرد و املاح و آلودگی‌ها ته‌نشین شدند. بعد آب را جوشاندیم تا از آن برای آشپزی استفاده کنیم. بیل یک نانوایی در آن نزدیکی پیدا کرد و برای‌مان یک قرص نان تازهٔ روسی خرید. یک تکه از آن نان، باعث می‌شد ساعت‌های زیادی از روز را احساس سیری داشته باشیم. به شوخی می‌گفتیم که احتمالا باید داخلش خاک اره باشد! روز اول برای خرید غذا رفتیم. خیلی زود متوجه شدیم که به دلیل بحران اقتصادی، هیچ رستورانی باز نیست. همچنین متوجه شدیم که مردم عادی، یک

لباس را هر روز به تن می‌کنند. بعد یاد گرفتیم که چطور با اتوبوس به شهر برویم؛ اکثر اوقات روزمان را آنجا به صحبت با مردم و توزیع متون بشارت انجیل می‌گذراندیم.

یک روز به قسمت دیگری از شهر باکو رفتیم و خودمان را در وسط یک میدان بزرگ دیدیم. تقریبا صد بروشور بشارتی برای‌مان باقی مانده بود و باید در نحوهٔ توزیع آنها حکیمانه رفتار می‌کردیم. همینطور که با خودم فکر می‌کردم بهترین راه استفاده از این بروشورها چیست، احساس کردم خداوند به من می‌گوید که در وسط همان میدان بمانیم و مدتی دعا کنیم. من دعا کردم که روح‌القدس افرادی را که در دل آنها کار می‌کرده به طرف ما هدایت کند. بدین ترتیب ما در آن نقطه ایستادیم؛ و مردم تدریجا به سمت ما آمدند. وقتی به ما نزدیک شدند، من به زبان آذری گفتم: «ما از طرف خدایی که شما را دوست دارد، پیامی برای‌تان داریم.» آنها با احترام بروشور را گرفتند و پرسیدند: «آیا می‌توانیم نگهش داریم؟» و جواب این بود که: «بله، حتما. این هدیه‌ای برای شماست.» آن روز خدا خیلی‌ها را به سمت ما هدایت کرد و ما احساس می‌کردیم که اینها کار خداست.

من آن روز درسی آموختم که در رویکرد من برای بشارت به مسلمانان تاثیر گذاشت: از خدا بخواهید شما را به سمت افرادی هدایت کند که در حال کار در قلب‌شان است. من در خدمت به افرادی که قلب‌شان از پیش آماده شد بود بسیار موثرتر از پخش دانه‌های کلام در نقاط پراکنده و دور عمل کردم. این به معنای آن بود که چون به دنبال تشخیص این بودم که به چه کسی باید شهادت بدهم، دعا برای من نقشی بسیار حیاتی پیدا کرد. در یک فرهنگ شرم‌بنیان، شهادت دادن به افرادی که از پیش جستجوگر هستند آسان‌تر است، چون آنها احساس می‌کنند کنترل بیشتری بر بحث و سوالات مطرح‌شده دارند.

در همین سفر بشارتی، از کتابخانهٔ مرکز اسلامی ایرانیان بازدید کردم؛ از سوی آذری‌های ایران تلاش زیادی برای ترویج اسلام در آذربایجان وجود داشت. همینطور که در حال بررسی کتاب‌های اسلامی بودم - که نمی‌توانم آنها را بخوانم - یک آخوند با لحنی صمیمی به من سلام کرد، و از من پرسید چرا

در باکـو هسـتم. بـه او گفتـم معلـم کتاب‌مقـدس هسـتم و بـه نظـر می‌رسـید کـه از ایـن جـواب خیلـی تحـت تاثیـر قـرار گرفـت. از مـن خواسـت چیـزی را بـه مـن نشـان بدهـد کـه از پـدرش بـه او رسـیده اسـت. رفـت و لحظـه‌ای بعـد بـا یـک کتاب‌مقـدس فارسـی برگشـت. پـدرش از او خواسـته بـود کـه هرگـز ایـن کتـاب را دور نینـدازد. در صفحـهٔ اول کتـاب، در کمـال تعجـب مـن، امضـای دکتـر میلـر را بـه مـن نشـان داد. از قـرار معلـوم، پـدر ایـن مـرد دوسـت دکتـر میلـر بـود و ایـن کتـاب را از او هدیـه گرفتـه بـود. او بـه مـن گفـت کـه در حـال مطالعـهٔ کتاب‌مقـدس اسـت. در نهایـت بهـت و نابـاوری، مـن در وسـط یـک کتابخانـهٔ اسـلامی در باکـو ایسـتاده بـودم و بـا آخونـدی صحبـت می‌کـردم کـه در حـال مطالعـهٔ کتاب‌مقدسـی بـود کـه توسـط یـک مبشـر پرزبیتـری بـه پـدرش هدیـه داده شـده بـود! لبخنـد مـی‌زدم و بـه آسـمان نـگاه می‌کـردم و خـدا را سـتایش می‌کـردم! امـا ایـن هـم تجربـهٔ دیگـری بـود کـه بـه مـن نشـان داد رسـاندن کلام خـدا بـه فارسـی‌زبانان در زبـان خودشـان چقـدر اهمیـت دارد.

مـن بی‌نهایـت از اینکـه بشـنوم خـدا چطـور از کتاب‌مقـدس بـرای ایمـان آوردن ایرانیـان اسـتفاده کـرده اسـت، لـذت می‌بـرم. بـرادری در کلیسـای مـا بـود کـه بـه مـن گفـت خواهـرش در ایـران کارمنـد بانـک اسـت و همـراه بـا همکارانـش بسـیار نگـران آینـده بودنـد. او از مـن خواسـت کـه در پیـدا کـردن چنـد آیـه از کتاب‌مقـدس دربـارهٔ آرامـش بـه او کمـک کنـم. مـن هـم پنـج یـا شـش آیـه برایـش پیـدا کـردم وبـه او دادم. ایـن آیـات را بـدون ذکـر منبـع، در نامـه‌ای بـرای خواهـرش گنجانـد. دو هفتـه بعـد نامـه‌ای از خواهـرش دریافـت کـرد کـه نوشـته بـود: «برادرجـان، نمی‌دانسـتم کـه چنیـن طبـع شـعری داری! کلمـات تـو برایـم بسـیار آرامش‌بخـش بودنـد. نامـه‌ات را بـردم و بـرای همکارانـم در بانـک هـم خوانـدم؛ همـهٔ آنهـا بـرای خودشـان یـک کپـی از نامـه گرفتنـد و گفتنـد از تـو بخـواهم کـه بیشـتر برای‌مـان بنویسـی.» دوسـت مـن بـه خواهـرش اعتـراف کـرد کـه آن جمـلات، آیاتـی از کتاب‌مقـدس بوده‌انـد و او را تشـویق کـرد کـه یـک نسـخه انجیـل تهیـه کنـد و آن را بخوانـد. بـا خـودم فکـر

می‌کنم که آیا آن کارمندان بانک هم به عیسی ایمان آورده‌اند یا نه! «ایمان از شنیدن است و شنیدن از کلام خدا» (رومیان ۱۰: ۱۷).

در یک سفر بشارتی به سوئد، جایی که چندین سال آنجا در کنفرانس‌های سالانه تعلیم دادم، میوه‌های زیادی از تعلیم کلام خدا دیدم. کلیسای کوچک آنجا، مملو از پناهندگان ایرانی و افغان می‌شد؛ ایرانی در جلو و افغان‌های هزاره در ردیف‌های عقب می‌نشستند. مردم هزاره که عمدتا در نواحی کوهستانی مرکز افغانستان زندگی می‌کنند، از تبار مغول و آسیای مرکزی و از نوادگان چنگیزخان هستند که در قرن سیزدهم به افغانستان حمله کرد. آنها عمدتا به دست طالبان، اغلب قربانیان پاک‌سازی‌های نژادی، بردگی، و غارت بوده‌اند. هزاره‌هایی که در کنفرانس من بودند، همگی در ایران زندگی کرده و آنجا کارگران روزمزد بودند. آنها به دلیل ظاهر مغولی‌شان، در ایران مورد آزار و اذیت و سوءاستفاده قرار گرفته بودند. وقتی در سوئد به یک کلیسای ایرانی آمدند، طبیعتا در حالتی تدافعی قرار داشتند. از آنجایی که بسیاری از آنها سابقهٔ کارگری روزمزد در ایران را داشتند، فارسی من را به خوبی متوجه می‌شدند. در بیشتر مدت کنفرانس، آنها صاف و بی‌احساس نشسته بودند و به تعلیم من دربارهٔ برکات شناخت مسیح گوش می‌دادند. وقتی قسمت مربوط به برکات بخشش دشمنان‌مان را می‌خواندیم، می‌توانستم احساس کنم که عصبی شده بودند. شنیدن این موضوع برای مردانی که عمیقا از تجربیات خود در ایران آسیب دیده بودند، آسان نبود. اما یک چیز خیلی غیر منتظره رخ داد. یکی از خانم‌های ایرانی بلند شد و اجازهٔ صحبت خواست. او به سمتی که افغان‌ها نشسته بودند برگشت و با آنها صحبت کرد. گفت: «می‌دانم که شما از دست هموطنانم در ایران رنج کشیده‌اید. با شما برخورد ناعادلانه‌ای شده است؛ بعضی از شما هرگز مزد کاری که انجام دادید را دریافت نکردید. و می‌دانم که برای شما آسان نیست که اینجا کنار ما ایرانی‌ها بنشینید. اما خدا این را در قلب من گذاشته که از طرف مردم ایران، از شما طلب بخشش کنم. ما شما را اذیت کردیم؛ آیا ما را می‌بخشید؟»

لحظهٔ سختی بود و همگی نفس‌های‌مان را حبس کردیم. می‌توانستیم صدای آهستهٔ هق‌هق بعضی از شرکت‌کنندگان را بشنویم. و بعد برادران افغان، یک

به یک خواهران و برادران ایرانی خود را بخشیدند. در آن لحظه، شکی نداشتم که هدف اصلی من از سفر به سوئد، همین یک تجربه بود. آن روز، کل فضای حاکم بر کنفرانس ما تغییر کرد. برادران افغان از من خواستند که آن شب شام را با آنها بخورم؛ با هم نشستیم و وقتی تجربهٔ سفرهایم در کشورشان را برای آنها تعریف کردم با هم خندیدیم، و آنها برایم گفتند که تجربهٔ ترک خانواده‌های‌شان در ایران یا افغانستان چقدر دشوار بوده، و از چالش‌های شناخته شدن به عنوان یک مسیحی در بین دیگر افغان‌ها تعریف کردند. زمان بسیار شیرینی بود که در تشویق و حمایت همدیگر صرف کردیم. «اینک چه خوش و دلپسند است که برادران به یکدلی با هم ساکن شوند» (مزمور ۱۳۳: ۱).

در همین کنفرانس، با خانم کردی ملاقات کردم که تمام زخم‌های ناشی از سوختگی سیگار که در زمان شکنجه توسط رژیم اسلامی در ایران متحمل شده بود را به من نشان داد. او یک کرد ناسیونالیست بود که به دلیل مقاومت در برابر دولت مرکزی زندانی شده بود. کردها سنی هستند و در اوایل انقلاب به شدت مورد آزار و اذیت قرار گرفتند و بسیاری از آنها زندانی شدند. او ظاهر خشنی داشت و در میان دیگر شرکت‌کنندگان، برجسته بود. از او پرسیدم: «آیا به عیسی ایماندار داری؟» با خوشحالی و هیجان پاسخ داد: «بله!» پرسیدم: «چطور با عیسی ملاقات کردی؟» با لبخند گفت: «زمانی که در زندان بودم، روزانه یک ساعت زمان هواخوری داشتیم. یک روز، نگهبان من را به سلول اشتباهی برگرداند که گاهی این اتفاق می‌افتد. زمانی که وارد سلول شدم، متوجه یک کتاب عجیب روی میز شدم. آن را برداشتم و نوشته بود «کتاب‌مقدس». من هم چون کار بهتری برای انجام دادن نداشتم، شروع به خواندنش کردم. از انجیل متی شروع کردم، اما زمانی که به باب ۵ رسیدم، چند آیهٔ اول را خواندم و بعد کتاب را بستم. بعدا من را به سلول خودم برگرداندند و آن شب، بدون اینکه بخواهم زیاد به آنچه خوانده بودم فکر کنم، به خواب رفتم. آن شب با حضور مردی در ردای سفید درخشان که در گوشهٔ سلولم

ایستاده بود از خواب بیدار شدم که از من دعوت می‌کرد او را پیروی کنم. به او گفتم: "من از هیچکس پیروی نمی‌کنم" و دوباره به خواب رفتم. این اتفاق شش شب پشت سر هم تکرار شد. هر شب به آن مرد در ردای سفید درخشان گفتم "از کسی پیروی نمی‌کنم." شب هفتم، رویا تغییر کرد؛ عیسی را دیدم که در بالای تپه‌ای نشسته بود و انبوه مردم از تپه بالا می‌رفتند تا آنجا کنار او بنشینند. چیزی که در انجیل دربارهٔ عیسی خوانده بودم را به یاد آوردم و در رویایم، نمی‌دانم چطور اتفاق افتاد، اما از تختم بلند شدم و به دنبال دیگران از تپه بالا رفتم و آنجا نشستم. صبح روز بعد، احساس می‌کردم انسان جدیدی هستم. نفرت در من از بین رفته بود و می‌دانستم که عیسی نجات‌دهنده‌ام است.»

در تمامی سفرهایم بین ایرانیان پراکنده در جهان، بیش از پیش بر من آشکار می‌شد که شاهد زمان شگفت‌انگیزی از دیدار خدا با ایرانیان هستم. عمیقا دلگرم شدم و انگیزهٔ بیشتری برای ادامهٔ تعلیم و خدمت به کلیسای فارسی‌زبان پیدا کردم.

فصل چهارده
رشد انفجاری مسیحیت

حالا شکی وجود نداشت که ایران یکی از پرثمرترین مکان‌های روی زمین برای انجیل است. افراد بسیاری که از من مطلع‌تر هستند دربارۀ این پدیدۀ شگفت‌انگیز نوشته‌اند. برای افرادی مثل من، که قبل از اینکه این سونامی معنوی قلب بسیاری را برای پیروی از مسیح بیدار کند، سال‌ها در ایران بودند، این یک معجزه به نظر می‌رسد. پدر و مادر من و آنهایی که در دویست سال گذشته سال‌های زیادی در ایران زحمت کشیدند، به احتمال زیاد چنین روزی را در خوابشان هم نمی‌دیدند. اما، به لطف خدا، هر شاهد وفادار از نسل‌های گذشته بخشی از نقشۀ کلی خدا برای ملت ایران بود. مجموعه‌ای از عوامل سیاسی، اجتماعی،

فرهنگی و بسیاری از عوامل دیگر که ما حتی از آنها خبر نداریم، وارد بازی شدند. مطمئنم که بسیاری از متخصصین حوزهٔ خدمت این بیداری عمیق و گسترده در ایران را در سال‌های آینده مورد بررسی قرار خواهند داد.

امیدوارم که این مسئله روشن شده باشد که زندگی من و پتی عمیقا تحت تاثیر مردم و فرهنگ ایران قرار گرفته است. ما بهترین زمان‌های زندگی‌مان را با ایرانیانی که مسیحی شده بودند گذراندیم. ما به دو کلیسای نو پا در آمریکای شمالی راهبری شبانی ارائه دادیم. پتی به عنوان راهبر پرستش در قسمت موسیقی خدمت کرد و من به عنوان کشیش. ما در ارتباط مداوم با کلیسای ایرانی و راهبران آن در سراسر دیاسپورا و آنهایی که همچنان در ایران هستند، بودیم. به همین دلیل چیزی که می‌خواهم بگویم تحلیلی آکادمیک یا علمی از آنچه در ایران در حال وقوع است نیست. افراد دیگر این کار را خیلی بیشتر از آنچه که من بتوانم، انجام داده‌اند. در عوض، می‌خواهم مشاهدات خودم به عنوان یک مبشر نسل دوم که این افتخار را داشته که در کنار راهبران ایرانی کار کند و داستان کارهای رحمت‌آمیز خدا در میان مردم آن‌ها را بشنود، به شما ارائه دهم. حالا که مشاهدات شخصی‌ام دربارهٔ عواملی که باعث این بیداری باشکوه در ایران شده است را با شما در میان می‌گذارم، معتقدم که باید این تمایز مهم را ایجاد کنم.

ملتی تشنهٔ خدا

در تمام بیداری‌های بزرگ، عوامل مختلف تاریخی و اجتماعی وجود دارد. خدا با بهم پیوستن تارهای سست و درهم تنیدن آنها به حرکات روحانی، جلو می‌رود. جنبش‌های انسانی در نهایت سقوط می‌کنند و فرو می‌پاشند. هر ایدئولوژی‌ای که در برابر حکمت خدا بایستد در نهایت متزلزل می‌شود و شکست خواهد خورد. در اتحاد جماهیر شوروی، کمونیسم چون سیستم پایداری نبود از بین رفت. در سال ۱۹۹۴ به آذربایجان رفتم، یعنی درست بعد از اینکه آذربایجان اعلام استقلال کرده بود، و از دیدن فقری که گریبان مردم را گرفته بود شوکه شدم. در ایران امروز، شاهد ملتی هستیم که ورشکسته شده‌اند. باورهای نادرست اسلام

به ثمر نشسته و میوهٔ گندیده داده است. هر ایدئولوژی که علیه اقتدار خدا باشد محکوم به شکست است. من این را در زندگی دوستان و فامیل دیده‌ام. نابودی حتمی ساختارهای اعتقادی دنیوی باید به ما در درک وقایع ایران و افغانستان کمک کند و همچنین باید هشداری برای ما برای بسیاری از قسمت‌های فرهنگ غرب باشد.

برعکس، حقیقت خدا حیات‌بخش است. متی که از اشعیا نقل قول می‌کند، از آمدن سلطنت ماشیح می‌گوید؛ او اینطور نبوت می‌کند: «به نام او امت‌ها امید خواهند داشت.» (متی ۱۲: ۲۱) ملت‌ها از ایدئولوژی‌هایی پیروی می‌کنند که ریشه در نظریه‌های بی‌خدا دارد. اما خبر خوش این است درحالیکه فرهنگ‌ها فرو می‌پاشند و زندگی افراد سخت می‌شود، این نبوت اشعیا که می‌گوید روح خدا در افرادی که متوجه می‌شوند فریب خورده‌اند حرکت خواهد کرد، به حقیقت می‌پیوندد. و ایران یک نمونهٔ برجسته از این موضوع است.

در ظاهر، ممکن است ایرانیان نسبت به انجیل باز به نظر نرسند. چیزی که ما در اخبار می‌بینیم، اغلب ایرانیان را افراد مذهبی متعصب نشان می‌دهد که تروریست هستند. به شما اطمینان می‌دهم که پشت تصاویری که در غرب می‌بینیم هزاران نفر هستند که از سختی زندگی خود سرخورده شده‌اند و در هم شکسته‌اند □ افرادی که به دنبال خدا هستند. داستانی که در ادامه می‌آید را کسی برایم تعریف کرد که بیانگر نظر من است. یک کشیش ایرانی جلوی یک مغازهٔ کوچک ایستاد تا کمی خرید کند و مردی خشن را دید که جلوی مغازه ایستاده بود و لباس عربی به تن داشت، که نشان می‌داد یک مسلمان جدی است. کشیش با خودش فکر کرد بهتر است سعی نکنم به او شهادت دادم چون خشن به نظر می‌رسد. همسر کشیش که در ماشین بود به او گفت باید به آن مرد یک بروشور می‌داد. کشیش که خواست همسرش را خوشحال کند، یک بروشور برداشت و به سمت مرد خشن رفت و گفت: «این کلام خدای زنده است!» چهرهٔ مرد درخشید و گفت: «کجا

بودی؟ خدا به من گفت اینجا بایستم و منتظر کسی بمانم تا کلام زندگی را برایم بیاورد. اما دیگر نزدیک بود که بروم.» کشیش شوکه شده بود اما از این موضوع هم بسیار خوشحال بود که همسرش او را تشویق کرد تا انجیل را به اشتراک بگذارد. این داستان را دوست دارم چون این حقیقت را بیان می‌کند که برخلاف ظاهر و اعتقادات، ایرانی‌ها یکی از بازترین مردمان روی زمین هستند. و ثمرهٔ آن در بیداری بزرگی است که در ایران در حال اتفاق افتادن است.

سوالی که باید به آن پاسخ داد این است: چه چیزی ایرانیان را اینقدر تشنهٔ خدا کرده است؟

۱. یقین دارم که یکی از بزرگ‌ترین عوامل این بیداری روحانی در ایران دعا بوده است. در طول دهه‌ها جنبش بزرگی از دعا برای ایران در جریان بوده. تا به امروز، آمریکایی‌هایی را ملاقات کرده‌ام، که بعد از شنیدن حرف‌های من دربارهٔ کارهای خدا در ایران، با چشمانی اشک‌آلود به من گفتند که سال‌ها برای ایران می‌کرده‌اند. و وقتی از آنها می‌پرسم چرا ایران؟ جواب آنها این است: «خدا در قلبم گذاشت.» همچنین مبشرینی که دهه‌ها در ایران زحمت کشیده بودند، به طور مرتب برای ایران دعا می‌کردند. یکی از مبشرین دکتر ویلیام میلر بود. از نوشته‌های او متوجه شدم زمانی که برای اولین بار در اوایل سال‌های ۱۹۰۰ به تهران رفته بود، عادت داشت در دامنه‌های رشته‌کوهی که با شکوه بر فراز تهران در سمت شمال قرار دارد، پیاده‌روی کند. دکتر میلر در دفتر خاطراتش اینطور نوشته که وضعیت روحانی مردم ایران قلب او را شکسته بود و این باعث شد تا گاهی اوقات برای مردمی که نه تنها با دیواری از کوه، بلکه با دیوار مخالفت با انجیل هم احاطه شده‌اند، دعا می‌کرد و روزه می‌گرفت.

۲. خدا همیشه از مبشرین مسیحی آمریکایی و انگلیسی که بیشتر از دویست سال در ایران بودند، استفاده کرده است. از همان روزهای اول، مبشرین پرزبیتری که در میان آشوریان در ایران خدمت می‌کردند کتاب‌مقدس را به آشوری مدرن ترجمه و مدارسی تاسیس کردند تا به بچه‌ها خواندن و نوشتن یاد بدهند. و دلیل این بود که آشوری‌هایی که زبان‌ها و فرهنگ محلی را می‌دانستند، بعدا به سایر

گروه‌های مردم در ایران بشارت بدهند. فداکاری‌هایی که مبشرین اولیه انجام داده‌اند را امروز هم بر روی سنگ قبرها در قبرستانی کوچک در روستای سیر در نزدیکی ارومیه می‌توان دید، چون فرزند بسیاری از آن‌ها به دلیل کمبود امکانات پزشکی در آنجا مردند. وقتی کوچک بودم، پدرم مرا برای دیدن آن قبرستان برد، و من عمیقا تحت تاثیر نماد آشکار فداکاری‌هایی که مبشرین اولیه برای انجیل انجام داده بودند، قرار گرفتم.

جنبش بشارت مدرن به ایران بر دو نیاز چشم‌گیر تمرکز داشت اول اینکه نرخ بی‌سوادی در آن روزها ۸۵ درصد بود و اگر می‌خواستند انجیل را گسترش دهند، مردم باید خواندن یاد می‌گرفتند، به همین دلیل مدارس زیادی ساخته شد. دوم، امید پایین به زندگی هم عامل مهمی بود، چون بسیاری از بیماری‌ها باعث مرگ ایرانیان می‌شدند. برای رفع این فاجعه، مبشرین بیمارستان‌های زیادی تاسیس کردند. پدر من و پدر پتی به عنوان پزشک در بیمارستان مسیحی شهرهای تبریز، همدان، مشهد و رشت خدمت کردند. من همچنان ایرانیان مسنی را می‌بینیم که به مدارسی که مبشرین ساخته بودند می‌رفتند یا در بیمارستان‌های ما به دنیا آمده‌اند. یک پزشک ایرانی به من گفت، که پدر همسرم یعنی دکتر مورای مثل فرشته‌ای بود که از طرف خدا برای شفای بیماران فرستاده شده بود. برخی حتی اینطور می‌گفتند که صورت او مثل یک فرشته بود چون بسیار با محبت بود.

۳. رنج هم در این بیداری بزرگ نقش داشت، چون ایرانیان از ابتدای انقلاب فجایع زیادی را متحمل شده‌اند. بسیاری از مردم زمانی که برای مخالفت با خاندان پهلوی به پا خاستند در خیابان‌ها مردند. و زمانی که دولت خمینی ایران را از بازماندگان دولت شاه پاکسازی کرد، افراد بیشتری کشته شدند. بعد از آن جنگ ایران و عراق اتفاق افتاد، که در آن

هزاران نفر مردند، و آنها را شهدای راه اسلام خواندند. امروز، زندان‌های ایران پر از زندانیان سیاسی است که بسیاری از آنها مسیحی هستند. رنج مردم را درهم می‌شکند، و سوالاتی دربارهٔ اعتقادی که چندین نسل به آن باور داشته‌اند برمی‌انگیزد و آنها را نسبت به طرز تفکرهای جدید باز می‌کند. بسیاری بی خدا شده‌اند و به لذت‌گرایی دنیوی رفته‌اند. بسیاری دیگر هم به اسلامی که خودشان ساخته‌اند چسبیده‌اند و از خدایی که خودشان خلق کرده‌اند پیروی می‌کنند. اما بسیاری دیگر هم به دنبال حقیقت می‌گردند و آماده‌اند که دربارهٔ عیسی بشنوند.

۴. منصفانه است که بگوییم رژیم اسلامی که در سال‌های گذشته بر ایران حکومت کرده چشم بسیاری از ایرانیان را به ذات واقعی اسلام باز کرده است. اسلام در قلب و ذهن بسیاری از ایرانیان عمیقا ریشه کرده است و با ظهور انقلاب اسلامی خیلی‌ها باور داشتند که عصر جدیدی از شکوفایی در حال شکل‌گیری است. زمانی نوجوانی که در ایران بودم یک دانشجو به من گفت که اگر ایران اسلامی شود، بهشت روی زمین خواهد شد. بعد از چهل سال زندگی تحت حکومت اسلامی، چیزی شبیه به بهشت وجود ندارد. در واقع، آنچه که به بهترین شکل می‌تواند چیزی که رخ داده را، توصیف کند این است که نقاب اسلام از بین رفته است. زندگی در ایران از هر نظر سخت است. بحران اقتصادی طبقهٔ متوسط را از بین برده و هزاران نفر را مجبور کرده تا برای سیر کردن خانواده‌اشان تدابیر جدی‌ای بیاندیشند.
ناامیدی یک عده را به سمت فروش اعضای بدن، عده‌ای دیگر را به سمت تن‌فروشی، و بسیاری دیگر را به سوی قاچاق مواد مخدر برده است. عیسی اینطور یاد داد که دیگران ما را از میوه‌مان می‌شناسند و امروز مردم ایران در سراسر دنیا شاهد میوه‌هایی هستند که رژیم اسلامی به بار آورده است.

۵. خبر خوش این است که خدا وعده‌ای که به مردم ایران داده بود را فراموش نکرده است. خدا به ابراهیم وعده داد (پیدایش ۱۲) هرکس که قوم یهود را

برکت دهد برکت خواهد یافت. در باب دوم کتاب نحمیا، دربارۀ پادشاه ایرانی به اسم اردشیر می‌خوانیم که برای بازسازی دیوارهای اورشلیم سرمایه‌گذاری کرد. افرادی هستند که معتقدند خدا وعدۀ خود برای برکت دادن به مردم ایران به خاطر نقشی که در بازسازی شهر اورشلیم داشتند را حفظ می‌کند. در سال‌های پس از انقلاب خدا با قدرت بسیار در ایران کار کرده است.

خدا خودش را به ایرانیان زیادی در سراسر دنیا نشان داده است. مشترک‌ترین تجربۀ ایرانیان که دربارۀ آن شهادت می‌دهند دیدن عیسی در خواب است. گاهی آنها متوجه می‌شوند که او عیسی است، و گاهی او را مردی در لباس سفید درخشان توصیف می‌کنند. اغلب، می‌شنوند که عیسی آنها را دعوت می‌کند تا از او پیروی کنند و گاهی با آیاتی از اناجیل با آنها صحبت می‌کند. بیشتر مواقع از من می‌خواهند که خوابی را تعبیر کنم. معمولا در برابر این کار مقاومت می‌کنم، اما سال‌ها پیش، یک خانم کرد با من تماس گرفت و پرسید آیا می‌توانم خوابش را تعبیر کنم. گفتم سعی خودم را می‌کنم. او در خواب دیده بود که از پله‌های درخشان جایی بالا می‌رود که شبیه یک معبد یونانی است. و وقتی می‌خواست وارد معبد شود شادی عجیبی احساس کرد. زمانی که به جلوی در رسید یک مرد سفید پوش مانع او شد و گفت نمی‌توانی وارد شوی چون بی ارزش هستی. او ناراحت شد، اما مرد سفید پوش کتابی به او داد که رویش یک صلیب بزرگ حک شده بود؛ و گفت: «اگر این کتاب را بخوانی، یاد خواهی گرفت که چطور وارد شوی.» در آن لحظه تعبیر خواب واضح بود، به همین دلیل به او گفتم که خدا دوستت دارد و از تو دعوت می‌کند که او را بشناسی، اما برای این کار باید کتاب‌مقدس را بخوانی.

در کنار خواب به نظر می‌رسد که عیسی در تصورات حین بیداری هم ظاهر می‌شود. بعضی زمانی که عیسی با آنها صحبت کرده، دست‌های بازی که با میخ سوراخ شده دیده‌اند. شخص دیگری سعی داشت که

با پرت کردن خودش از پنجرهٔ طبقهٔ دوم خودکشی کند و دستی از غیب به داخل کشیده شد. یک نفر دیگر مرده بود، و در آن زمان صدایی شنید که می‌گوید: «هنوز زمان تو فرا نرسیده،» و به زندگی برگشت. او وقتی چشم‌هایش را باز کرد دید که اتاق بیمارستان پر از صلیب است. آنهایی که چنین تصورات بیداری‌ای داشتند و خواب دیده بودند اغلب پیروان وفادار مسیح شدند.

یکی دیگر از پدیده‌های شگفت‌انگیزی که خدا از کلامش استفاده می‌کند این است که اغلب آیه‌ای را چندین بار به یک نفر آشکار می‌کند. یکی از منحصربفردترین شهادت‌هایی که تا به حال شنیده‌ام از یک خانوم بود که گفت درحالیکه نماز می‌خواند دستی را دید که روی دیوار این کلمات را می‌نویسد: «من راه و راستی و حیات هستم.» او قبلا هرگز این کلمات را نشنیده بود. به همین دلیل با یکی از دوستانش که مسیحی بود تماس گرفت و پرسید این حرف‌ها چه معنایی دارند؟ دوستش پاسخی برای این سوال نداشت اما او را دعوت کرد تا یکشنبه به کلیسا برود و با کشیش مشورت کند. وقتی آن خانوم در جلسهٔ پرستشی نشسته بود، کشیش شروع به خواندن این قسمت از کتاب‌مقدس کرد: «من راه و راستی و حیات هستم.» او به گریه افتاد و بعدا زندگی‌اش را به مسیح داد. مسلمانان باور ندارند که افراد می‌توانند رابطهٔ شخصی با خدا داشته باشند، اما از طریق این تجربه، این خانم متوجه شد که خداوند چقدر می‌خواهد شخصا با او ارتباط برقرار کند. حالا او می‌دانست که خدا یک شخص است و در واقع می‌تواند او را از طریق مسیح بشناسد.

خدا در کنار خواب‌ها، تصورات حین بیداری، و کلام خود، از شفاهای معجزه‌آسا استفاده کرد تا محبت و رحمت خودش را به آنها نشان دهد. درست همانطور که شفای جسمانی، بخشی بسیار حقیقی از خدمت زمینی عیسی و یک نشانه بود که پادشاهی خدا نزدیک است، امروز هم عیسی سخاوتمندانه آنهایی را که بیمار و افسرده هستند، شفا می‌دهد و این اتفاق غالبا منجر به ایمان آنها به مسیح می‌شود.

۶ مشخصا تکنولوژی امروزی نقش استراتژیکی در بیداری بزرگ ایفا کرده

است. تلویزیون‌های ماهواره‌ای اولین پیشرفت بزرگ بودند که انجیل را برای میلیون‌ها ایرانی که اکنون می‌توانستند برنامه‌های مسیحی را در خانه‌هایشان تماشا کنند، به ارمغان آوردند. برای دولت تقریبا غیرممکن بود که بتواند این رسانۀ جدید را سانسور کند. زمانی که ممنوع شده بود افراد به صورت حضوری همدیگر را در کلیسا ملاقات کنند، این به راه نجاتی برای کلیسای زیر زمینی تبدیل شده بود. هرگز روزی را فراموش نمی‌کنم که در فرودگاه هیترو لندن در صف گذرنامه ایستاده بودم که یک خانم میان سال روسری به سر رو به من گفت: «سلام کشیش تت!» کمی عقب رفتم و پرسیدم «آیا قبلا هم را دیده‌ایم؟» او گفت: «نه، اما من شما را خوب می‌شناسم.» او گفت که برنامه‌های من دربارۀ شاگردسازی در شبکۀ ست سون پارس را نگاه می‌کرده و مرا می‌شناسد. چیزی که در ادامه گفت باعث شد متوجه شوم که برنامه‌های ماهواره‌ای چقدر برای مردم ایران مهم بود. او گفت: «ماهواره تنها چیزی است که داریم.» برنامه‌های ماهواره‌ای نه تنها ایمانداران را تقویت می‌کردند، بلکه ابزاری فوق‌العاده بودند برای در میان گذاشتن انجیل با غیر ایمانداران. از شخصی یک خبر قابل توجه شنیدم: یک شب دو خانوم تصمیم به خودکشی گرفتند. دکتر به مادر گفته بود که فقط چند هفته زنده است، و دخترش نمی‌توانست زندگی را بدون مادر تحمل کند. به طور غم‌انگیزی آنها شمع روشن کردند و غذای مورد علاقه‌شان را خوردند تا آساده شوند به زندگی خود را تمام کنند. موقع غذا خوردن، تلویزیون را روشن کردند تا ببینند در دنیا چه خبر است. اولین چیزی که دیدند مردی بود که با طمعنینه صحبت می‌کرد و می‌گفت: «هر کاری که می‌کنید بکنید، اما زندگی خود را تمام نکنید.» مادر رو به دختر پرسید: «چه کسی به او گفته؟» او در ادامه دربارۀ انجیل صحبت کرد و از شنوندگان خواست تا برای دعا با آنها تماس بگیرند. مادر گوشی را برداشت و تماس گرفت و خیلی زود شروع به صحبت با مشاوری کرد که بیشتر دربارۀ عیسی توضیح داد. مادر شروع به گفتن

دعای توبه کرد. او از دخترش پرسید که آیا می‌خواهد با مشاور صحبت کند یا نه؟ اما دختر قبول نکرد. هفتهٔ بعد وقتی مادر به دکترش را دید، خبر خوش را گرفت: «تو شفا پیدا کردی.» این خبر، دختر را قانع کرد که عیسی ناجی زنده است و او هم زندگی‌اش را به مسیح داد. آنها در نهایت داستان خود را با بسیاری از کسانی که تحت تاثیر شهادت آنها قرار گرفته بودند در میان گذاشتند.

گاهی، وقتی به شهادت ایرانیان گوش می‌دهم، احساس می‌کنم که در کتاب اعمال رسولان هستم. وقتی مسیحیت به فرهنگ‌ها و جوامع جدید وارد می‌شود، اغلب با موعظهٔ انجیل نشانه‌ها و شگفتی‌هایی همراه می‌شوند تا به شنوندگان خود حقیقت آنچه را که به آنها گفته می‌شود ثابت کنند. ا این حال، می‌دانیم که زندگی مسیحی بر اساس احساسات و نشانه‌های بیرونی نیست. بلکه به رابطهٔ شخصی با خدا از طریق مسیح و وابستگی کامل به حقیقت و اقتدار کلام خدا بستگی دارد.

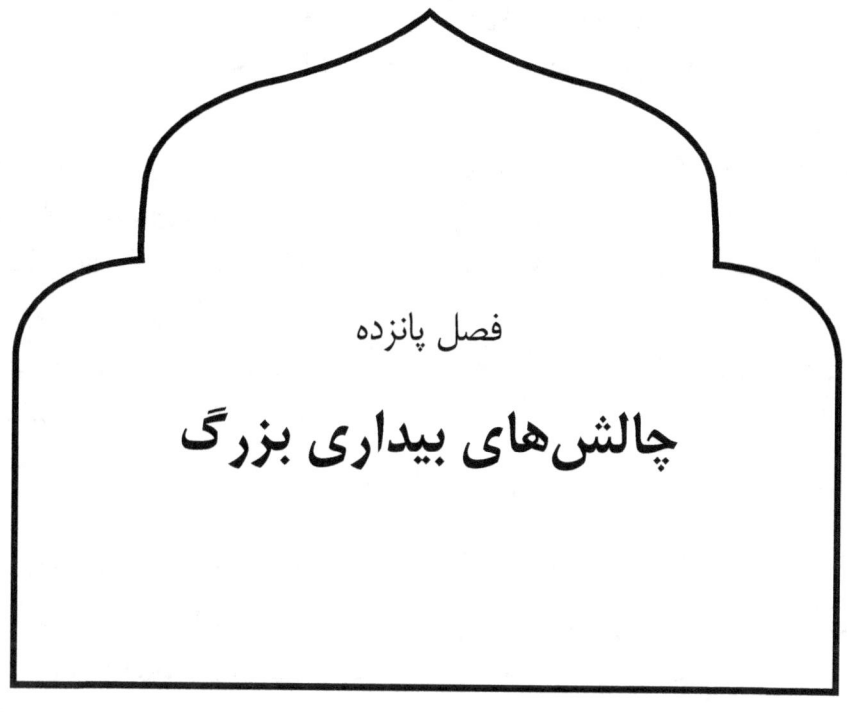

فصل پانزده

چالش‌های بیداری بزرگ

هدف من از نوشتن این کتاب بیان مشاهداتم در طول زندگی در مورد وضعیت مسیحیت در ایران و در میان فارسی زبانان در دیاسپورا بود. من نه به عنوان یک مورخ که به دنبال تصویری وسیع‌تر از آنچه که رخ داده می‌گردد، بلکه به عنوان یک شاهد عینی می‌نویسم که آنچه دیدم و درک کردم را گزارش می‌دهد. در این فصل آخر می‌خواهم چالش‌هایی که به اعتقاد من کلیسای ایرانی در سراسر جهان با آن مواجه است، را ارائه کنم. البته من از سال ۱۹۸۰ به بعد د ایران زندگی نکرده‌ام، اما:

* با ایرانیان زندگی کرده‌ام و کشیش‌ها و کلیساهای ایرانی بسیاری را دیده‌ام

* برای مداخله در بسیاری از درگیری‌ها و کشمکش‌های کلیسا خوانده شده‌ام
* در کنار کشیشانی که از نظر اخلاقی شکست خوردند و نیاز به شفا داشتند ایستادم
* به کلیساهایی که تجزیه شدند رفتم و سعی کردم متوجه شوم که چه اشتباهات راهبری‌ای منجر به بحران شده است
* ساعت‌ها به حرف‌های اعضای کلیسا دربارهٔ آزارهایی که از راهبران کلیسا دیده بودند، گوش دادم
* به عنوان سخنگوی مهمان در کنفرانس‌ها در کشورهای بسیاری شرکت کرده‌ام، و
* به مدت سی سال کشیش دو کلیسای ایرانی بودم

من همچنین، به این مشکلات در سمینارها، موعظات، و مقاله‌هایی که برای مجلهٔ شبان نوشتم، اشاره کرده‌ام؛ شبان مجله‌ای راهبری برای کمک به نسل جدید راهبران ایرانی در زمینه الاهیات شبانی و همچنین ترسیم مهارت‌های مورد نیاز برای شبانی گلهٔ خدا است و من آن را در سال ۲۰۰۰ پایه‌گذاری کردم. می‌خواستم به مسائلی مثل شخصیت مسیحی، هویت فرد در مسیح، و چگونگی یک رابطهٔ سالم در مسیح اشاره کنم. مشتاق بودم که ایمانداران جدید بفهمند که مسیح چطور می‌خواهد ازدواج، شیوه‌های تربیتی فرزندانشان و روش‌های راهبری آنها را تغییر دهد.

بنابراین، به عنوان یک کهنه سرباز که از جنگ برگشته و مشتاق است تا به نیروهای جدید کمک کند و به آنها بگوید که در راه خدمت با چه خطرات احتمالی‌ای مواجه خواهند شد، می‌نویسم. به عنوان یک برادر بزرگتر که مسیح، کلیسای او، ایران و مردمش را دوست دارد و به عنوان کسی که قلبش سرشار از قدردانی برای تمام راه‌هایی است که کلیسای ایران زندگی‌اش را غنی کرده، می‌نویسم. مشتاق هستم که این بیداری بزرگ کنونی ثمره‌ای پایدار داشته باشد و تحولی در ایران و مردمش ایجاد کند. این پیش‌زمینه‌ای از نظرات بعدی‌ام

است.
من از اصطلاح «سونامی روحانی» استفاده کردم تا بیداری بزرگی را توصیف کنم که وقتی خدا کار می‌کند اتفاق می‌افتد. سونامی می‌تواند تمام یک سرزمین را در بر بگیرد. امواج جزر و مد معنوی می‌تواند تمام قایق‌های یک بندر را هم‌زمان ببرد. این کار خداست که در آن روح‌القدس موعظهٔ کلام او را تدهین می‌کند و باعث می‌شود تا گناهکارانی که مرده‌اند در مسیح زنده شوند. زمان توبهٔ عمیق است چون خدا ذات گناهکار بسیاری را به آنها آشکار می‌کند. وقتی خدا خودش را به غیرایمانداران می‌شناساند، نشانه‌ها و شگفتی‌های عجیب اغلب همراه آن هستند. وقت رشد چشم‌گیر کلیسا است، چون کارهای بزرگی که خدا انجام داده‌است منتشر می‌شود. و باعث آشتی و شفا می‌شود. با بلوغ کلیسا و پدیداری خدمات جدید، نسل‌های جدیدی از ایمانداران با عطایای جدید راهبر می‌شوند. آیا آنچه که در ایران اتفاق می‌افتد چیزی کمتر از یک بیداری بزرگ است؟

رابین دنیل در کتاب خود به نام «این بذر مقدس» دربارهٔ چالش‌های کلیسای اولیه در آفریقای شمالی می‌نویسد، چالش‌های از قبیل اینکه به چیزی باور داشته باشیم، با جفا چه کنیم، و جماعت کلیسا را چطور سازماندهی کنیم. در کلیسای اولیه، این بحران که به چه چیزی باور داشته باشیم به آرامی از طریق شوراها و اعترافات بسیاری که هنوز راهنمای ما هستند، حل شد. زمانی که شدت جفا پایین آمد، کلیسا با این مشکل رو به رو شد که با کسانی که تحت فشار شدید مسیح را انکار کرده‌اند اما حالا می‌خواهند بازگردند، چطور ارتباط برقرار کند. مسئله نظم سرانجام توسط کلیساهای مختلف که زیر نظر اسقف رم بودند، حل شد. از آنجایی که امروز کلیسای ایران هر سه این مشکلات را دارد، کتاب دنیل برای آنها مناسب است.

به چیزی باور داشته باشیم. در دانشکده، درسی داشتم دربارهٔ زندگی و نوشته‌های جاناتان ادواردز (۱۷۰۳- ۱۷۵۸) که در زمان بیداری بزرگی که نیوانگلند در آمریکا را در برگرفت زندگی کرد و دربارهٔ آن نوشت. او هشدار داد که در کنار حرکت خدا، دشمن برای گمراه کردن ایمانداران تجربیات جعلی ایجاد کرد. این تجربیات جعلی اغلب با کار اصلی روح‌القدس، که همیشه در پیوستگی با کلام خدا کار می‌کند، اشتباه گرفته می‌شود. در اینجا برای همه افرادی که در حال حاضر در میان فارسی زبانان، به مسیح و کلیسای او خدمت می‌کنند هشداری وجود دارد. معلمین دروغینی وجود خواهند داشت که با ادعای مکاشفات شخصی خاص از طرف خدا، مسیحیتی من درآوردی ارائه می‌دهند. وعده‌هایی از طرف خدا داده می‌شوند، که وقتی با کلام خدا مطابقت دهیم، می‌بینیم که هرگز چنین وعده‌هایی داده نشده‌اند. تمام افرادی که مسیح را دوست دارند باید برای وفادار ماندن به کلام خدا کوشا باشند. دانستن اینکه چه چیزی را باید باور کرد و چطور می‌توان تعلیمات غلط را تشخیص داد، از مهم‌ترین مولفه‌های تضمین یکپارچگی اعتقادی در میان جماعت یک کلیسا است. ادواردز همچنین هشدار داد که تمام سونامی‌های روحانی درنهایت فروکش می‌کنند. روزی می‌رسد که ضرورتی که امروز برای وجود انجیل در میان ایرانیان احساس می‌کنیم از بین می‌رود؛ در آن روز شاگردان وفادار حقیقی مسیح مشخص خواهند شد. بنابراین، مهم‌ترین وظیفه‌ای که امروز شبانان و معلمین با آن مواجه هستند، راهنمایی و شاگردسازی دیگران در کلام خداست، تا بلکه آنها در رابطهٔ شخصی با مسیح عمیقا ریشه بدوانند و تمام و کمال در کلام خدا مقاوم شوند.

در روزهای قبل از انقلاب در ایران، شناسایی تعالیم فرقه‌های مختلف بسیار راحت‌تر بود. بله، بین کلیساها تفاوت وجود داشت؛ من در بعضی از بحث‌های پر جنب و جوشی که در مورد این تفاوت‌ها انجام شد، شرکت کردم. و بله، گاهی اوقات افرادی بودند که ادعا می‌کردند «کلام جدیدی» از جانب خداوند دارند، که در تناقض با کلیساهای تاسیس شده و کلام خدا بود. با این حال، به طور کلی، مشخص بود که هر مسیحی چه اعتقادی دارد. حالا این تغییر کرده است، ما اعتقادات‌مان را با افرادی که از آنها پیروی می‌کنیم، نشان می‌دهیم؛

برای برخی می‌توانند معلم یک شبکهٔ ماهواره‌ای خاص یا یک واعظ خاص باشد. این موضوع شبیه به تجربیات کلیسای قرنتس است. وقتی برخی از افراد ادعا کردند که پیرو اپلس هستند و برخی دیگر گفتند که پیروان پطرس هستند، و با اینکه پولس تمایلی نداشت، برخی گفتند پیروان او هستند، پولس آنها را توبیخ کرد (اول قرنتیان ۱: ۱۰- ۱۷) و آنها را فرامی‌خواند که به سمت صلیب بروند و یادآوری می‌کند که باید پیرو مسیح باشند. یکی دیگر از دلایل مهم سردرگمی در کلیسای ایرانی این است که بعضی از راهبران ایرانی تحت تاثیر لیبرالیسم گسترده در غرب قرار گرفته‌اند. متاسفانه همان کلیساهایی که در دهه‌های گذشته انجیل را به ایران بردند حالا اقتدار کلام خدا را رد می‌کنند. و باز هم متاسفانه کشیشان ایرانی که می‌خواهند همگام با کلیسای غرب باشند، به تعالیم غیر کتاب‌مقدسی روی می‌آورند و بذر تردید را در ذهن و قلب ایمانداران می‌پاشند. این اعتقاد باعث شده که عده‌ای جهان‌گرا شوند و باور داشته باشند که صرف نظر از دین، نجات برای همه در دسترس است، و این تعالیم عیسی مبنی بر اینکه او تنها راه شناخت پدر است را انکار می‌کند. در کنار این چالش‌ها نفوذ گستردهٔ فرهنگ سکولار و لذت‌گرا است، که بخش بزرگی از فرهنگ غرب را در بر گرفته. افرادی که در این ایدئولوژی تعلیم می‌بینند، اندیشهٔ حقیقت مطلق را رد می‌کنند و معتقدند که همه باید بتوانند آنچه را که در نظر خودشان درست است انجام دهند.

یک ایماندار جوان برایم توضیح داد که زندگی کردن با دوست دخترش مشکلی ندارد، چون این کاری است که همهٔ جوانان غربی انجام می‌دهند. و نکتهٔ مهم آخر این است که کلیسای نوظهور ایرانی با هم‌گرایی دست و پنجه نرم می‌کند، چون افراد نو ایمان زمانی که به مسیح ایمان می‌آورند جهان‌بینی اسلامی‌شان را با خود به همراه دارند. راه های زیادی وجود دارد که یک نو ایمان عقاید اسلامی‌اش را با خود همراه می‌کند، اما چیزی که به اعتقاد من بیشترین آسیب را

ایجـاد می‌کنـد، دشـواری فـرد در درک فیـض اسـت. موضوعـات کتاب‌مقدسـی متعددی وجـود دارنـد کـه بـه نظـر می‌رسـد درک آنهـا بـرای یـک نـو ایمـان سـخت باشـد، مثـل بخشـش، امـا بـه نظـر مـن فیـض سـخت‌ترین آنهـا اسـت. یـک سـال در کلیسـای ایرانـی، چندیـن مـاه دربـارهٔ فیـض تعلیـم دادم. بسـیاری می‌توانسـتند اصـول فیـض را توضیـح دهنـد، امـا بسـیاری هـم هنـوز نمی‌توانسـتد ایـن طـرز فکـر کـه محبـت خـدا بـه کارهـای خـوب بسـتگی دارد را کنـار بگذارنـد. در نهایـت بـه فکـرم رسـید کـه بایـد از تجربه‌هـای زندگـی خـودم نمونه‌هـای واقعـی بیشـتری از فیـض را بـرای آنهـا بگویـم. راه حـل مقابلـه بـا دریـای سـردرگمی کـه در آن گرفتـار هسـتیم چیسـت؟ مـا بـه راهبـران خداشـناس نیـاز داریـم کـه خدمت‌گزارانـی فروتـن هسـتند و تعهـد دارنـد بـه مـردم خـود تعلیـم دهنـد تـا بـه کلام خـدا اعتمـاد کننـد. وقتـی آنهـا بـه کتاب‌مقـدس وفـادار هسـتند، خـدا خدمـات آنهـا را برکـت خواهـد داد. در هـر صـورت، اگـر آنهـا کتاب‌مقـدس را بـه خوبـی نشناسـند و بـه احساسـات و تفاسـیر خـود تکیـه کننـد افـراد را بـه سـوی تعالیـم غلـط و سـردرگمی اخلاقـی می‌برنـد. درس‌هایـی کـه از کلیسـای اولیـه می‌گیریـم بایـد اهمیـت کلیسـای معتـرف بـودن را بـه مـا بیاموزنـد. کلیسـایی کـه فقـط بـه آموزه‌هـای کشـیش خـود وابسـته نیسـت و بـر پایـهٔ یکـی از اعتقادنامه‌هـای تاریخـی ایمـان مـا اسـتوار اسـت، می‌توانـد چالش‌هـا و تحـولات بیشـتری را پشـت سـر بگـذارد. دو اعتقادنامـهٔ عالـی کـه بـه فارسـی ترجمـه شـده‌اند اعتقادنامـهٔ هایدلبـرگ و اعتقادنامـهٔ وسـت‌مینسـتر (کـه توسـط کشـیش طاطـه‌وس میکائیلیـان کـه بـه خاطـر مسـیح در ایـران شـهید شـد، ترجمـه شـده اسـت) هسـتند، ایـن دو اعتقادنامـه خلاصه‌ای عالـی از حقیقـت کتاب‌مقـدس هسـتند. مـن هـر دو آنهـا را بـه شـدت پیشـنهاد می‌کنـم.

بـا جفـا چـه کنیـم. مسئلهٔ جفـا قطعـا بـه افـرادی کـه در ایـران زندگـی می‌کننـد مربـوط می‌شـود. آسـیب‌های روانـی احساسـی و جسـمانی‌ای کـه خواهـران و بـرادران مـا در زندان‌هـای ایـران متحمـل می‌شـوند غیر قابـل تصـور اسـت. وقتـی می‌شـنوم کـه خـدا چطـور آنهـا را تقویـت و در ایـن شـرایط وخیـم از ایشـان بـرای خدمـت بـه دیگـران اسـتفاده می‌کنـد، بـه یـاد مـی‌آورم کـه خـدا همیشـه انجیـل را از طریـق مشـکلات پیـش می‌بـرد. پولـس بـه ایـن موضـوع از طریـق زندانـی شـدنش بـرای

انجیل در فیلیپیان ۱: ۱۲- ۱۸ شهادت می‌دهد. بیایید برای کلیسای ایران و به طور خاص برای آنهایی که به خاطر عدالت تحت جفا هستند، در دعا کوشا باشیم.

جماعت کلیسا را چطور سازماندهی کنیم. چه ساختارهای اداری‌ای برای کلیسای محلی و کلیسا به طور کلی مناسب هستند؟ کلیسا با این موضوع چالش‌برانگیز در طی قرن‌ها درگیر بوده است. سه ساختار که بیشتر شناخته شده‌اند برای کلیسا وجود دارد. یکی کلیسای جماعتی است که در آن جایگاه قدرت در خود جماعت است. تصمیمات بزرگ توسط جماعت به عنوان یک کل واحد، گرفته می‌شوند. به شکلی این دموکراتیک‌ترین سیستم است. شکل بعدی ادارهٔ کلیسا شیوهٔ اسقفی است، که در آن یک نفر به عنوان اسقف تعیین می‌شود و از قدرت کلیسایی برای انتصاب دیگران و دست‌گذاری کشیشان در کلیساهای خاص، برخوردار است. این قالب بر قسمت بزرگی از کلیسای مدرن تسلط دارد و به احتمال زیاد از الگوی رم که مرکز قدرت سیاسی بوده الگوبرداری کرده است. و آخرین هم شیوهٔ پرزبیتری ادارهٔ کلیسا است که در آن جماعت برای کلیسا مشایخ انتخاب می‌کنند تا برای راهبری کلیسا در امور روحانی و کاربردی قدرت داشته باشند. این شکل از ساختار کلیسا اغلب سمبلی از شکل ادارهٔ دولت است. در گذشته، ما هر سه شکل ادارهٔ کلیسا را در ایران داشتیم. به نظر من بسیاری از ایمان‌داران و حتی کشیش‌های امروزی با این سه شیوهٔ ادارهٔ کلیسا در طول زمان امتحان خود را پس داده‌اند، آشنا نیستند، و به همین دلیل با شکلی از رهبری که تمام اختیار را به کشیش می‌دهد، همگام می‌شوند. با توجه به برتری این الگوی حکمرانی کلیسا، بررسی اینکه چه نوع راهبرانی را در کلیسای ایرانی پرورش می‌دهیم بسیار مهم‌تر می‌شود. در تمام دوران خدمتم با این موضوع دست و پنجه نرم کردم. از برخی جهات، امروز این مهم‌ترین مسئله در کلیسای ایران است، چون آیندهٔ آن را تعیین

می‌کند.

به خاطر داشته باشید که از بسیاری جهات با یک کلیسای نسل اولی سر و کار داریم. برخلاف روزگاری که در ایران نوایمانان در کلیسایی که تاریخ، بیانیهٔ ایمان و حاکم داشت جمع می‌شدند، کلیسای امروزی بیشتر شبیه به یک آسیب است و به شکل ظرفی که در آن قرار می‌گیرد در می‌آید. آنهایی که در ایران به مسیح ایمان می‌آورند اغلب به دلیل ترس از جفا از مشارکت فیزیکی با ایمانداران دیگر دور هستند. آنها به تعلیم و مشارکت آنلاین متکی هستند. و خلا بزرگی از معلمینی که بتوانند با ایمانداران جدید شاگردسازی کنند وجود دارد. در واقع، بسیاری از مشارکت‌ها توسط مردان و زنانی راهبری می‌شود که برای مدت کوتاهی ایماندار بوده‌اند و آموزش کمی دیده‌اند یا اصلا آموزش ندیده‌اند. و به همین دلیل چالش‌های بسیاری در راهبری کلیسا وجود دارد.

راهبران، راهبری را از افرادی که آنها را راهبری می‌کنند می‌آموزند. و اگر بخواهند بدون نمونه‌هایی از راهبران خداشناس، راهبران از الگوی راهبری رایج در فرهنگ ایران پیروی می‌کنند. در اوایل کار کلیسای ایرانی از یکی از مشایخ خواستم تا اطلاعیه‌ای به جماعت کلیسا بدهد. او از این کار خودداری کرد. او گفت که در کلیسا فقط یک نفر باید حرف بزند و آن تو هستی. فکر می‌کنم چالش‌هایی که در راهبری کلیسا با آنها مواجه می‌شویم اینها هستند: اول، آنها باید یاد بگیرند مثل عیسی که راهبری خدمت‌گزار شد، راهبری کنند. راهبران خدمت‌گزار فروتن و تعلیم‌پذیر هستند، مسئولیت اشتباهات‌شان را می‌پذیرند و نشان می‌دهند که به دنبال صلح هستند. آنها متوجه هستند خواستهٔ کلیسا این است که آنها را ارج بنهد و طوری با ایشان رفتار کند که از دیگران مهم‌تر هستند، به همین دلیل این راهبران پیروزی‌گرایی را تعلیم نمی‌دهند که به این معناست یک کشیش هرگز نباید به ضعف خود اعتراف کند بلکه باید همیشه تصویری از پیروزی ارائه کند. دوم، کشیش‌ها باید مایل باشند که به طور مستمر دیگران را برای خدمت تعلیم دهند و خدمت خود را با آنها به اشتراک بگذارند. خدا به تمام ایمانداران عطایای روحانی می‌بخشد، و هیچ کشیشی تمام عطایا را ندارد، حتی اگر فکر کند که دارد. دلیل اینکه مشارکت‌های ایرانی بیشتر از

۴۰ تا ۵۰ نفر نمی‌شوند این است که کلیسا اغلب یک نمایش یک نفره است. سوم، بسیاری از کشیش‌ها پاسخگوی کسی نیستند، مگر اینکه آن فرد متعلق به شبکه یا فرقه‌ای باشند. راهبران اغلب در تعلیم خود به بی‌راهه کشیده می‌شوند چون هرگز اصول تفسیر صحیح کتاب‌مقدس را یاد نگرفته‌اند و راهی ندارند که بدانند در حال گم‌راهی هستند و جماعت کلیسا را هم با خود همراه می‌کنند. برخی زمانی که از تعلیم صریح کتاب‌مقدسی محرف می‌شوند ممکن است به کلیسای خود بگویند که خدا آنها را هدایت می‌کند. یک کشیش به من گفت که خدا به او نشان داده که از اعراب متنفر است و او هم به کلیسای خود تعلیم داد که همین رفتار را داشته باشند، شنیدن چنین چیزی مرا شوکه کرد. چهارم، نیازی بزرگ به کشیشانی وجود دارد که از خانوادهٔ خود غافل نشوند. اولین مسئولیت شبانی آنها در قبال همسران‌شان است. همیشه سعی می‌کنم تا به نگرانی‌های همسران کشیشان ایرانی گوش دهم. و چیزی که اغلب می‌شنوم این است، «شوهرم همه چیز را کنار می‌گذارد تا به یکی از اعضای کلیسا کمک کند اما به ندرت تمایل دارد که به من کمک کند.» یا «او با زنان کلیسا دعا می‌کند اما با من هرگز.» اغلب از بچه‌ها هم غفلت می‌شود و به همین دلیل آنها به محض اینکه بتوانند کلیسا را ترک می‌کنند. مشکل بزرگ‌تر در دیاسپورا این است که در آن پدر مادرها طوری رفتار می‌کنند که گویی هنوز در ایران هستند، در حالیکه فرزندان‌شان فرهنگ کشور میزبان خود را پذیرفته‌اند.

درحالیکه با چالش‌هایی که در کلیسای امروزی ایرانی مواجه هستیم دست و پنجه نرم می‌کنیم، باید هرگز یادمان نرود که این کلیسای مسیح است و دروازه‌های جهنم نمی‌تواند بر آن غالب شود. باید به یاد داشته باشیم که مسیحیان قرون متمادی، با امید برای دیدن چنین روزی که ما اکنون می‌بینیم، در ایران در دعا و شهادت صادقانه تلاش کردند. با دانستن این موضوع بیایید تا خدای مقتدر خود که در حال

کار است را بپرستیم و در او شادی کنیم و برای وفادار ماندن به انجیلی که ابتدا به رسولان سپرده شد و ما به عنوان دریافت‌کنندگان آن برکت یافته‌ایم، تمام تلاش‌مان را بکنیم. با کاری که خدا در ایران انجام داده غریبه نبودم و آن را یکی از برکات فوق‌العادۀ زندگی‌ام می‌شمارم. من این فصل را نوشته‌ام، از چالش‌ها دلسرد نشدم، اما به کلیسای ایرانی در سراسر جهان بسیار امیدوار هستم، چون در هستۀ آن کلیسایی وجود دارد که عاشق عیسای مسیح و مشتاق به اشتراک گذاشتن زندگی خود با همۀ فارسی زبانان است و من مشتاقم تا ببینیم خدا در سال‌های آینده چطور کار خواهد کرد.

فصل شانزدهم

آینده‌ای برای جلال او

بسیاری از خاطرات مربوط به دوران بزرگ شدنم در ایران، کم‌رنگ شده‌اند. اما گذر زمان هرگز آتش شور و اشتیاقی که در دلم برای بشارت انجیل به ایرانیان وجود دارد را خاموش نکرده است. سالخوردگی شاید محدودیت‌هایی برایم ایجاد کرده باشد، اما فرصت‌های جدیدی هم ایجاد کرده است. سن، تجربهٔ خدمت را همراه با اعتماد کسانی که در طول سالیان به آنها خدمت شده به ارمغان می‌آورد. بعد از وقف زندگی‌ام به مسیح در ایام جوانی و بعد هم خواندگی از طرف خدا برای خدمت انجیل، اکنون بیش از هر زمان دیگری به ارزش زندگی متعهدانه به مسیح و حفظ وفاداری به آن خواندگی را درک می‌کنم.

گذر زمان، شخصیت و انگیزه‌های یک فرد را آشکار می‌کند. یک بار مراسم ترحیم فردی را انجام دادم که هیچ بازمانده‌ای نداشت. وقتی به محل رسیدم، به من خبر دادند که هیچ شرکت‌کننده‌ای نخواهیم داشت چون فرد درگذشته، هیچ قوم و خویش یا دوستی نداشت. بدین ترتیب، من آن روز برای مسئول مراسم و اتاقی پر از صندلی‌های خالی موعظه کردم. یعقوب می‌گوید: «خوشابحال کسی که متحمل تجربه شود، زیرا که چون آزموده شد، آن تاج حیاتی را که خداوند به محبان خود وعده فرموده است خواهد یافت» (یعقوب ۱: ۱۲). یعقوب بدون شک به موعظهٔ سر کوه و برکات زندگی در ملکوت خدا اشاره می‌کند؛ او به ما توصیه می‌کند که در طی آزمایش‌های زندگی وفادار بمانیم تا برکات موعود حیاتی که وقف مسیح شده است را دریافت کنیم. برای خود من، این برکات به قدری فراوان بوده‌اند که در این کتاب مختصر مجالی برای ذکر همهٔ آنها وجود ندارد. اما ناگزیرم بر یک برکت تاکید کنم که زندگی من را بسیار تحت تاثیر قرار داده است: یعنی افتخار و احترامی که کلیسای ایرانی به من داده است. خدا درهای بسیاری برای من گشود تا به ایرانیان در سراسر دنیا خدمت کنم، و همچنان هم این افتخار را از سوی راهبران مسیحی ایرانی دریافت می‌کنم که از من دعوت می‌کنند تا به شاگردان آنان در ایران از طریق برنامهٔ زوم تعلیم بدهم. وقتی از سوی ایرانیان داخل کشور پیام‌هایی دریافت می‌کنم که به من می‌گویند نوشته‌ها و موعظه‌هایم آنها را برکت داده، خوشحال می‌شوم. همهٔ جلال در همهٔ اینها از آن خداست. من اینها را با کمی خودداری می‌گویم، چون می‌ترسم بعضی‌ها آن را به عنوان خودستایی متکبرانه تفسیر کنند، اما قصد من این است که دیگران تشویق شوند تا در زمان‌های سخت خدمت، با اعتماد به اینکه خدا از آنها هم برای جلال خود استفاده می‌کند، ادامه بدهند. من اغلب با راهبران دلسرد ایرانی‌ای صحبت می‌کنم که احساس می‌کنند در حاشیه هستند و دور انداخته شده‌اند. دعا می‌کنم سخنان یعقوب را عمیقا در نظر داشته باشند و در آزمایش‌ها استوار بمانند (یعقوب ۱: ۱۲). به دیگران اجازه ندهید که شما را از تعالیم حیات‌بخش کتاب‌مقدس دور کنند. از مردم صرفا به دلیل اینکه به شما بی‌احترامی کرده‌اند یا از حقیقت دور شده‌اند، دست نکشید. به

زندگی برای مسیح ادامه بدهید. مراقب باشید و منتظر بمانید، و نیکویی خدا را در زمین خواهید دید.

کلیسای ایرانیان در کلرادو

این چند سال اخیر، خدمت در آئورای کلرادو بوده است. ما سال ۱۹۹۹ به آئورا نقل مکان کردیم تا به والدین پتی نزدیک باشیم. خیلی خوشحالیم که این کار را انجام دادیم، چون فصل شگفت‌انگیزی از زندگی را در کنار آنها گذراندیم. والدین پتی که در ایران مبشر بودند، خواندگی خود برای خدمت به ایرانیان را با بازگشت به آمریکا رها نکردند. متاسفانه دیده‌ام که بسیاری از مبشرین سابق در ایران، علاقهٔ خود به مردمی که از سوی خدا خوانده شده بودند تا به آنها خدمت کنند را از دست داده‌اند. اما آقای دکتر توماس موری و همسرشان اینطور نبودند. زمانی که انقلاب ایران باعث شد تا ایرانیان بیشتری به دنور مهاجرت کنند، آنها میزبان یک گردهمایی ماهیانه در خانهٔ بودند تا با عدهٔ زیادی از دوستان ایرانی که داشتند، معاشرت کنند. خانم ننسی موری میزبان مهربانی بود و در حالی که سرودهای کلیسای ایران را به مهمانان خود یاد می‌داد و انجیل مسیح را به گوش‌شان می‌رساند، کاری می‌کرد که همه آنجا را مثل خانهٔ خودشان بدانند. بعدها، آنها از کشیش سبحانی که در نیویورک زندگی می‌کرد دعوت کردند تا به ملاقات گروه آنها بیاید و به تعلیم این گروه کوچک از حق‌جویان ایرانی کمک کند. با گذشت زمان، این گروه به کلیسای ایرانیان کلرادو تبدیل شد که در طول بیست و پنج سال گذشته، در محل کلیسای پرزبیتری «ایمان» در آئورای کلرادو گردهم آمده‌اند.

در اواخر دههٔ ۱۹۹۰، کلیسای ایرانیان کشیش ادموند سرکیسیان را برای شبانی کلیسا دعوت کرد. در این زمان، ائتلافی از کلیساهای آمریکایی ایجاد شد تا هزینه‌های این خدمت را تامین کنند. کشیش سرکیسیان

وفادارانه به خداوند خدمت کرد، اما با گذشت زمان، دیگر حمایت مالی کافی که بتواند خانواده‌اش را تامین کند وجود نداشت. بدین ترتیب، وقتی که از یک کلیسای انجیلی آشوری در تورلاک کالیفرنیا دعوت به شبانی شد، احساس کرد خدا او را می‌خواند که در آنجا به خدمتش ادامه بدهد. در این زمان، من و پتی ساکن کلرادو بودیم و فعالانه از کلیسای ایرانی حمایت می‌کردیم. بلافاصله بعد از آنکه خانوادهٔ سرکیسیان ما را ترک کردند، اعضای کلیسا برای تصمیم‌گیری در مورد گزینه‌های موجود دربارهٔ آینده دور هم جمع شدند. من مدیر جلسه بودم و سه گزینه مطرح کردم: یکی اینکه کلیسا را منحل کنیم و اجازه بدهیم اعضا به کلیساهای آمریکایی بروند. دوم اینکه می‌توانستیم خودمان را صرفا به جلسات مطالعهٔ هفتگی کتاب‌مقدس تقلیل بدهیم. و سوم اینکه می‌توانستیم به جلسات پرستشی یکشنبه‌ها ادامه بدهیم. دو نفر از اعضای پر شور کلیسا، برادر حشمت و برادر پاشا، به شدت با گزینه‌های اول و دوم مخالف بودند. آنها می‌خواستند که جلسات روزهای یکشنبه ادامه پیدا کند. بعد از من خواستند که به عنوان یک شبان موقت خدمت کنم. من موافقت کردم و ماموریت «موقت» شبانی من بیش از بیست سال به طول انجامیده است. در طی این سال‌ها، کلیسا بین تعدادی انگشت‌شمار از شرکت‌کنندگان و کلیسایی مملو از حاضرین در نوسان بوده است. از وفاداری برادر حشمت که در طی تمام این سال‌ها کنار من خدمت کرده است، بسیار سپاسگزارم، و خوشحالم که سال ۲۰۲۲ توانستم در مراسم دستگذاری او شرکت کنم. او یک خدمتگزار خوب خداوند، و دوستی عزیز بوده است. خدا به کلیسای ایرانیان وفادار بوده است. ما شاهد افراد زیادی بوده‌ایم که به مسیح ایمان آورده‌اند و افراد زیاد دیگری هم انجیل را شنیده‌اند.

در این سال‌های اخیر خدمت، خدا مردان جوان ایرانی‌ای را از سایر نقاط دنیا به زندگی من وارد کرده است. وجود اینترنت این امکان را به من داد که از طریق برنامه‌هایی مانند اسکایپ با این مردان جوان آشنا بشوم و آنها را راهنمایی کنم. این جلسات راهنمایی اکثرا شامل صحبت دربارهٔ کشمکش‌های زندگی و سوالات الاهیاتی از من بوده و پس از آن هم مطالعهٔ کتاب‌مقدس داشته‌ایم. از آنها خواسته‌ام که جلسات مطالعهٔ کتاب‌مقدس‌مان را پیش ببرند تا بتوانم درک

آنها از حقایق کتاب‌مقدسی را بهتر بسنجم و به من بینشی بدهد که ببینم بیشتر باید به چه مسائل و موضوعاتی بپردازیم. سپس جلسه را با دعا برای یکدیگر به پایان می‌بریم. این برکت بزرگی برای من بوده است که بتوانم شاهد باشم خدا چطور این مردان را در خدمت خود به کار گرفته است.

بخشی از هدف من آن بوده که این مردان را تشویق کنم تا با یک کلیسای خوب کتاب‌مقدسی در کشورهای میزبان‌شان در رابطه باشند. بسیاری از شبانان ایرانی خواسته‌اند که از کلیساهای کشور میزبان خود مستقل باشند؛ شاید به دلیل نگرانی از اینکه تحت کنترل یک کلیسای غربی قرار بگیرند، و شاید هم به دلیل موانع زبانی. منطق ماجرا هرچه که باشد، باعث انزوای بسیاری از شبانان ایرانی در غرب شده و حتی در بیشتر مواقع، باعث شده تا آنها به تنهایی با بحران‌های شبانی روبرو بشوند. این شبانان چون کسی را نداشته‌اند که برای دریافت مشاوره و کمک نزد آنها بروند، اغلب در هنگام بروز مشکلات دست به انتخابات اشتباهی در شبانی زده‌اند. بدون وجود یک هیئت یا شورای کلیسایی برای کمک به یک جماعت، این امر اجتناب‌ناپذیر رخ می‌دهد که درگیری‌ها و اتهام‌زنی‌ها منجر به از هم‌پاشیدگی خدمت‌ها بشوند. سال‌ها پیش، مطالعه‌ای در مورد رایج‌ترین مدل‌های مورد استفادهٔ کلیساهای غربی در میزبانی از مشارکت‌های مهاجران انجام دادم. بحث در مورد تمام این الگوها از حوصلهٔ این کتاب خارج است، اما الگویی که برای شبانان و کلیساهای ایرانی در غرب مفیدترین مدل بود، پذیرش شبان ایرانی توسط کلیسای میزبان به عنوان یکی از کارمندان خود بود. این رابطه مزیت وجود راهبران باتجربه‌تر را فراهم کرد که به شبان جوان‌تر ایرانی راهنمایی بدهند و مسئولیت‌پذیری و امنیت مالی او را تضمین کنند. شبان ایرانی بخشی از گروه راهبری می‌شد و به او اجازه می‌داد از مشارکت منظم و فرصت ادامهٔ تحصیل برخوردار شود. هر زمان که توانسته‌ام یکی از مردان تحت تعلیمم را به یک کلیسای میزبان منتقل کنم، از این

واقعیت که شاگردم را رها نکرده‌ام و در عوض او را برای فرصتی بزرگتر و حرکت به سوی موفقیت آماده کرده‌ام، آرامش یافته‌ام.

در کنار تعلیم و راهنمایی مردان برای خدمت، با چالش مشاوره به کلیساهای ایرانیِ در بحران نیز روبرو بوده‌ام. کلیساهای نسل اول ایمانداران مسلمان‌زاده، با مشکلات بسیار زیادی به ویژه در حیطهٔ راهبری مواجه هستند. مفهوم «راهبری خدمتگزار» با درک فرهنگی ایرانیان از راهبری بیگانه است. ممکن است برخی بگویند که دیدگاه یک فرهنگ نسبت به راهبری از دیدگاه آن نسبت به خدا نشئت می‌گیرد. دیدگاه من این است که فرهنگ‌های اسلامی به جای راهبران «خدمتگزار» به تولید «دیکتاتور» تمایل دارند. با توجه به کشمکش‌هایی که بسیاری از کلیساهای نسل اول با راهبران خود داشته‌اند، نیاز شدیدی به تعلیم کتاب‌مقدس در این باره وجود دارد که راهبری خدمتگزار بر اساس الگوی خداوند ما عیسای مسیح به چه معنایی است. این مسئله باعث شد که من در طول سالیان، مطالب تعلیمی گسترده‌ای را دربارهٔ این موضوع تهیه کنم و این افتخار را داشتم که آنها را با راهبران ایرانی در کنفرانس‌های زیادی در این مورد به اشتراک بگذارم.

به طور خاص، از من برای کمک به آموزش مشایخ و نسل بعدی راهبران چند کلیسای ایرانی دعوت شده‌ام. اولین بار این کار را در کلیسای ایرانیان واشنگتن انجام دادم. از آن زمان، یک دورهٔ آموزشی برای تعلیم مشایخ درست کرده‌ام. گاهی از من دعوت شده که در جلسات مشایخ یک کلیسای خاص شرکت کنم تا به حل یک کشمکش در زمانی که درگیری بر سر اختلافات الاهیاتی و چالش‌های راهبری به وجود آمده است کمک کنم. اغلب در زمانی که شبان یک کلیسا مرتکب زنا شده بوده، برای کمک به آن کلیسا دعوت شده‌ام. برای یک کلیسا، موقعیتی ویرانگر است که شبانش در گناه زنا بیفتد، و از نظر خدمتی نیز برای من موقعیتی چالش‌برانگیز بود. من ساعت‌ها صرف گوش سپردن به مشکلات اعضای کلیسا و صحبت از فیض خدا برای آنان کرده‌ام. در مواردی دیگر، هنگامی که یک شقاق در کلیسا روی داده، از من خواسته‌اند که وارد بشوم و به آنانی که در کلیسا مانده‌اند آرامش و تسلی بدهم. همهٔ این تجربیات مرا

واداشت تا متوجه بشوم که چقدر ضعیف هستم و چقدر به حکمت و فیض مسیح نیاز دارم. اما این مسائل همچنین به من نشان دادند که کلیسای مسیح همیشه تحت حملات قرار دارد؛ خدا از این زمان‌های دشوار استفاده کرد تا پادشاهی خود را در من و در کلیساهایی که به آنها خدمت کردم، پیش ببرد.

تعلیم دربارهٔ شاگردسازی

خواندگی من همیشه در مورد شاگردسازی نوایمانان و تشویق به رشد روحانی در کلیسای ایران بوده است. همین اشتیاق من را بر آن داشت که یازده کتابچه دربارهٔ موضوعات کاربردی مختلف بنویسم که همگی آنها به زبان فارسی و به صورت آنلاین موجود هستند (shabanmag.com). یک دورهٔ درسی در مورد اصول شاگردسازی برای مسیح را در کانون الاهیات پارس تدریس کردم، و همچنین نسخه‌ای از «بچه‌شیرها به شیر بالغ» را تدریس کردم که یک دورهٔ شاگردسازی برای ایماندارانی با پس‌زمینهٔ اسلامی است که توسط جرج هاسنی از سازمان Horizons International نوشته شده بود. مانند بسیاری از سازمان‌های خدماتی، من هم از رسانه‌های اجتماعی و فضای مجازی بیشتر برای شاگردسازی استفاده کرده‌ام. از اینستاگرام برای ارتباط و تعامل با ایمانداران ایرانی در نقاط مختلف جهان و همچنین بینندگان برنامه‌های شبکهٔ ست‌سون پارس استفاده می‌کنم.

در این فصل از خدمت‌مان، پتی نیز به اشتیاق خود برای هدایت کلیسای ایرانی در پرستش، ادامه داده است. پتی استعدادی واقعی برای خدمت از طریق موسیقی دارد. او از طریق اجرای سرودهای قدیمی فارسی و قرار دادن آنها روی یوتیوب، خدمت موسیقی خود را گسترش داده است. آنانی که از موسیقی او برکت یافته‌اند، بازخوردهای فوق‌العاده‌ای به ما داده‌اند.

تجهیز کلیسای آمریکایی

خدا درهای زیادی را به روی من برای تجهیز کلیسای آمریکا به منظور ارتباط موثرتر با مسلمانان باز کرده است. من بیش از سی سال در بسیاری از شهرهای ایالات متحده و کانادا، «کلاس‌های چشم‌انداز» را تدریس کرده‌ام. در یک مورد، انجمن کتاب‌مقدس کانادا از من خواست تا با کارمندان آنها از سراسر کشور دربارهٔ این موضوع صحبت کنم که چطور می‌توان پل‌های محبت را با مسلمانان ایجاد کرد. به صورت محلی، با مشارکت سازمان خدماتی Horizons International یک دورهٔ تعلیمی با نام «*Engaging Islam*» تدریس کرده‌ام. همین موضوع باعث شد تا فرصت‌های زیادی برای ملاقات با افرادی پیدا کنم که در پی بشارت به جهان اسلام بودند و بتوانم به آماده‌سازی آنها برای یک خدمت موثرتر کمک کنم. به طور خاص، زمانی که مبشران آمریکایی از من می‌خواهند تا انجیل را به زبان فارسی به گوش یک ایرانی حق‌جو برسانم، بسیار خوشحال می‌شوم. یک بار از من خواسته شد تا با یک دانشجوی ایرانی که سوالات بی‌شماری دربارهٔ مسیحیت داشت تماس بگیرم. وقتی با او تماس گرفتم، به زبان انگلیسی با هم صحبت می‌کردیم، اما وقتی احساس کردم که او به سختی صحبت می‌کند و در بیان سوالاتش مشکل دارد، فارسی صحبت کردم. شروع کرد به گریه؛ از اینکه به زبان او صحبت می‌کردم به قدری آرامش پیدا کرد که یک ساعت تلفنی صحبت کردیم، من خبر خوش را با او در میان گذاشتم و به سوالاتش جواب دادم. از آنجایی که من به زبان آذری هم صحبت می‌کنم، یک بار یکی از خانواده‌های مبشر در اروپا میزبان یک خانوادهٔ آذربایجانی بودند و چون در برقراری ارتباط با هم مشکل داشتند، با من تماس گرفتند. از اینکه توانستم انجیل را به گوش این خانواده برسانم بسیار خوشحال شدم. در موردی دیگر، یک ایرانی از زندان ادارهٔ مهاجرت با من به صورت تلفنی تماس گرفت و می‌خواست دربارهٔ عیسی بداند. او هر بار فقط ده دقیقه می‌توانست صحبت کند و به همین خاطر، پی در پی با من تماس می‌گرفت. چند هفته‌ای با او صحبت کردم و بعد، یک روز به کلیسای ایرانی کلرادو آمد. این تنها نمونه‌ای کوچک از راه‌هایی است که خدا از من استفاده کرده تا یک پل محبت به زندگی مردم ایران، افغانستان، و آذربایجان باشم.

حالا که به پایان کتابم می‌رسم، شایسته است که از نویسندهٔ حقیقی آن تشکر کنم. داستان من بخشی کوچکی از نقشهٔ بزرگ نجات است که خدا برای مردم ایران در نظر گرفته است. این خداوند بود که والدینم را در سال ۱۹۴۷ به ایران خواند، چون هدف خدا این بود که در کشور دیگری بزرگ بشوم تا بتوانم روزی بشارت انجیل را به آنها برسانم. این خدا بود که من و پتی را بعد از بزرگ شدن در ایران دوباره به هم رساند و همسری به من بخشید که او نیز زبان و فرهنگ ایران را می‌دانست. این زمان‌بندی عالی خدا بود که در سال ۱۹۷۹ به ایران برگردیم تا شاهد تغییراتی باشیم که انقلاب اسلامی بر مردم ایران تحمیل کرد، و همچنین اولین تکانه‌های بیداری روحانی‌ای را که در پیش بود به چشمان خودمان ببینیم. این خدا بود که ما را در سال ۱۹۸۰ به آمریکا برگرداند تا با آنچه که از کلیسای ایرانی در ایران آموخته بودیم، به ایرانیان منطقهٔ واشنگتن خدمت کنیم. این خدا بود که مرا فرا خواند تا یک موقعیت شبانی عالی در کلیسای آمریکایی را رها کنم و شبان هجده مسیحی ایرانی نسل اول با پس‌زمینهٔ مسلمان بشوم. این برکت خدا بوده است که بسیاری از مسیحیان وفادار را در طول سالیان خدمتمان به حمایت مالی و دعا برای من و پتی هدایت کرد. و در نهایت، این خداست که کلام خود را گرامی داشت و آن را به روح‌القدس تعمید داد که منجر به میوه‌هایی شد که شاهد بودیم. بنابراین، من و پتی خدا را برای همهٔ کارهای بزرگی که انجام داده است جلال می‌دهیم.

The Farsi Translation of
No Stranger to Iran, its People, and its Church
by Tat Stewart

© 2024 by The Jude Project and TALIM Ministries. All rights reserved.
No part of this publication may be reproduced, stored in retrieval system, or transmitted in any form or by any means- for example, electronic, photocopy, recording- without the prior written permission of the publisher. The only exception is brief quotation in printed reviews.

Published by Jahan Adabiyat Masihi
A division of the Jude Project
P.O Box 532 Ashburn, VA 20146
www.JudeProject.org

Printed in the United States of America
First Printing 2024
Translator: Sara Azad
Layout: Ninet Shahverdian

If you would like more information about the Jude Project or information about other resources in Farsi, or other languages, visit www.judeproject.org or email us at:

info@judeproject.org